ein Ullstein Buch

ÜBER DAS BUCH:

In ihrer Glanzzeit war Magda Schneider Inbegriff des populären Filmstars. In nahezu vier Jahrzehnten spielte sie in rund sechzig Filmen und erlangte Weltruhm durch ihre dramatische Rolle in Max Ophüls' *Liebelei* nach Arthur Schnitzlers Bühnenstück. In den dreißiger und zu Beginn der vierziger Jahre galten sie und Wolf Albach-Retty als Traumpaar des deutschen Films. Doch ihre Ehe mit dem großen Komödianten, aus der zwei Kinder hervorgingen, scheiterte in der Realität des Lebens. Die Nachkriegsjahre überstand sie mit ihren Kindern Romy und Wolfdieter in der Nähe von Berchtesgaden und baute sich mit Energie ein neues Leben auf. Zusammen mit ihrer Tochter Romy, deren Weg in die Filmwelt eng mit ihrem eigenen Weg verbunden ist, begann ein neuer künstlerischer Abschnitt in den fünfziger Jahren. Aber die Glanzpunkte künstlerischen Ruhms mischten sich mit einer Tragik, die ausgelöst wurde durch das Schicksal Romy Schneiders... Magda Schneiders Erinnerungsband ist der authentische Lebensbericht einer bedeutenden Künstlerin und der warmherzige, anrührende Bericht einer außergewöhnlichen Frau und Mutter.

DIE HERAUSGEBERIN:

Renate Seydel, geboren 1935 in Schenkendorf, Niederlausitz, 1953 bis 1957 Studium der Germanistik an der Humboldt-Universität in Berlin, seit 1959 Lektorin im Henschelverlag Kunst und Gesellschaft. Neben journalistischen Arbeiten Autorin und Herausgeberin mehrerer Bände *Schauspielerporträts der DDR*. Herausgeberin zahlreicher Schauspieler-Anthologien. Renate Seydel lebt in Berlin-Pankow.

Magda Schneider

Wenn ich zurückschau...

ERINNERUNGEN

Herausgegeben von Renate Seydel

ein Ullstein Buch

ein Ullstein Buch
Nr. 22798
im Verlag Ullstein GmbH,
Frankfurt/M–Berlin

Ungekürzte Ausgabe
Mit 77 Fotos und
4 Textillustrationen

Umschlagentwurf:
Hansbernd Lindemann
Foto (um 1955): Archiv für
Kunst und Geschichte, Berlin
Alle Rechte vorbehalten
Taschenbuchausgabe mit Genehmigung
von Langen Müller in der F. A. Herbig
Verlagsbuchhandlung GmbH, München
© 1990 by Langen Müller in der
F.A. Herbig Verlagsbuchhandlung
GmbH, München
Printed in Germany 1992
Druck und Verarbeitung:
Clausen & Bosse, Leck
ISBN 3 548 22798 8

August 1992

Von derselben Herausgeberin
in der Reihe der
Ullstein Bücher:

Ich, Romy (22420)

Die Deutsche Bibliothek –
CIP-Einheitsaufnahme

Schneider, Magda:
Wenn ich zurückschau...:
Erinnerungen / Magda Schneider.
Hrsg. von Renate Seydel. – Ungekürzte
Ausg. – Frankfurt/M; Berlin:
Ullstein, 1992
   (Ullstein-Buch; Nr. 22798)
   ISBN 3-548-22798-8
NE: GT

Inhalt

Vorwort
9

1933–1937

Filmarbeit mit Wolf Albach-Retty und Hochzeit am Königssee

Mein Haus »Mariengrund« – Hochzeit mit dem begabten Sohn einer begabten Mutter und Partnerschaft in neun gemeinsamen Filmen – Wolf Albach-Rettys Karriere – Andere berühmte Filmpartner

Kind, ich freu' mich auf Dein Kommen · G'schichten aus dem Wienerwald · Die Katz' im Sack · Winternachtstraum · Eva · Vergiß mein nicht · Die lustigen Weiber · Rendezvous in Wien · Die Puppenfee · Geheimnis eines alten Hauses · Frauenliebe–Frauenleid · Der Weg des Herzens

49

1938–1945

Mein Familienleben – Die Geburt unserer Kinder Romy und Wolfi – Trennung nach neun Jahren Ehe

Romy kam in Wien zur Welt – Verzauberte Wirklichkeit: Film-Musik, Musik-Film – Ich schrieb alles in ein Album – Arbeit mit wunderbaren Kollegen – Ein schreckliches Erlebnis – Zwei glückliche Menschen

Musik für Dich · Ihr Leibhusar · Frühlingsluft · Die Frau am Scheidewege · Wer küßt Madeleine? · Das Recht auf Liebe · Mädchen im Vorzimmer · Herzensfreud–Herzensleid · Am Abend auf der Heide · Zwei glückliche Menschen · Ein Mann für meine Frau · Die heimlichen Bräute · Eines Tages

65

1945–1953

Zukunftspläne ohne Hoffnungen – Wiederbeginn in Theater und Film – Eine neue Ehe

Das Leben mußte weitergehen – Das Internat – Meine Wetterbriefe – Zollgut selbst gemalt – Für mich gab es wieder einen Halt

Ein Mann gehört ins Haus · Die Sterne lügen nicht

83

Vorwort

Diese Jahre möchte ich noch einmal erleben – die Worte Magda Schneiders in diesem Buch ihrer Erinnerungen beschwören eine Zeit, die einer ganzen Generation im Gedächtnis ist durch den Aufstieg eines neuen Deutschland nach dem zweiten Krieg in diesem Jahrhundert, die zugleich eine Zeit war, in der der deutsche und österreichische Nachkriegsfilm wieder Profil gewann. Es waren für Magda Schneider die Jahre, in denen sie mit ihrer Tochter Romy zusammen acht Filme drehte, die auch heute noch, wenn sie über den Bildschirm laufen, ihr Publikum finden. Weniger deshalb, weil sich in ihnen die großen Probleme und Fragestellungen unserer Tage wiederfinden, sondern weil sie in unverwechselbarer Weise die Mentalität dieser Zeit im Nachkriegseuropa widerspiegeln und Legenden und Gestalten der Geschichte zu neuem Leben erwecken. Die Schauspielerpersönlichkeit bestimmte in ihnen dominierend Rang und Wert des Films, und die vertrauten Gesichter, zu denen sich die der neuen Generation gesellten, faszinierten die Besucher der Kinopaläste.

Magda Schneider erlebte in diesen Jahren ihr großes Comeback, denn ihre erste steile Karriere, die sie als junges Mädchen Anfang der dreißiger Jahre begann, lag bereits hinter ihr. In wenig mehr als zehn Jahren war ihr Gesicht auf der Leinwand zu einem Markenzeichen des deutschen Films geworden in einer Zeit, die für das deutsche Volk mit einer Katastrophe enden sollte. Doch die Filme dieser Jahre ließen wenig vom tragischen Geschehen in Europa erkennen, mit ihren unverbindlichen Geschichten aus dem Alltagsleben malten sie das Bild einer heilen Welt, oder sie waren bemüht, aus der Vergangenheit Stoffe zu entwickeln, in denen sich für das Publikum menschliches Schicksal und große Begebenheiten bewahrten. Ihnen allen ist jedoch gemeinsam, daß sie vorrangig ihren Wert durch die Schauspielerpersönlichkeit erhielten, die das Publikum in ihren Bann zog und für die großen Filmerfolge dieses Jahrzehnts ausschlaggebend war.

So war es auch im Falle von Magda Schneider, die mit ihren damals entstandenen über vierzig Filmen nicht aus der Filmgeschichte wegzudenken ist.

Fast alle bedeutenden Filmschauspieler dieser Zeit waren ihre Partner, so Georg Alexander, Hermann Thimig, Karl Ludwig Diehl, Jan Kiepura, Ida Wüst, Margo Lion, Paul Hörbiger, Theo Lingen, Paul Henckels, Luise Ullrich, Wolf Albach-Retty, Grethe Weiser, Adele Sandrock, Fita Benkhoff, Leo Slezak, Hubert von Meyerinck, Heinz Rühmann, Hans Söhnker, Hans Moser, Benjamino Gigli, Albert Florath, Paul Wegener, Lucie Englisch, Paul Klinger, Rudolf Prack und viele andere; Filme, die in diesen Jahren entstanden, wie *Liebelei*, *Glückliche Reise*, *G'schichten aus dem Wienerwald*, *Die Frau am Scheidewege*, *Liebeskomödie* und andere sind auch heute noch Bestandteil eines wesentlichen Kapitels der deutschen Filmgeschichte, das mit den Namen der Produktionsfirmen Ufa, Mondial, Terra, Erma verbunden ist.

Zur Charakteristik dieser Anfangs- und frühen Blütejahre des Tonfilms gehört es, daß für das große Filmpublikum, welches noch nicht den abendlichen Fernsehschirm kannte, Leinwandidole Gestalt gewannen, deren Bild nicht selten in die Wirklichkeit übertragen wurde und mit dem man sich identifizierte. Hans Albers und Heinz Rühmann wurden in dieser Hinsicht wohl die bekanntesten Volksschauspieler, die schon jedes Kind auf der Straße kannte, und die Liebespaare der Filme, wie Lilian Harvey und Willy Fritsch, wurden ebenso geliebt wie die komischen Gestalten, die in der Person von Theo Lingen oder Hans Moser auf der Leinwand auftauchten.

Zu diesem Kreis der unvergeßlichen Filmpersönlichkeiten gehörte nicht zuletzt auch Magda Schneider, die zusammen mit Wolf Albach-Retty nicht nur in neun Filmen für das Publikum das Bild eines glücklichen Liebespaares bot, sondern die auch im wirklichen Leben mit ihrem Filmpartner die Ehe einging. Die zwei Kinder dieser neunjährigen Ehe sind Romy und Wolfdieter.

Noch heute lebt Magda Schneider in dem schönen Haus »Mariengrund«, in der Nähe Berchtesgadens, das sie von ihren ersten Filmgagen in den dreißiger Jahren erbaute und wo sie sicher die glücklichsten Jahre ihres Lebens verbracht hat. Die Eltern hüteten dieses Haus während der langen Abwesenheiten der vielbeschäftigten Schauspielerin, sie gaben auch den Enkeln gewiß das Gefühl der Heimat. Denn der Schauspielberuf forderte Magda Schneider viel ab, er forderte den Einsatz der ganzen Persönlichkeit, und nur dadurch führte sie ihr Weg auf die Höhe des Ruhms.

Ihre Besinnung in diesen Erinnerungen auf die Anfangsjahre läßt erkennen, wie hart der Anfang war, welche Perfektion einer Debütantin unerbittlich abverlangt wurde, schon für die ersten Schritte im Film. Es war dabei nicht nur das schauspielerische Vermögen, das die Persönlichkeit prägte, es war auch die perfekte Technik, die allumfassende Ausbildung, zu der selbstverständlich auch die Gesangs- und die Ballettausbildung gehörten. Nur so war es möglich, in den frühen Jahren der Entwicklung des Tonfilms sich in die erste Reihe zu spielen und zum gesuchten Star zu werden.

Doch wie gefährdet Ruhm und Karriere sein können, auch das offenbart der Entwicklungsweg Magda Schneiders. Das Jahr 1945 bedeutete für sie zunächst ein Ende all dessen, was ihr bisheriges Leben ausgemacht hatte. Es brachte die Scheidung von dem geliebten Mann mit sich, die Notwendigkeit, sich und ihren zwei Kindern in den Nachkriegsjahren eine Existenz zu bewahren und eine neue Zukunft aufzubauen. Und wiederum war es harte Arbeit, die zu neuen Erfolgen führte. Waren es zunächst Bunte Abende, Gastspiele und Auftritte im Tournee-Theater, die die notwendigen Existenzmittel abwarfen, so konnte sie doch schon Ende der vierziger Jahre zum Film zurückfinden. Dabei war es immer wieder das Haus an den Hängen der Alpen, mit dem weiten Blick über die weißen Berge, das ihr Kraft und Halt vermittelte. Dorthin sollte sie immer wieder zurückfinden, wenn der neue Weg in den Ruhm und in ein glänzendes gesellschaftliches Leben in ihr die Frage aufkommen ließ nach dem Beständigen in dieser Welt.

Im privaten, persönlichen Leben Magda Schneiders zeichneten sich neue Wege ab durch ihre Heirat mit Hans Herbert Blatzheim, der als anerkannter internationaler Gastronom ihr eine sichere Existenz bieten konnte. An seiner Seite feierte sie auch die großen Filmerfolge mit Romy Schneider, mußte jedoch gleichzeitig erleben, daß neue Denk- und Verhaltensweisen der jungen Generation den Rahmen bisherigen bürgerlichen Daseins sprengten, neue Fragen aufwarfen. Davon blieb auch ihr Leben in den sechziger Jahren nicht unberührt, Widersprüche meldeten sich, bisherige Lebensformen wurden fragwürdig. Der Tod ihres zweiten Mannes im Jahre 1968 – ihr geschiedener Mann Wolf Albach-Retty war ein Jahr zuvor gestorben – beantwortete schicksalhaft einen Teil dieser Fragen und Lebensprobleme.

Ein neuer Lebensabschnitt für Magda Schneider begann, am Anfang stand der Abschied von der Filmarbeit. Das Fernsehen bot ihr Rollen in Serien, und das Publikum, das sie bisher nur in Filmproduktionen kannte, erlebte sie nun auf dem Bildschirm. Diese Arbeit führte sie auch mit dem Kameramann Horst Fehlhaber zusammen, der noch heute gemeinsam mit ihr im Haus Mariengrund lebt und der sie mit großer Liebe und Fürsorge umgibt. Denn noch in den sechziger Jahren mußte Magda Schneider ganz Abschied nehmen von ihrer künstlerischen Arbeit, als eine schwere Herzkrankheit ihr Leben bedrohte. Es blieben ihr die Erinnerungen an eine Zeit, von der sie sagt, daß sie diese Jahre noch einmal erleben möchte, waren sie doch so schön wie anstrengend, so voller Leben und Leidenschaft, so intensiv, formten sie doch ihre Persönlichkeit aus und ließen sie doch ihre Person zur großen Gestalt der deutschen Filmgeschichte werden.

Die hier in meiner Herausgeberschaft vorgelegten Erinnerungen Magda Schneiders geben ein eindrucksvolles Bild dieser Persönlichkeit, mit all ihren Verflechtungen zur Zeitgeschichte, zur Geschichte des deutschen und des österreichischen Films.

Die Quellen für dieses Buch sind Artikelfolgen von Magda Schneider, authentische Dokumete sowie Aussagen in Interviews und Presseberichten. Sie erschienen vornehmlich in den fünfziger und achtziger Jahren, als die Persönlichkeit Magda Schneiders zusammen mit den Filmerfolgen ihrer Tochter Romy hohe internationale Beachtung fand. Das Bemühen, ein zugleich umfassendes, aber auch verständliches Persönlichkeitsbild zu entwerfen führte zwangsläufig dazu, aus den recht unterschiedlichen Materialien das herauszufiltern und zusammenzufügen, was für den gegenwärtigen Leser von Bedeutung ist – immer unter dem Gesichtspunkt der Würdigung Magda Schneiders, die im vergangenen Jahr ihren 80. Geburtstag feiern konnte – und der Schaffung einer Lebensdokumentation diente. So soll dieses Buch eine Huldigung sein für eine Künstlerin, die nicht nur durch ihre schauspielerischen Leistungen, sondern auch durch das Bild ihrer Gesamtpersönlichkeit verdient, im Bewußtsein nachfolgender Generationen lebendig zu bleiben.

Berlin, Januar 1990   Renate Seydel

Kindheit, Jugend und erste Engagements

*Mit Gesang geht alles besser – Ballettratte in Augsburg –
Engagement als Soubrette – Zwei Pleiten - eine Karriere am Theater*

*Am 17. Mai 1909 wird Magda Schneider in Augsburg/Pfersee
geboren. Das Kind erhält den Namen Maria Magdalena und
wird katholisch getauft. Der Vater ist der Installateur Xaver
Schneider (28. 12. 1878–20. 4. 1959), ihre Mutter Maria ist
eine geborene Meier-Hörmann (28. 1. 1879–1. 8. 1951).*

*Magda Schneider erlernt zunächst den Beruf einer Stenotypi-
stin und arbeitet in einer Augsburger Getreidehandlung, geht
dann aber nach der Ausbildung am Konservatorium und an
der Ballettschule als Soubrette ans Augsburger Stadttheater.
Von dort wird sie ans Münchner Theater am Gärtnerplatz
engagiert, wo sie ihre ersten Bühnenerfolge hat. Gastspiele ans
Theater an der Wien schließen sich an. Ihre Filmarbeit beginnt
1931.*

*Wenn in ihren ersten Filmen ihre kleinen Schreibmaschinen-
und Telefonmädchen mit der großen Lebenssehnsucht immer
aus dem Schema fallen, immer mehr Lebenskolorit haben, als
ihnen die Drehbuchautoren mitgeben konnten, dann ist das
vor allem Ausdruck ihrer inneren Befähigung und ihres
schauspielerischen Talents.*

*Magda Schneider begann diese Aufzeichnungen über ihr
Leben und ihre Filmarbeit in den fünfziger Jahren, sie wurden
in Artikelfolgen veröffentlicht.*

Oft denke ich an meine Anfänge zurück: Wie anders war damals alles!

Ich war in meiner Familie eine Außenseiterin. Keiner meiner Vorfahren oder Verwandten hatte jemals mit dem Theater zu tun gehabt. Mein Vater hatte ein Installationsgeschäft in Augsburg. Als ich ihm zum erstenmal sagte, daß ich gerne zum Theater gehen würde, fragte er nur: »Und sonst hast du keine Wünsche?«

Schauspielerin, das war nach den einfachen Begriffen der Welt, in der ich aufwuchs, eben kein Beruf. Man hatte eine unbestimmte Abneigung dagegen und glaubte, daß den Mädchen da gleich etwas passieren müßte. »Hängt die Wäsche weg, die Komödianten kommen!« So ungefähr, vielleicht nicht ganz so kraß, waren die Vorstellungen. Am besten und sichersten war es, wenn ein junges Mädchen rechtzeitig heiratete.

Dabei spielte ich schon als Kind leidenschaftlich gerne Theater, und zwar bei Weihnachtsaufführungen in der Schule, denn das ist ja meistens die erste Gelegenheit für schauspielerische Talente. Ich war Mitglied in einem Gesangverein und habe Geige gelernt. Aber mein Wunschtraum, die Bühne, lag weit jenseits des Augsburger Horizonts.

Da war noch die Schule, und alles waren wohl nur die Träume eines kleinen Mädchens. Nach der mittleren Reife kam ich ins Leben hinaus, wie man so sagt, nämlich als Schreibmaschinenfräulein in ein Getreidehandelsbüro.

Wenn es einen Beruf gibt, der meiner Natur und meinem Wesen genau entgegengesetzt ist, dann ist es der einer Stenotypistin. Die Arbeit in dem engen Büro lag mir überhaupt nicht. Immer brav an einem Schreibtisch oder an einer Maschine sitzen, immer Korrespondenzordner wälzen, Geschäftsbriefe schreiben und ablegen, immer nur tun, was einem gesagt wird. Für einen aktiven, schöpferischen Menschen, wie ich es bin, ist das einfach tödlich. Ich wurde richtig krank davon.

Mein eigentliches Leben spielte sich deshalb auch ganz jenseits dieser Berufstätigkeit ab. Alle Kräfte und Begabungen, die ich hatte, suchten nach einem Ausweg.

Damals war ich noch immer im Gesangverein, und das war geradezu meine einzige Freude im grauen Büroalltag. Für meine schauspielerischen Ziele gab es hier wenigstens gelegentlich eine Betätigungsmöglichkeit. Ab und zu wurden vom Verein Theaterstücke aufgeführt, und da lebte ich auf. Meine Begeisterung ging so weit, daß ich sogar für eine Weihnachtsaufführung des Vereins selber ein Stück schrieb. Eine Geschichte, die ich in einem Buch gelesen hatte, diente mir als Vorlage. Ich machte also ein Theaterstück daraus, schrieb Dialoge, und dann führte ich natürlich auch Regie und spielte die Hauptrolle.

Es war sehr komisch, aber es wurde trotzdem aufgeführt. Im Verein und bei den Zuschauern, die zur Weihnachtsfeier erschienen waren, wurde es sogar ein hübscher Erfolg. Für mich hatte die Sache noch ein bedeutsames Nachspiel. Der Leiter des Gesangvereins, Herr Buchwieser, war nämlich Chordirigent des Augsburger Stadttheaters. Nach der Vereinsfeier klopfte er mir sehr wohlwollend auf die Schulter, erkundigte sich ein wenig über mich und meine Arbeit, und da platzte ich nätürlich mit meinem sehnlichsten Wunsch heraus!

»Soso, zur Bühne!« sagte Herr Buchwieser.

»Aber mein Vater will nichts davon wissen . . .«

»Soso«, sagte Herr Buchwieser noch einmal. Am nächsten Tag ging er zu meinem Vater, um mit ihm zu reden.

Der Gute! Er tat es ganz von sich aus, einfach weil ihm das kleine Stück und weil ihm die Hauptdarstellerin gefallen hatte. Er kam mir einfach wie ein gütiger Engel vor, besonders als ich zu Hause die Wirkung seines unerwarteten Besuches feststellen konnte.

Mein Vater war ganz überrascht gewesen, daß auf einmal der Herr Chordirigent des Stadttheaters bei ihm vorgesprochen hatte, um ein gutes Wort für seine Tochter einzulegen und auf ihre Begabung hinzuweisen!

Herrn Buchwiesers Besuch fiel jedenfalls auf fruchtbaren Boden, und von dieser Stunde an war meines Vaters Abneigung gegen meine Pläne nicht mehr so stark wie vorher.

Er hatte schließlich sogar ein Einsehen mit der Qual meiner Bürotätigkeit. Ich konnte mein glanzloses Gastspiel hinter der Schreibmaschine beenden, mein Vater war einverstanden und sagte einsichtsvoll: »Mein Gott, wenn es dir halt gar nicht gefällt, dann kann man auch nichts machen.«

In dieser Zeit stellte ich mich ganz auf den Gesang um, und Herr Buchwieser förderte mein Studium, so weit es ihm nur möglich war. Als Ziel schwebte mir nun das Konservatorium vor. Ich wollte Sängerin werden.

Es klappte wirklich! Meine Stimme und meine Vorstudien waren ausreichend, ich wurde ins Augsburger Konservatorium aufgenommen. Unermüdlich war ich damals; ich war mit Eifer und Fleiß bei der Sache, weil sie mir Freude machte und weil ich mich endlich auf dem richtigen Weg wußte.

Wenn man nur auf dem Platz stehen kann, der den eigenen

Neigungen wirklich entspricht – dann ist schon fast die Voraussetzung gegeben, daß man auch wirklich etwas leistet.

Die Zeit im Konservatorium, die im ersten halben Jahr mit endlosen Stimmübungen dahinging, wurde mir keinen Augenblick langweilig. Ich hatte ja jetzt ein Ziel, ein festes Ziel, und alles erschien mir leicht und wie im Flug. Bald durfte ich Gesangstücke einstudieren, und nach relativ kurzer Zeit hatte ich schon vierundzwanzig Partien studiert. Ich glaube, man war mit mir zufrieden und setzte große Hoffnungen in mich.

Da kam der große Krach.

Wirtschaftskrise. Mein Vater verlor sein ganzes Geld. Wir mußten uns einschränken. Und eines Tages eröffnete mir mein Vater schweren Herzens, daß er für mein Studium nicht mehr aufkommen könne.

»Mein liebes Kind«, sagte er mit einem Seufzer, »es ist aus mit dem Konservatorium. Entweder du bekommst jetzt ein Engagement, oder du mußt ins Büro zurück.«

Aus der Traum!

Da stand ich nun mit der einen Mark Taschengeld, die ich immer bekam, und konnte sehen, wie es weitergehen würde. Ins Büro zurück, wie mein Vater gemeint hatte – nur über meine Leiche, das stand fest.

Ich hatte keine Lust, alles, was ich gelernt hatte, wieder an den Nagel zu hängen. Als ob ich geahnt hätte, daß es mit dem Konservatorium nicht lange gutgehen würde, hatte ich gearbeitet wie ein Berserker. Die vierundzwanzig Partien saßen, von der Adele in der *Fledermaus* über die Annamirl im *Fidelen Bauern* bis zum Ännchen im *Freischütz*: ein wirklich reichhaltiges Repertoire. Ich hatte mir keine freie Stunde gegönnt. Wenn ich Mandelentzündung hatte und nicht singen konnte, bin ich trotzdem in die Gesangstunde gegangen, um wenigstens technisch zu lernen; dann hat mir mein Lehrer vorgesungen, und ich versuchte, durch das Hören weiterzukommen.

Und nun wieder Büro? Das kam also gar nicht mehr in Frage. Mein damaliger Lehrer auf dem Konservatorium, Herr Pruscha, der später als Regisseur in Österreich tätig war, bekam meinen ganzen Schmerz als erster zu hören. »Nun habe ich so lange gelernt – und jetzt soll alles vorbei und verloren sein«, klagte ich.

Pruscha hatte volles Verständnis für meine Situation, es war ihm sicher auch arg, wenn eine Schülerin alles aufgeben sollte, auf die er große Stücke hielt.

»Also das kommt gar nicht in Frage«, sagte er, nachdem er eine Weile überlegt hatte. »Du gehst jetzt einfach in die Ballettschule und meldest dich dort an.«

Das war gut gesagt! Einfach bei der Ballettschule anmelden, ohne Geld, um die Stunden zu bezahlen!

Immerhin, in meiner Lage gab es nicht viel zu bedenken. Ich faßte Pruschas Rat als einen geheimnisvollen Wink auf und dachte mir, es würde schon alles schiefgehen. Wenn es mein Lehrer sagte, mußte es gut und richtig sein, ob ich nun Geld hatte oder nicht. Wahrscheinlich würde man auch nicht gleich Geld von mir verlangen, und bis es zum Bezahlen kam, konnte man wieder weitersehen. Vorläufig war nur Zeit zu gewinnen. Damals war ich siebzehn und grenzenlos optimistisch.

Ich ging zur Ballettschule, die dem Stadttheater angegliedert war, und meldete mich an. Kühn und ohne mit der Wimper zu zucken. Mit einer Mark Taschengeld.

Kein Mensch sprach von Geld. Dafür gab es ein erbarmungsloses Training. Jeden Morgen um neun Uhr stand ich mit den anderen Schülerinnen an der Stange. Üben, üben, üben. Nach den Stunden ging ich nach Hause und übte weiter Gesang.

Gesangunterricht konnte ich jetzt ja nicht mehr nehmen, aber ich bemühte mich wenigstens, mich selber in Form zu halten.

Die Ballettschülerinnen wurden schon nach kurzer Zeit des Studiums in der Oper und in der Operette mit eingesetzt, nach einigen Wochen in fast allen Stücken, die am Augsburger Stadttheater aufgeführt wurden. Allmählich stellte sich dabei auch heraus, wer ein bißchen Talent zum Sprechen hatte. Für diese Bevorzugten gab es dann auch gewaltige schauspielerische Rollen: »Die Pferde sind gesattelt!« Oder: »Bitte, was darf ich servieren?«

Die erste Rolle, in der ich auf der Bühne stand, war in Giacomo Meyerbeers Oper *Die Afrikanerin*. Ich war im Ballett und spielte ein ganz schwarzes Mädchen.

Auch der nächste Tag war schwarz.

Am Schwarzen Brett war ein Anschlag ausgehängt, auf dem die nüchternen Worte zu lesen standen: »Die Ballettschüler und -schülerinnen werden gebeten, das Schulgeld von elf bis ein Uhr bei der Direktion einzuzahlen.«

Ich hörte direkt, wie der berühmte Stein auf mein Herz plumpste. Nun war es also soweit!

Es hatte keinen Zweck, sich zu drücken. Das wäre auch meiner aktiven Natur ganz zuwidergelaufen. Ich entschloß mich, den Stier bei den Hörnern zu packen, nicht erst lange mit diesem und jenem zu sprechen, sondern gleich zum Obersten zu gehen, nämlich zum Intendanten, Karl Lustig-Prean, der später am Konservatorium in Wien wirkte.

Der Intendant war ein Mann mit Ein- und Weitblick. Er empfing mich in seinem Büro und war offensichtlich gespannt, was die kleine Ballettratte von ihm wollte. Ich nahm einen Anlauf und erzählte ihm meine Geschichte, die Sache mit dem Konservatorium, das geschäftliche Unglück meines Vaters, meine kühne Anmeldung in der Ballettschule. »Und jetzt habe ich kein Geld, um zu bezahlen«, sagte ich am Ende. Er sah mich mit gerunzelten Brauen an.

»Aber«, sagte ich schnell, »ich möchte den Betrag wahnsinnig gerne abarbeiten. Ich habe zweieinhalb Jahre Gesangstudium, ich beherrsche vierundzwanzig Partien. Ich möchte für das Geld etwas tun, damit man mich nicht rausschmeißt.«

Herr Lustig-Prean machte ein Gesicht, das mit einem versteckten Lächeln zugleich eine Rüge ausdrückte.

»Na«, sagte er, »wissen Sie denn nicht, kleines Fräulein, daß Sie da doch sehr bedenklich gehandelt haben, so einfach in ein Institut einzutreten und dabei genau zu wissen, daß Sie es gar nicht bezahlen können? Das ist doch eigentlich...«

»Es war einfach Selbsterhaltungstrieb«, wendete ich recht schwach dagegen ein.

»Also, schon gut«, meinte er schließlich, »ich will mir die Sache überlegen. Sie können inzwischen weitertanzen.«

Damit war ich wieder draußen.

Ich war ein bißchen beschämt, aber zugleich der glücklichste Mensch der Welt. Man hatte mich nicht hinausgeworfen, ich durfte weitertanzen! Ich hätte alle Leute umarmen können.

Als sei nichts geschehen, ging ich wieder in den Ballettsaal und machte weiter. Die Tage vergingen, nichts ereignete sich, und ich wußte nicht, ob ich nun stillschweigend als nichtzahlende Schülerin weitergeführt wurde, oder ob der Intendant im Drange seiner Geschäfte die Sache einfach nur vergessen hatte.

Ich ahnte nicht, daß man immerhin durch den kleinen Schwindel, den ich mir geleistet hatte, auf mich aufmerksam geworden war.

Vierzehn Tage später etwa stürzte der Theaterdiener in den Ballettsaal und rief: »Fräulein Schneider auf die Bühne!«

»Was ist denn los?« fragte ich ganz erschrocken.

»Schnell, schnell«, erklärte der Mann, »der Herr Intendant ist gerade unten, es ist Vorsingen für die neue Saison!«

Um Gottes willen! Das Herz klopfte mir bis zum Hals. Da stand ich in meinem Trainingshöschen, in meinem Büstenhalter, halb nackt, und der Theaterdiener ließ mir keine Zeit mehr, mich umzuziehen. So, wie ich war, raste ich mit ihm hinunter zur Bühne.

Dort stand eine Bavaria von gut zwei Zentnern und schmetterte eine Arie in den leeren Saal. Und ich mit meinen zitternden 95 Pfund! Mir war ganz unheimlich zumute. Irgendwo im Saal, wohin ich von meinem Platz hinter den Kulissen nicht sehen konnte, saß wohl Herr Lustig-Prean.

Die Bavaria beendete ihre Arie und verschwand. Ich schlich mich zum Kapellmeister, der am Flügel saß und begleitete.

»Wissen Sie, was man von mir will?«

»Ist das Fräulein Schneider schon da?« tönte in diesem Augenblick eine bekannte Stimme aus dem Parkett herauf.

»Ja, bitte, hier bin ich.«

»Also, mein Kind«, sprach mich die Stimme nun direkt an, »man hat mir berichtet, daß Sie was können, daß Sie so viel geleistet haben – und nun singen Sie uns einmal was vor!«

Jessasmarandjosef!

Mir fiel nur dieses süddeutsche Stoßgebet ein. Es gab keinen Ausweg mehr. Trotzdem machte ich einen Versuch, noch einmal davonzukommen, für ein paar Minuten wenigstens.

»Ich muß noch schnell was anziehen...«

»Bleiben Sie so, wie Sie sind«, sagte die Stimme.

»Also bitte«, sagte ich zum Kapellmeister, »*Fledermaus*, dritter Akt.«

Als ich es gesagt hatte, fiel mir ein, daß ich mir so ziemlich das Schwerste ausgesucht hatte: »Die Unschuld vom Lande«. »Mein Herr Marquis« hätte es auch getan, das ist zwar ebenfalls schwierig, aber nicht so schwer wie das Couplet aus dem 3. Akt der *Fledermaus*, bei dem es bis zum D hinaufgeht.

Nun war aber nichts mehr zu ändern. Der Kapellmeister begann, fern von allen Überlegungen, Ängsten und Zweifeln, die mir durch den Kopf schossen. Ich setzte ein und sang.

Ich sang, und alle Hemmungen waren auf einmal verschwunden. Ich stand auf der Bühne in meinem Balletthöschen und sang die Adele. Ich war so klar, daß ich mich sogar wundern konnte – wundern darüber, daß mich der Intendant nicht unterbrach. Es ist doch beim Vorsingen häufig so, daß der Sänger oder die Sängerin nach kurzer Zeit unterbrochen wird: »Danke schön. Sie werden von uns hören.«

Es war geradezu unheimlich, daß nichts dergleichen geschah. Ich sang zu Ende. Erst dann sagte Herr Lustig-Prean: »Na ja, gar nicht mal so schlecht. Vielen Dank. Bitte melden Sie sich morgen bei mir im Büro.«

Und am nächsten Tag engagierte er mich, wie man so sagt, vom Fleck weg als zweite Soubrette!

Natürlich war auch da das Glück mit im Spiel. Die erste Soubrette war eine ausgesprochene Tanzsoubrette, so daß die größeren Gesangspartien in der Operette von der Opernsoubrette gesungen wurden. Das Fach war also vakant gewesen, und das war meine große Chance geworden.

Zweite Soubrette am Augsburger Stadttheater! Ich ging fast in die Knie – vor allem, als man mir die rasende Höhe meiner Gage eröffnete: 150 Mark im Monat! Und das nach einer Mark Taschengeld wöchentlich. Ich muß gestehen, daß ich mich nie mehr im Leben über 150 Mark so gefreut habe wie damals. Ich bedaure alle Millionäre, daß sie dieses wundervolle Gefühl nicht erleben können.

Ich raste nach Hause zu meinen Eltern, denen es ja auch nicht sehr gut ging. Wie schön war es, daß ich nun ein bißchen beisteuern konnte! Und meinen Gesangsunterricht konnte ich auch wieder aufnehmen. Meine Schulden bei der Ballettschule wurden gestrichen, denn ich war ja nun fest engagiertes Mitglied des Hauses. Alles war auf einmal herrlich. Mit einem Dreijahresvertrag in der Tasche erschien mir die Zukunft ungetrübt und rosarot.

Das Augsburger Publikum bereitete der neuen Soubrette eine freundliche Aufnahme, ich war ganz überrascht von dem Beifall, der nach meinem ersten Auftreten einsetzte.

Ich hatte in der Spielzeit 1929/1930 schöne Aufgaben. In dem Ballett *Josephslegende* von Richard Strauss spielte ich zwar nur eine von vier Dienerinnen, aber wenige Monate später sang ich bereits in der *Fledermaus* die Adele, trat als Solistin im *Zigeunerbaron* und im *Land des Lächelns* auf, tanzte in vielen Stücken im Ensemble, spielte Zimmermädchen und Revuegirls und war in Franz Lehárs Operette *Frasquita* eine Sängerin im Vergnügungsetablissement Alhambra. Es war eine schöne Zeit, die ich in meinem beruflichen Werdegang nicht missen möchte.

Der damalige Direktor des Münchner Theaters am Gärtnerplatz, Julius Dewald, später Intendant der Staatsoperette, holte mich zu einem Gastspiel nach München, und Herr Lustig-Prean unterstützte die Einladung in selbstloser Weise.

Da stand ich nun am 10. Mai 1930 mit meinem ersten prominenten Partner, Paul Heidemann, in der *Leichten Isabell* von Robert Gilbert auf der Bühne eines der tonangebenden deutschen Operettentheater der damaligen Zeit.

Wenn man den Titel dieser Operette liest, könnte man der Meinung sein, es solle hier eine Dame von lockeren moralischen Auffassungen zur Verherrlichung kommen. Dies ist aber ganz und gar nicht der Fall. Isabell ist eine im Verborgenen erblühte Provinzschönheit, die, soeben in der Großstadt angekommen, von einem Zigarrenimporthaus als »Reklameartikel« vertraglich verpflichtet wird. Die neue Zigarrenmarke erhält den Namen »Die leichte Isabell«. Damit die »leichte Isabell« noch besser zieht, wird die junge Dame selbst verlost: einer der Raucher soll sie als Gattin – nebst ergiebigem Bankkonto und der dazugehörigen Villa – gewinnen können.

Damit hatte der Autor Hans H. Zerlett die Vorlage zu einer Menge von komischen Schwanksituationen gegeben, die er recht bühnenwirksam auszubauen verstand. Isabell erhält natürlich den Mann ihrer Wünsche und Träume. Und ich erhielt eine Menge erfreulicher Kritiken in der Münchner Presse: »Die leichte Isabell, die ein durchaus gesundes, charakterfestes Mädel ist, gab Magda Schneider Gelegenheit, liebenswürdige Grazie zu zeigen; ihre Wandlung von der ehrbaren Holzkirchnerin zur mondänen Münchnerin gelang ihr ausgezeichnet«, schrieb die eine Zeitung, und das »Tageblatt« fand: »Neben dem filmbeliebten Paul Heidemann entsandte ein aufgehender Stern am Münchner Operettenhimmel, Magda Schneider als Isabell, seine ersten, wenn auch noch etwas schüchternen Strahlen, gewinnende Jugendlichkeit feierte hier einen ersten, durchaus verdienten Sieg«, und der »Telegraf« meinte: »Ungemein reizend – von Kopf bis Fuß, im Singen, Sprechen, Tanzen – Magda Schneider als Isabell.« Weiter war zu lesen: »Das neuengagierte Frl. Magda Schneider, der die Titelrolle oblag – eine anmutige, jugendliche Erscheinung mit liebenswürdigem, wenn auch nicht überwältigendem Spieltalent und einem ansprechenden, bescheidenen Soubrettenstimmchen, gab ihr Bestes.« Und die »Münchner Zeitung« fand: »Magda Schneider war eine wahr-

Die leichte Isabell

Operette in 3 Akten von Hans H. Zerlett
Gesangstexte und Musik von Robert Gilbert

Insceniert von Oberregisseur Herbert Langhofer Tänze: Steffie Höfle Dirigent: Eugen Neff

Gesamtausstattung: Edi Winterfeld Bühnenbilder: Theo Thaller

Emanuel Kroll	Inhaber eines	Mathias Olschinski
Georg Kroll	Zigarren-Importhauses	Fritz Schröder
Isabell		Magda Schneider
Hanns Hartwig		Hans Forstner
Seppl Obermeier		Karl Erhart-Hardt
Cenzi Hintertupfer		Bertl Weingart
Jonathan Himmelstoß		Herbert Langhofer
Bessie		Helma Rückert
Paula, Stenotypistin		Edith Grüner

Der 1. Akt spielt im Privatbüro der Zigarrenimportfirma Kroll.

Der 2. und 3. Akt spielt in der Villa Kroll in Grünwald.

Zwischen dem 1. und 2. Akt liegen mehrere Monate, zwischen dem 2. und 3. Akt ungefähr ein Monat.

Technische Leitung: Martin Kerbl

Pausen von je 10 Minuten nach dem 1. u. 2. Akt Der Erfrischungsraum befindet sich im 2. Rang

Besetzungszettel »Die leichte Isabell« von Robert Gilbert, Theater am Gärtnerplatz München, Mai 1930

haft entzückende Isabell, sowohl in ihrer Erscheinung als Landpomeranze wie in ihrer Eigenschaft als ausgebildete Weltdame.« Da dies meine ersten Münchner Kritiken waren, hatten sie natürlich für mich besonderes Gewicht.

Der Erfolg war so überzeugend, daß mich Dewald gleich für immer in München behalten wollte. Aber da war mein Dreijahresvertrag mit Augsburg, dieses schöne Papier, das mir vor kurzer Zeit noch als der Inbegriff aller Zukunftswünsche und ihrer Verwirklichung erschienen war – nun zeigte es sich als Hindernis. Hier lockte München, eine der großen Bühnen Deutschlands, und dort war eine dreijährige Bindung an das heimatliche provinzielle Stadttheater!

Ich darf sagen, daß sich Herr Lustig-Prean in dieser entscheidenden Situation meines Lebens ein dauerndes Denkmal in meinem Herzen gesetzt hat: er entließ mich aus dem Vertrag, um meiner Karriere nicht im Wege zu stehen!

Wer würde das heute noch tun?

München? Abschied von Augsburg, wo ich aufgewachsen bin. Abschied von den Eltern, Abschied von all der Zeit, die noch einmal an mir vorüberzog, den Stunden in dem trüben Getreidehandelsbüro, dem Konservatorium, der Ballettschule, den ersten Bühnenerfolgen. München konnte nun für mich zum wirklich großen Sprungbrett werden, hier saßen die Agenten aus Berlin und Wien im Theater, hier wurde man bekannt, hier hatten die Zeitungskritiken Gewicht, hier konnte man an der Seite berühmter Partner auftreten.

Im Mai 1930 fand die Münchner Premiere der *Drei Musketiere* statt. »Ein Spiel aus romantischer Zeit mit Musik« hieß der Untertitel dieser Operette, in der der Roman von Dumas mit der Routine echter Operetten-Librettisten verarbeitet wurde. Man hatte das Möglichste getan, um das Stück würdig und pompös in Szene zu setzen. Königliche Hermelinmäntel, riesige Federhüte, ungeheure Stulpenstiefel, Rüstungen und

Schwerter, Zigeunerinnenkostüme und Uniformen füllten die Szene. Das Publikum amüsierte sich bei der durchweg sehr lustigen Handlung ausgezeichnet und hatte seine Freude an der schmissigen, schlagerkräftigen Musik Ralph Benatzkys. Ich spielte die Rolle der Miotte, und mir bescheinigte man »munteren Theatersinn« und »frische Jugend«.

Die Prinzessin Mi in Franz Lehárs *Das Land des Lächelns* war im September 1930 meine erste große Rolle im festen Münchner Engagement. Eine Zeitung beschrieb mich neckisch so: »Neu war Magda Schneider. In ihrer burlesken Szene mit dem Husarenleutnant Gustl holte sie sich den stärksten Beifall. Sie ist ein allerliebstes und zierliches Chinesenmägdelein.«

Ich war am Gärtnerplatztheater bienenfleißig. Manchmal stand ich vierzigmal im Monat bis zur Erschöpfung auf der Bühne, konnte mir aber trotzdem keine eigene Wohnung leisten, sondern lebte bei einer Frau in Untermiete.

In meiner damaligen Münchner Zeit gab es drei bedeutsame Ereignisse.

Zuerst kamen die Gastspiele des Gärtnerplatztheaters im Theater an der Wien, die für mich ein riesiger Erfolg wurden, vor allem in Paul Abrahams *Viktoria und ihr Husar*. »Liebenswürdig, reizend, charmant, stimmlich entzückend, anmutig«, waren die Hauptschlagworte der Wiener Rezensenten, und es wiederholte sich genau das, was sich kurz zuvor zwischen Augsburg und München ereignet hatte: man wollte mich gleich in Wien behalten. Aber in München bestand man auf dem Vertrag und ließ mich nicht gehen. »Der Hubert Marischka gibt mir ja auch nicht die Leute, die er selber braucht«, sagte Dewald. Von seinem Standpunkt aus hatte er natürlich recht.

Im Januar 1931 war die Premiere von Leo Aschers *Frühling im Wienerwald* – »Ein Singspiel aus der Backhendlzeit« –, das im Theater am Gärtnerplatz zum ersten Mal aufgeführt wurde. Der Biedermeierzauber der alten Kaiserstadt Wien mit ihren sanges- und tanzfrohen Wiener Madeln wurde beschworen, und die vertrauten Klänge der Heurigenmusik sollten das jazzmüde Publikum wieder versöhnen. »Magda Schneider gab die Rolle der zweiten Liebhaberin, die sie mit allem Quecksilber und aller Jugendlichkeit ihrer schönen Operettenbegabung ausstattete«, schrieben die »Münchner Neuesten Nachrichten«.

Eine Münchner Erstaufführung war auch *Der lustige Krieg* von Johann Strauß im Februar 1931. Es war fünfzig Jahre her, daß diese Operette ihre Wiener Uraufführung erlebt hatte. Der übersprudelnde Einfallsreichtum des Walzerkönigs und der prickelnde Rhythmus seiner Musik verliehen dieser alten Operette eine Vitalität, um die sie manches moderne Eintagsprodukt beneiden konnte. Die tief empfundene, fließende Me-

Von Samstag, 14. Februar 1931 ● Täglich 8 Uhr (Erstaufführung: Samstag, 14. Feb.

Der
lustige Krieg

Operette in 3 Akten, neuer Text von Wilhelm Sterk — Musikalisch neu bearbeitet von Felix Günther

Musik von Johann Strauss

Inszeniert von Oberregisseur Herbert Langhofer

Choreographie: Steffi Hölle

Dirigent: Otto Erich Steeger

In Hauptrollen: Magda Schneider, Fanny Vajda, Josef Baresch, Oswald Czechowski, Carl Erhart-Hardt, Leo Herowitz, Herbert Langhofer, Oskar Maurer, Fritz Schröder

Zeitungsankündigung der Erstaufführung »Der lustige Krieg« von Johann Strauß, Theater am Gärtnerplatz München, Februar 1931

lodik, die mitreißenden Walzer wirkten erfrischend und herzerhebend für Gemüt und Ohr. »Magda Schneider bereitete in Tanz und Gesang (stimmlich sind hörliche Fortschritte zu bemerken) mit ihrer Nina große Freude: allerliebst als Mädchen, keck als verkleideter Soldat!« lobte ein Rezensent, und die Augsburger »Abendzeitung« anerkannte: »Ebenso musikalisch als tänzerisch begabt ist Magda Schneider, und man darf sich bei weiterer Kultivierung ihrer hübschen Stimme noch viel versprechen. Daß sie eine entzückende, pikante kleine (falsche) Kammerzofe war und ein amüsanter Soldat, ist bei ihrem ausgesprochenem Soubrettentalent fast selbstverständlich.« Nach der Operettenpremiere *Das Mädel am Steuer* mit der Musik von Jean Gilbert war sich die Kritik einig über meine »drauflosspielende Beweglichkeit, spitzbübische Keckheit

Zeitungsankündigung der Erstaufführung »Das Mädel am Steuer« von Jean Gilbert, Theater am Gärtnerplatz München, März 1931

und weibliche Anmut«. Und auch über meine Rolle der Juliette in der Operette *Der Graf von Luxemburg* von Franz Lehár schrieben die »Münchner Neuesten Nachrichten«: »Frl. Schneider singen und agieren, tanzen und springen zu sehen, ist eine helle Freude.«

In Emmerich Kálmáns *Csárdásfürstin*, der letzten Premiere der Saison 1930/31, erfreuten wir wieder durch Gesang, Tanz und ausgelassene Laune das Publikum. Lachen und Heiterkeit der Zuschauer waren Belohnung bei dieser hinreißenden Operette, die damals ihre dritte Münchner Neuinszenierung erfuhr und ihre Zündkraft bis heute bewahrt hat.

Das zweite Ereignis war eine Pleite. Die Ufa ließ mich nach Berlin kommen und machte Probeaufnahmen von mir. Sie fielen schlecht aus, und die Ufa verzichtete darauf, mir einen Vertrag anzubieten. So reiste ich nach München zurück und glaubte, mein erster Ausflug zum Film sei wohl auch der letzte gewesen.

Das dritte Ereignis war wieder eine Pleite, die aber für mich einer der Glückszufälle wurde, die in meinem Leben eine so große Rolle spielten. Pleite machte diesmal das Münchner Gärtnerplatztheater – und durch diesen betrüblichen Zustand war ich plötzlich meiner vertraglichen Bindung ledig.

Das ist mir übrigens dreimal im Leben so ergangen, immer wenn ich bessere Angebote hatte und durch alte Verträge gebunden war, machten die betreffenden Unternehmen bankrott. Zum Schluß war es schon ein geflügeltes Wort: »Gebt der Schneider keine langfristigen Verträge, sonst gibt es Konkurs!«

Ich habe aus diesen Vorgängen eine Menge gelernt. Wenn man Karriere machen will, ist es wichtig, sich nicht zu sehr festzulegen, keine zu starken Bindungen einzugehen und sich nicht selber durch langsfristige Verträge Fesseln anzulegen. Man muß und kann damit rechnen, daß immer Angebote oder Gelegenheiten kommen, die einem ganz unerwartet weiterhelfen können – aber nur wenn man nicht gebunden ist. Was wäre wohl geworden, wenn mich damals mein Dreijahresvertrag in Augsburg festgehalten hätte. Wahrscheinlich hätte mein ganzes Leben einen anderen Verlauf genommen.

Dadurch, daß Lustig-Prean meinen Augsburger Vertrag so großzügig vorzeitig löste, und durch den »rechtzeitigen« Konkurs des Gärtnerplatztheaters wurde mir ohne mein Dazutun der Weg zum Film endgültig freigemacht.

Der Komponist August Pepöck hatte mich in München auf der Bühne gesehen, und man kannte mich in Wien ja auch schon von meinen Gastspielen her. Joe May, einer der ganz großen Filmregisseure der damaligen Zeit, suchte gerade ein junges Mädchen für den geplanten Film *Zwei in einem Auto*. Es sollte ein Mädchen von etwa siebzehn Jahren sein, dem man glaubte, es sei noch nie am Meer gewesen – das spielte in dem Film eine wichtige Rolle. Ich war damals nicht mehr siebzehn, aber so klein und dünn, daß ich die Rolle gut übernehmen konnte. May hatte Bilder von mir gesehen, er war immer darauf bedacht, neue Gesichter auf die Leinwand zu bekommen. Und so kam es zu den Probeaufnahmen.

Im Gegensatz zu dem bei der Ufa fiel dieser zweite Versuch sehr gut aus. Ich wurde engagiert. Die Dreharbeiten begannen sogleich, im Sommer 1931.

Es ist wichtig, beim Film möglichst jung anzufangen, und diese Gelegenheit hatte ich nun.

Anfänge im Film

Das soll ich sein? – Meine Charakterrolle in »Liebelei« –
Filme mit Musik

Fräulein, falsch verbunden · Ein bißchen Liebe für Dich ·
Zwei in einem Auto · Das Lied einer Nacht · Sehnsucht 202 ·
Das Testament des Cornelius Gulden · Glück über Nacht ·
Marion, das gehört sich nicht · Liebelei ·
Glückliche Reise · Ich kenn' Dich nicht und liebe Dich ·
Ein Mädel wirbelt durch die Welt · Ein Mädel aus Wien ·
Fräulein Liselott ·

Zwei in einem Auto *nach einem Drehbuch von Ernst Ma-*
rischka wird der erste Film von Magda Schneider, in ihm
erobert sie einen Lord durch ihren Lebensoptimismus. Künst-
lerpostkarten von dieser Rolle finden sofort und schnell Ver-
breitung. Es folgt der Film Fräulein, falsch verbunden.
Die junge Schauspielerin kann mit Charme und natürlicher
Anmut das kesse Büromädel und die selbstbewußte junge
Frau spielen, sie wird mit Rollen in Lustspielen und Alltagsko-
mödien bekannt, die deshalb so echt wirken, weil sie nur
Erlebtes darstellt. In den ersten drei Jahren 1932–1934 entste-
hen sechzehn Filme.
Ihre beste Leistung wird eine ernste Rolle: die Christine in Max
Ophüls' Film Liebelei *nach Arthur Schnitzlers Bühnenstück,*
ein empfindsames Wiener Mädel, das an dem »Ehrenkodex«
des Geliebten zerbricht und in den Freitod geht.
Ihre Ausbildung als Sängerin und Tänzerin kann Magda
Schneider besonders in den Tonfilmoperetten und musikali-

schen Lustspielen zur Geltung bringen. *So entstehen auch der
hervorragende Musikfilm* Das Lied einer Nacht *mit Jan Kiepura und, 1935,* Vergiß mein nicht *mit Benjamino Gigli.*

*Magda Schneider spielt mit den berühmten Schauspielern
ihrer Zeit als Partner: Karl Ludwig Diehl, Theo Lingen, Jakob
Tiedtke, Viktor de Kowa, Georg Alexander, Hermann Thimig,
Luise Ullrich, Gustaf Gründgens, Paul Hörbiger und Willi
Forst.*

*Angebote, in ausländischen Ateliers zu drehen, so in Paris und
London, häufen sich, doch einen Vertrag nach Hollywood
lehnt sie ab.*

Zwei in einem Auto wurde in Paris gedreht, mein Partner war Karl Ludwig Diehl. Zuvor gab es in Berlin ein langes Hin und Her wegen meines Filmnamens. »Magda Schneider« erschien den Zelluloidgewaltigen unmöglich.

Damals war es noch Mode, Filmschauspielerinnen mit hochtrabenden Künstlernamen zu belegen: Lya de Putti, Pola Negri, Erna Morena, Fern Andra. Auch für mich gab es eine Menge schillernder Vorschläge, die ich alle längst vergessen habe. Ich lehnte ab.

Als ich zwischendurch einmal in Augsburg war und zu Hause von diesen Plänen erzählte, sagte mein Vater ganz ruhig: »Wenn du dich umtaufen läßt, schau ich dich nicht mehr an.«

Dann kam die entscheidende Besprechung in Berlin, der Film sollte ins Atelier gehen, und es war notwendig, Plakate und Programme zu entwerfen. Die ganze Werbung mußte anlaufen. Natürlich brauchte man dazu endlich den Namen.

Ich beharrte auf meinem eigenen.

»Magda Schneider!« Die Herren lachten grimmig.

»Wie wäre es denn mit Schulze, Meier, Müller?« fragte ich ironisch.

Das war das Stichwort, bei dem mir ein Zufall zu Hilfe kam. Es war gerade die Zeit, als ein großer Erfolgsfilm lief: *Die Privatsekretärin* – mit ...

»Renate Müller!« sagte ich.

Die Herren sahen sich verblüfft an. Keiner hatte daran gedacht. »Ich gebe mich geschlagen«, sagte Joe May.

So blieb es bei Magda Schneider. In irgendeinem Büro ist aber trotzdem eine Panne passiert. Irgend jemand meinte, man hätte statt Magda wenigstens Maggie sagen können. Ein Reporter muß das aufgeschnappt haben, und so ist in einigen ganz frühen Pressenotizen die unmögliche Zusammenstellung »Maggie Schneider« zu lesen, noch ehe mein erster Film gedreht wurde, bei dem ich glücklicherweise »Magda Schneider« blieb.

Ich glaube, daß diese Entscheidung vollkommen richtig war. Müller, Schneider – das sind Namen, mit denen sich jeder irgendwie identifizieren kann. Sie sind echt, und es fehlt ihnen alles Gekünstelte. Man erwartet instinktiv von den Darstellern, daß sie auch auf der Leinwand Menschen wie du und ich sind.

Nach den Erfolgen, die sich an die Namen Renate Müller und Magda Schneider knüpften, kam niemand mehr auf die Idee, künstlich gedrechselte Pseudonyme zu wählen. Es war eine kleine Revolution, zumindest eine Wende, die Film und Publikum einander näherbrachte.

In Paris erlebte ich meine erste große Enttäuschung beim Film. Ich sah die ersten Aufnahmen im Rohschnitt und war entsetzt über mich selbst. Ich wäre am liebsten davongelaufen und nie wieder vor eine Kamera oder ein Mikrophon getreten. So sah ich also aus, so also klang meine Stimme. Unmöglich!

Ich war zutiefst deprimiert und sehnte mich nach den natürlichen Bedingungen der Bühne zurück.

Joe May tröstete mich. So ginge es allen, meinte er.

Sicher war damals auch die Situation noch anders als heute.

Es gab noch keine Farbe, die Tontechnik steckte in den Anfängen. Das fand jedenfalls seine Bestätigung in einer der ersten Kritiken, die der Film *Zwei in einem Auto* in der deutschen Presse bekam. »Junges Filmtalent«, hieß es da, und dann fuhr der Kritiker unmißverständlich mit folgenden Worten fort: »Leider litt ihre künstlerische Leistung ungemein unter der hundsmiserablen Tonwiedergabe.«

Aber es gab auch andere Kritiken: »Es gab ein überaus sympathisches Liebespaar, Karl Ludwig Diehl und Magda Schneider, hier noch Novizin (ihre späteren Filme kamen sonderbarerweise eher heraus), zeigt bereits ihre ausgesprochene Begabung, sie ist von einer Einfachheit, die gefangennimmt, und überzeugend in den sentimentalen wie in den quirlig-tänzerischen Szenen.«

In diesem musikalischen Lustspiel gab es zwei hübsche Lieder: »Es liegt in der Luft wie von Liebe ein Duft« und »Ich leg' mein Herz in deine kleinen Händchen«, zu dem Fritz Rotter den Text geschrieben hatte.

Ich konnte schließlich wirklich beruhigt sein. Der Gesamterfolg des Films zeigte mir auch, daß meine Befürchtungen unbegründet waren.

Zwei in einem Auto wurde in mehreren Versionen gedreht. In der deutschen Fassung war einer meiner Partner Richard Romanowsky gewesen. In der französischen Version wurden die Rollen von Annabella und Jack Trevor gespielt. Bis alle Arbeiten beendet waren und der Film herauskam, hatte ich schon meinen zweiten Film gedreht.

Meine Karriere begann also mit meinem zweiten Film, mit *Fräulein, falsch verbunden*. Er wurde ein überzeugender Erfolg, und von dieser Stunde an war es für mich klar, daß ich ganz beim Film bleiben würde.

Ich hatte mir damals die Möglichkeit offengelassen, auf das Angebot des Theaters an der Wien einzugehen, falls meine ersten Schritte beim Film nicht zufriedenstellend ausfallen sollten. Die Kritik, die offene Aufnahme beim Publikum und die Vertragsangebote, die es nun gab, ließen mir die Entscheidung aber nicht schwerfallen.

Mit *Fräulein, falsch verbunden* hatte ich auch vom Stoff her Glück. Damals war der Selbstwählbetrieb beim Telefon noch nicht sehr verbreitet, die Handvermittlung durch das »Fräulein vom Amt« spielte eine wichtige Rolle und gab allerlei Anlaß zu amüsanten Fehlverbindungen und Verwechslungen, bei denen es natürlich auch einmal zum Happy-End kommen konnte. Es war also eine ausgesprochen nette und liebenswürdige Rolle.

Ein ebenso glücklicher Umstand war es, daß ich mit guten Partnern herauskam. Ich spielte mit Johannes Riemann und Jakob Tiedtke, die andere weibliche Hauptrolle hatte Trude Berliner, die Deutschland nach 1933 verließ. Im selben Film wirkte auch Viktor de Kowa mit. Er stand damals ebenfalls am Anfang und spielte einen Conférencier in einer Bar.

Auch dieser Film hatte zwei einprägsame Lieder, den Foxtrott »Ein Kuß mit Liebe kann keine Sünde sein« und den Tango »Seit jener Stunde träum' ich jede Nacht von dir.«

Nach *Fräulein, falsch verbunden* folgte Film auf Film. 1932 die Tonfilmoperette *Ein bißchen Liebe für Dich* mit Georg Alexander und Hermann Thimig, im selben Jahr *Das Lied einer Nacht* mit Jan Kiepura, dessen Schlager »Heute nacht oder nie« ein Welterfolg wurde und den Film zu einem internationalen Geschäft machte.

Es war mein Glück, daß meine ersten vier oder fünf Filme sofort eingeschlagen haben – und dem Produzenten viel Geld einbrachten. Das ist im modernen Filmgeschäft im Hinblick auf die eigene Karriere besonders wichtig. Man kann eine große Rolle spielen und eine phantastische schauspielerische Leistung vollbringen, der ganze Film kann hochkünstlerisch sein – wenn dann die Kinokassen leer bleiben, ist es für alle

Mitwirkenden ein Rückschlag. Ebenso wichtig ist die Besetzung. Beim Theater und Film gibt es den »Rollenneid«, den Ursprung vieler Intrigen – für Beteiligte wie Außenstehende gleichermaßen widerwärtig. Der Grund liegt in der menschlichen Natur und in einem gesunden Instinkt für die Realitäten. Eine schlechte oder unbedeutende Rolle kann eher schaden als nützen, vor allem, wenn man zuvor schon bessere gespielt hat.

Der Kiepura-Film *Das Lied einer Nacht* ist dafür nur ein kleines Beispiel. Er war ein großer Erfolg, ein Kassenschlager und trotzdem für mich persönlich ohne besondere Bedeutung. Ich spielte darin ein Sängermaskottchen, eine Rolle, die nicht sehr viel hergab.

Das berührt eine andere Seite unseres Berufes, den die Amerikaner ganz nüchtern »Show Business« nennen. Schau-Geschäft, wenn man es frei übersetzen will. Wer es sich nicht leisten kann, in aller Ruhe auf geeignete Rollen zu warten und seine Auswahl zu treffen – und welcher Schauspieler kann sich das leisten, nicht so sehr finanziell, sondern weil er fürchtet, schnell wieder vergessen zu werden –, der muß zum sicheren Vertrag greifen. Der Vertrag garantiert die Gage, und er garantiert soundso viele Filme im Jahr, aber er verlangt auch, daß man die Rollen spielt, die man bekommt.

Ob man diese Rollen selber gut findet oder nicht, ist ohne Bedeutung. Im Kiepura-Film war ich eigentlich nur das Objekt, das angesungen wurde, damit die Kamera etwas zu photographieren hatte, also keine sehr dankbare Sache. Aber Vertrag ist Vertrag.

In *Sehnsucht 202*, wieder eine Tonfilmoperette, spielte ich eine Stenotypistin, die in die Wirrnisse einer vertauschten kleinen Zeitungsanzeige gerät. Das »Inseratenlied« und der langsame Foxtrott »Mein Schatz, ich bin in Dein Parfüm verliebt« wurden Schlager, eingängig und spritzig.

Auch *Das Testament des Cornelius Gulden* war eine lustige

Verwechslungsgeschichte, die eine Erbschaft mit Hindernissen zum Gegenstand hatte. Mein Partner war wieder Georg Alexander.

Glück über Nacht war ein musikalisches Filmlustspiel, dessen Premiere Weihnachten 1932 unter viel Lachen und stürmischem Beifall im Gloria-Palast stattfand. Ich spielte eine Sekretärin und Hermann Thimig einen Raketen-Ingenieur, der mit seiner liebenswürdigen Fahrigkeit und seinen tausend charmanten Verlegenheits-Nuancen die Zuschauer begeisterte. Mir bescheinigte die Kritik, daß ich »einfach, ungeziert und sehr nett spielte« und »gelöst, frisch und natürlich« war.

Ich habe in nahezu sechzig Filmen mitgespielt, und in den dreißiger Jahren, als ein Streifen nach dem anderen gedreht wurde, mußte ich auch manchen Film machen, den ich lieber abgelehnt hätte, was mir aber wegen meiner vertraglichen Bindungen nicht möglich war. Es ist schlecht, wenn man durch Verträge gezwungen wird, Rollen zu übernehmen, die mehr schaden als nützen können.

Von diesen meinen Filmen, die ich immer als Tralala-Hopsassa bezeichne, brauche ich also kaum zu reden. Ich bin jedenfalls froh, daß es auch andere gegeben hat, und wenn der Name Magda Schneider damals im deutschen Film ein Begriff geworden ist, dann hoffe ich, daß das auf die besseren Filme zurückzuführen ist. Die Rollen, die ich mit wirklicher Passion spielte, in denen ich aufging, waren nämlich ernsterer Natur.

Ich denke da vor allem an den Film *Vergiß mein nicht* mit Benjamino Gigli und dem kleinen Peter Bosse, der 1935 unter der Regie von Augusto Genina entstand. Und ich denke dabei besonders an den Max-Ophüls-Film *Liebelei*, der 1932 gedreht wurde und den ich als einen Markstein meiner Karriere betrachte.

In *Liebelei* hatte ich zum erstenmal kein kleines Mädchen mehr zu spielen, keines dieser operettenhaften jungen Dinger, die damals in den Allerweltsfilmen von Erfolg zu Erfolg hüpften. Es war eine Charakterrolle. Ich lebte auf!

Dieser Film war überhaupt bemerkenswert, wenn man sich die Darsteller vor Augen hält: Luise Ullrich, Wolfgang Liebeneiner, Willy Eichberger, Gustaf Gründgens, Paul Hörbiger, Olga Tschechowa. Eine derartige Besetzung ist später nie wieder zustande gekommen, keine Gesellschaft hätte die Gagen bezahlen können.

Ich hatte die Rolle der Christine gegen stärkste Konkurrenz bekommen. Auch Paula Wessely und Luise Ullrich waren zu Probeaufnahmen eingeladen worden. Aber Felix Saltens Urteil hat schließlich den Ausschlag gegeben. Er war bei diesem Film literarischer Berater gewesen und hatte erklärt: »Als Freund Arthur Schnitzlers bin ich überzeugt, daß Frau Schneider den Vorstellungen des Dichters am idealsten entspricht!«

Ein Kritiker schrieb später enthusiastisch: »Magda Schneider ist zwar nicht in Wien geboren, aber sie hat diese Stadt im Herzen. Ob das nicht mehr ist?«

Im Herbst 1945, als Regisseur Max Ophüls arbeitslos in Hollywood saß, wurde er gebeten, seinen Lebenslauf zu verfassen. Daraus entstanden im Laufe eines Jahres seine Erinnerungen, sie erschienen unter dem Titel »Spiel im Dasein«, und er erzählt darin auch über die Entstehung unseres Films:

»*Liebelei* hat mich als Auftrag vom ersten Augenblick an fasziniert. Mitten in den Aufnahmen der *Verkauften Braut* wurde mir telefonisch die Regie zugeteilt. Ich witterte die Gelegenheit, einen Film mit jungen Leuten, noch nicht vom Startum verdorben, herzustellen.

Ich habe eine große Verehrung für alles, was der österreichische Dichter Arthur Schnitzler geschrieben hat. Als ich in Berlin ankam, nahm ich sofort Kontakt auf mit dem unabhängigen Produzenten, der *Liebelei* für den Cinema-Konzern mit mir herstellen sollte. Man schob mir eine Besetzungsliste zu. Es befanden sich darauf lauter alte, konventionelle, wohlbekannte, aber müde Großväter und Großmütter, die aus kommerziellen Erwägungen heraus die Rollen der führenden, kaum zwanzigjährigen Gestalten spielen sollten.

Über *Liebelei* lag ein Glücksstern. Ich glaube aber, Glückssterne scheinen besonders hell am Poetenhimmel, und ich glaube, Arthur Schnitzler ist ein großer Poet. Er war schon tot, als ich mich mit seinem Werk befaßte. Sein dichterischer Zauber hielt uns alle gefangen während der Arbeit. Schon bei der Besetzung war der Glücksstern da.

Am meisten leuchtete wohl der Glücksstern an dem Tag, an dem ich Probeaufnahmen machte für die beiden weiblichen Hauptrollen. In meinem Wagen saßen Luise Ullrich, eine neue dramatische Schauspielerin vom Staatstheater, noch nicht im Film erprobt, und Magda Schneider, ein munterer, aufkommender Operettenstar. Wir fuhren an der Stadtperipherie entlang nach Johannisthal. Luise Ullrich sollte die melancholische Christine, Magda Schneider ihre lustige Freundin Mizzi spielen. ›Die Leut' sagen immer, ich bin traurig‹, lachte Luise Ullrich, ›und deshalb muß ich traurige Rollen spielen.‹ Wie sie das sagte, war von einem drolligen Wiener Humor. Ich stutzte. ›Ach, und ich möchte so gern ein einziges Mal tragisch sein!‹ seufzte die kleine Schneider neben mir. Ich sah sie an und stutzte wieder. Sie meinte es ernst. Mir kam eine Idee. Warum sollte ich nicht den umgekehrten Test als den geplanten mit den beiden Mädels machen?

Das Resultat war eine Überraschung. Die Rollen wurden – genau, wie es die Mädchen im Auto gewünscht hatten – vertauscht. Und so geschah es, daß ein sehr unkompliziertes, frohes Mädel eine der tragischsten Gestalten der europäischen Literatur formte und dadurch besonders erschütternd wirkte.

Um die vier jungen Menschen gruppierten sich in kleinen und kleinsten Rollen die damals führenden Stars. Der Film wurde genau entgegengesetzt zu seinen Verkaufswerten besetzt, wie man es gewöhnt war.

Ich hielt Umschau nach einem Musiker. Ich wollte jemanden, der bescheiden genug war, sich zurückzustellen und klassische Musik zu verwenden, eine Musik, die aus der Vergangenheit Wiens herüberklingen sollte. So fand ich Theo Mackeben. Und die Kritiken haben später besonders die Musik des Films gelobt.

Der Film war so gut vorbereitet, daß er in knapp vier Wochen hergestellt war. Für uns alle, die wir daran gearbeitet haben, war es nicht lange genug. Uns ging die schöne Zeit zu schnell dahin.

Am letzten Drehtag arbeiteten wir in einer kleinen Kaffeehaus-Dekoration. Die Lichter gingen aus. Es war zu Ende. Wir standen herum und wollten's nicht wahrhaben. ›Im Theater fällt wenigstens ein Vorhang!‹ sagte einer traurig! Und dann griff jemand zu einer Axt, die anderen nahmen die Hämmer, und wir zerschlugen die Dekorationen und trugen zum Andenken an die schöne Zeit jeder ein Stückchen davon nach Hause. Ich nahm mir eine Markiertafel vom Billard mit. Ich hätte sie mir einpacken sollen in den Tagen, in denen der Reichstag brannte. Aber ich zögerte. Es war nicht Platz genug in den wenigen Koffern, es war mir auch zu wehmütig, und es ging auch alles viel zu schnell.

Die Emigration hat sich unheldisch vollzogen. Fliehen ist keine Tat.

Am Abend, auf dem Weg zum Bahnhof Zoo, fuhr ich mit meinem Wagen am Atrium-Kino vorbei. Dort leuchtete neben dem Wort *Liebelei* in großen Lettern mein Name. Ich sagte zu meiner Frau und meinem Söhnchen: ›Schaut euch das noch mal genau an ...‹ Ich fuhr eine Ehrenrunde ums Kino ... Ich fuhr zweimal, dreimal drum herum ... ich weiß nicht, wie viele Male ...«

Zu den Filmen, die mir besonders am Herzen lagen, rechne ich auch *Die Frau am Scheidewege* und *Frauenliebe – Frauenleid*, obwohl dieser Titel ein wenig schmalzig klingt. Aber diese Filme entstanden erst in den Jahren 1937 und 1938.

Wenn ich an jene Zeit zurückdenke, weiß ich, daß ich manchmal dem Irrenhaus nahe war. Am Anfang meiner Karriere, 1932/33, machte ich in zwei Jahren elf Filme und spielte in jedem die Hauptrolle. Das ist sehr aufreibend. Zwei bis vier Filme im Jahr sind genug, und vier ist dabei schon die Höchstzahl, auf die man möglichst nicht kommen sollte.

Aber ich hatte nicht das Glück, daß ich mir die Stoffe mit Bedacht auswählen konnte.

Von *Liebelei* wurde auch eine französische Fassung gedreht. Ich sprach nicht sehr gut französisch, aber mit Energie und viel Büffeln klappte es dann doch recht gut.

Während wir in Paris arbeiteten, bekam ich ein Angebot aus London.

Nach einer kurzen Zwischenpause in Berlin flog ich nach England, und es zeigte sich, daß meine englischen Sprachkenntnisse besser waren als meine französischen. Ich weiß heute nicht mehr, wie die Firma hieß – sie existiert jedenfalls nicht mehr, und auch die Ateliers bei London, in denen wir drehten, sind später abgebrannt. Immerhin entstand nun mein erster Auslandsfilm mit dem Titel *Going Gay*. Er erhielt den deutschen Titel *Ein Mädel aus Wien*. Ich bin die Wienerin und zeige zwei Engländern Wien. Sie wohnen bei mir, ich singe und tanze, und sie meinen, ich soll auf der Opernbühne engagiert werden. Mein Debüt ist dann schließlich »Die Regimentstochter«.

Schon kurz darauf wurde ich von derselben Firma für einen zweiten englischen Film verpflichtet. Diesmal hatte ich eine Wienerin zu spielen, die nach London kommt und dort in allerlei Verwicklungen gerät. Meine Partner waren die damals in England sehr berühmten Komiker Riscoe und Wayne. Später wurde dieser Film auch deutsch synchronisiert und in Deutschland gezeigt. Aber er war wohl nicht welterschütternd und hat kein Echo in meinem Gedächtnis hinterlassen.

Meine Filmabstecher ins Ausland waren nach diesen beiden Arbeiten in England zu Ende. Natürlich sind viele deutsche Filme, in denen ich mitwirkte, zum Teil auf ausländischen Schauplätzen gedreht worden, aber für eine ausländische Gesellschaft und in fremder Sprache habe ich nicht mehr gefilmt.

Im Jahr 1933 entstand auch noch der Film *Glückliche Reise* nach der gleichnamigen Operette von Eduard Künneke. Ich spielte die Stenotypistin Monika Brink. Wir waren vier junge Menschen auf einem Schiff – von denen je zwei zusammengehörten, das mußte ja eine glückliche Reise sein! Und das Lied »Glückliche Reise, glückliche Reise, schreib mir 'ne Karte, wenn du angekommen bist« ist noch heute bekannt und beliebt.

Ich kenn' Dich nicht und liebe Dich war ein Lustspiel mit bekannten Schlagermelodien von Franz Grothe, mein Partner war Willi Forst. Er spielte einen jungen Komponisten, der mit einer Operette einen großen Erfolg errungen hatte. Ich bin die Tochter des Generaldirektors Claassen, der in der Nähe von Nizza wohnt. Der Komponist hatte lediglich ein Photo von mir gesehen und seinen Titelschlager komponiert. Er wurde schließlich ein vielgesungener Hit.

Ein Mädel wirbelt durch die Welt entstand 1934 unter der Regie von Georg Jacoby. Ich bin die Tochter des Verlegers mit Namen Lenore oder kurz Lenox, rase mit dem Motorrad durch den Schwarzwald und finde natürlich in der schönen Landschaft zwei hartgesottene Junggesellen, die ich als neuentdeckte Schlagerkomponisten ins Haus meines Vaters, der einen großen Musikverlag hat, entführe, wobei natürlich einer von beiden mich als Braut heimführt.

Franz Doelle schrieb die Musik zu *Fräulein Liselott*. Ich spielte in diesem Film die Rolle der Liselotte Fischer, einer Angestellten in der Berufsberatungsstelle einer großen Zeitung, und bin ein äußerst patentes Mädchen, das vier verbummelte Genies erzieht. Das Ganze geschieht mit viel Musik, darunter dem Walzerlied »Wenn ich glücklich bin, muß ich tanzen« und dem langsamen Foxtrott »Ein kleines Häuschen, ein grüner Garten«.

Damals wie heute sahen sich die Talentsucher von Hollywood überall in der Welt um. Viele meiner Kolleginnen und Kollegen sind nach Hollywood verpflichtet worden, viele warteten dort vergeblich auf die ganz großen Erfolge, manche kehrten enttäuscht nach Deutschland zurück – und hatten den Anschluß verloren. Nur einige hatten in Amerika Glück.

In Amerika zu filmen hat mich eigentlich nie gereizt, ich konnte mir jedenfalls nicht vorstellen, dauernd in den Staaten zu leben. Schon auf dem ersten Höhepunkt meiner Karriere hatte ich verschiedene Angebote aus Hollywood, das ernsthafteste wohl von der Metro-Goldwyn-Mayer. Ich habe immer nein gesagt.

Entscheidend für meinen Entschluß, den Lockungen Hollywoods zu widerstehen, ist wohl meine Heimatliebe gewesen. Nicht ein falscher Patriotismus, sondern einfach die Tatsache, daß ich mich hier wohlfühle, daß ich unsere Landschaft über alles liebe, die Berge vor allem, und daß ich hier mit meinem ganzen Wesen und meiner Mentalität verwurzelt bin.

Filmarbeit mit Wolf Albach-Retty
und Hochzeit am Königssee

Mein Haus »Mariengrund« – Hochzeit mit dem begabten Sohn
einer begabten Mutter und Partnerschaft in neun gemeinsamen
Filmen – Wolf Albach-Rettys Karriere –
Andere berühmte Filmpartner

Kind, ich freu' mich auf Dein Kommen ·
G'schichten aus dem Wienerwald · Die Katz' im Sack ·
Winternachtstraum · Eva · Vergiß mein nicht ·
Die lustigen Weiber · Rendezvous in Wien · Die Puppenfee ·
Geheimnis eines alten Hauses · Frauenliebe–Frauenleid ·
Der Weg des Herzens

Von ihren Filmgagen baut sich Magda Schneider das Haus
»Mariengrund« in Berchtesgaden-Schönau, in dem sie heute
noch lebt. Ende 1935 hat sie bereits in zwanzig Filmen
mitgewirkt und ist 26 Jahre alt.
Während zehn Jahren, von 1933–1943, steht sie in neun
Filmen mit Wolf Albach-Retty gemeinsam vor der Kamera, sie
werden zu einem Traumpaar des deutschen Tonfilms. Den
Rang als Publikumsstar verdankt Magda Schneider vor allem
ihrem Rollenbild als »sympathisches Mädel«, das mit Wolf
Albach-Retty in mehreren Lustspielfilmen einen »Kampf der
Geschlechter« ausficht, in dem sie schließlich als »gezähmte
Widerspenstige« unterliegt wie in Winternachtstraum *und*
Rendezvous in Wien.
Zu ihren beeindruckendsten Leistungen dieser Jahre zählt
1937 ihre Schausteller-Assistentin Tini in dem österreichischen

Milieu- und Liebesfilm Prater, *unter dem deutschen Titel* Der Weg des Herzens *bekannt – hier kann sie dramatische Akzente mit realistisch-volkstümlichen Zwischentönen vereinen. Während der Filmarbeiten in Berlin wohnt Magda Schneider in Berlin-Wilmersdorf, Zähringerstraße 9, Wolf Albach-Retty in Berlin-Charlottenburg, Kurfürstendamm 63.*

Am 11. Mai 1937 heiratet Magda Schneider den Filmschauspieler Wolfgang Helmut Walter Albach (geboren 28. 5. 1906 in Wien – gestorben 21. 2. 1967 in Wien). Die Hochzeit findet auf dem Preußischen Standesamt in Berlin-Charlottenburg statt. Am 2. August 1937 wird das Paar in der Kirche St. Bartholomä am Königssee kirchlich getraut. Der gemeinsame Familienname ist Albach.

Mein Entschluß, in Deutschland zu bleiben, hatte natürlich auch noch ganz private Gründe. Ich war damals gerade verlobt – mit Wolf Albach-Retty, meinem späteren Mann. Alles hätte ich aufgeben müssen, wenn ich das Angebot der Metro angenommen hätte. Es war mir also lieber, hierzubleiben. Es war mir lieber, mir in den bayerischen Bergen ein Heim nach meinem Geschmack zu schaffen, wohin ich mich nach der Arbeit zurückziehen konnte, um neue Kräfte zu sammeln. Es entstand unser Häuschen bei Berchtesgaden.

Zwischen Berchtesgaden und dem Königssee liegt der Ort Schönau, und diese Gegend ist im wahrsten Sinne des Wortes eine schöne Au. Der Grundstein zu dem Häuschen wurde im Jahr 1936 gelegt. Es erhielt den Namen »Mariengrund«, und 1937 konnten wir einziehen.

Die ersten ständigen Bewohner waren meine Eltern. Mein Vater, der ein Installationsgeschäft in Augsburg gehabt hatte und sich gut aufs Bauhandwerk verstand, überwachte schon den Bau des Hauses, denn ich war ja nach wie vor pausenlos im Film tätig und konnte mich darum nicht kümmern. In meinem Vater hatte ich aber den treuesten Aufsichtsbeamten, den ich mir denken konnte. Vom Fundament bis zum letzten

Nagel kümmerte er sich um alles, und wahrscheinlich wäre alles dreimal so teuer geworden, wenn er das nicht getan hätte.

Als Mariengrund fertig war, übersiedelten meine Eltern von Augsburg in dieses Haus. Es war ein Risiko, denn man weiß nie, wie alte Bäume gedeihen, wenn sie noch verpflanzt werden. Für die eingefleischten Schwaben war es auch nicht einfach, in der neuen Umgebung heimisch zu werden, aus der Stadt aufs tiefe Land zu kommen, denn unsere Nachbarn in Schönau sind nur ein paar Bauern mit ihren Gehöften. In Augsburg, wo meine Eltern ein Haus besaßen, ließen wir alles beim alten, für den Fall, daß sie sich zurücksehnen sollten. Dann blieb der Rückzug immer noch offen.

Sicher ist es meinen Eltern in der ersten Zeit nicht leichtgefallen, in diesem stillen Landhaus zu leben. Trotzdem blieben sie schließlich für immer da, und zwar einfach deshalb, weil sie mir helfen wollten. Welche Eltern stellen nicht oft ihre eigenen Wünsche zurück, um ihren Kindern zu helfen! Ich hätte damals zur Verwaltung fremde Menschen ins Haus nehmen müssen, weil ich selbst ja meistens weg war. Meine Eltern übernahmen diese Pflichten. Und sie übernahmen sie um so lieber, als sie ja bald nicht mehr allein waren.

Meine Ehe mit Wolf Albach-Retty war zunächst einmal eine Zeit wie im siebenten Himmel. Um so schlimmer ist es, wenn man eines Tages durch alle sieben Himmel hinunterstürzen muß auf die rauhe Erde.

Wolf war im Grunde ein prächtiger Mensch, gutaussehend und von wahrhaft sonnigem Wesen.

Wir machten eine ganze Menge Filme zusammen. 1933 *Kind, ich freu' mich auf Dein Kommen*, 1934 *G'schichten aus dem Wienerwald*, 1935 *Winternachtstraum* und *Die Katz' im Sack*, 1936 *Rendezvous in Wien*, *Die Puppenfee* und *Geheimnis eines alten Hauses*, 1938 *Frühlingsluft* und 1943 *Zwei glückliche*

Menschen, um nur einige zu nennen. Für das Kinopublikum waren wir bald ein Standardpaar des Films, ähnlich wie Lilian Harvey und Willy Fritsch. Der menschliche Unterschied besteht darin, daß Lilian und Willy nicht heirateten. Wolf und ich dagegen wagten den Schritt. Ich habe es nicht bereut. Wir paßten großartig zusammen.

Wenn ich heute daran zurückdenke – wir heirateten im Jahre 1937 –, denke ich an schöne gemeinsame Jahre.

Die väterliche Seite meines Mannes Wolf Albach-Retty hatte nichts mit dem Theater zu tun. Mein Schwiegervater war Rechtsanwalt, und seine Ahnenreihe reichte meines Wissens aufs Land, ins bäuerliche Milieu zurück, also eine starke, lebenskräftige Ader.

Mütterlicherseits dagegen waren die Rettys durch Generationen hindurch eine Künstlerfamilie. Schon der Urgroßvater war Schauspieler in Österreich. Dessen Sohn, also Wolfs Großvater, war wiederum Schauspieler, und er heiratete auch eine Schauspielerin. Die Tochter dieses Paares, also Wolfs Mutter, war die berühmte Rosa Albach-Retty, die am Wiener Burgtheater wirkte und 1980 im Alter von 105 Jahren starb.

Rosa Albach-Retty hatte noch den Titel einer k. u. k. Hofschauspielerin. Sie stand schon in der gloriosen Zeit des Wiener Theaters auf der Bühne, sie wurde von Kaiser Franz Joseph in Audienz empfangen und fuhr ihren eigenen Fiaker, wie es damals bei den Hofschauspielern üblich war. Sie spielte mit Kainz und Mitterwurzer und wie die Sterne des wirklich großen Theaters alle hießen. Zweifellos haben diese Vorfahren viel Sonne auf die folgende Generation geworfen.

Wolfs Mutter war anfangs ganz dagegen, daß ihr Sohn ebenfalls den Schauspielerberuf ergreifen würde. Wenn Wolf bei den Ausfahrten mit dem ehrwürdigen Fiaker auf dem Kutscherbock sitzen durfte und hinten im Wagen seine Mutter mit Bekannten saß, mit berühmten Schauspielerinnen und Schauspielern, dann hatte Wolf immer den Wunsch, auch Kutscher zu werden. Seine schauspielerischen Talente entdeckte er erst später.

Die Mathematik machte ihm in der Schule viel zu schaffen. Mit Schrecken dachten gewiß lange noch Lehrer und Professoren in Wien an den »talentiertesten und besten Schüler« zurück, der je vor ihren Kathedern gesessen hat. Wolfs Vater, der Herr Rechtsanwalt, konnte es schließlich nicht mehr mit ansehen. Rosa Albach-Retty hatte auch ein Einsehen. Wolf durfte die Wiener Akademie für Musik und darstellende Kunst besuchen. Es dauerte nicht lange, bis der begabte Sohn seiner berühmten Mutter dort entdeckt wurde. Bei einer Aufführung der *Berühmten Frau* von Alexandre Bisson fiel der Akademieschüler Wolf Albach-Retty als sehr junger Liebhaber so vorteilhaft auf, daß man ihn ans Burgtheater holte. Eine große Auszeichnung!

Wolf stand in seinen Anfängen häufig zusammen mit seiner Mutter auf der Bühne des Burgtheaters und spielte oft auch in den Stücken ihren Sohn, so zum Beispiel im *Prinzip* von Hermann Bahr und in Schnitzlers *Komtesse Mizzi*.

Fünf Jahre nach seinem Bühnenstart holte ihn die Ufa nach Berlin. Seine erste Partnerin war 1932 Lilian Harvey, und der Film hieß *Zwei Herzen und ein Schlag*. Mit diesem einen Schlag war Wolf Albach-Retty in der Spitzengarnitur.

Beim Film besteht immer die Gefahr der Typisierung. Wolf bekam die Spitzmarke »liebenswürdige Jungenhaftigkeit«, und die blieb an ihm haften, obwohl er eigentlich mehr ein »liebenswerter Lackel« war, wenn ich ihn klassifizieren soll. Er liebte es, unbekümmert und zwanglos zu sein. Am liebsten hatte er krachlederne Hosen, fuhr zur Wildschweinjagd nach Ungarn und vermied alle steife Etikette.

Die Filmleute aber steckten ihn in einen Frack, in elegante Anzüge und in das entsprechende Milieu. Alles paßte ausgezeichnet zu seinem äußeren Typ. Außerdem hatte man entdeckt, daß er eine gewisse Ähnlichkeit mit dem damals ungeheuer populären »Prinz Charming« hatte, dem Prince of Wales, dem späteren König Edward VII. und nachmaligen Herzog von Windsor.

»Nur der Millionenscheck fehlt«, pflegte Wolf zu dieser Ähnlichkeit zu sagen.

Vor unserer Ehe entstanden sieben gemeinsame Filme, während unserer Ehe drehten wir 1938 noch *Frühlingsluft* und 1943 *Zwei glückliche Menschen*.

Bereits 1933 entstand unser erster gemeinsamer Film *Kind, ich freu' mich auf Dein Kommen*. An ihm war bemerkenswert, daß ein Hund die Hauptrolle spielte – Storch hieß er – und besonders auch der langsame Walzer

>»Kind, ich freu' mich auf dein Kommen,
>und ich bin traurig, wenn du gehst!
>Kind, ich freu mich, wenn du wortlos
>meinen Händedruck verstehst«,

ein Text, den wieder Fritz Rotter geschrieben hatte.

Ein bedrückendes Ereignis gab es im Atelier: Der Regisseur dieses Films, Kurt Gerron, wurde bei den Dreharbeiten verhaftet. Ich habe noch heute in Erinnerung, wie sein ganzer Körper zittern begann, als sie ihn plötzlich mitten aus der Arbeit heraus geholt haben.

Kurt Gerron war zwischen 1920 und 1931 ein vielbeschäftigter Darsteller im Film. Er war komisch und zwielichtig. Er hatte in Duponts *Varieté* gespielt und in Sternbergs *Blauem Engel*. Als Regisseur hatte er Ideenreichtum und eine sichere Handhabung des Lustspiel-Genres. Das zeigte er besonders in seinem aktionsgeladenen Sensationsfilm *Der weiße Dämon*.

1933 mußte Gerron Deutschland verlassen. Er flüchtete nach Paris. Auch in Österreich, wo inzwischen die Filmindustrie sich dem Diktat der deutschen Reichsfilmkammer beugte und jüdische Filmkünstler boykottierte, stieß er auf Schwierigkeiten. Holland und Italien waren die nächsten Stationen seiner Emigration.

1941 fiel Gerron in die Hände der Gestapo und wurde in ein deutsches Konzentrationslager deportiert. Im Oktober 1944 wurde er in Auschwitz ermordet.

Hitlers Machtübernahme hatte schon meinen Regisseur von *Liebelei*, Max Ophüls, zur Emigration gezwungen, die er in Frankreich, Italien, Holland und in den USA verbrachte.

Der Film *G'schichten aus dem Wienerwald* aus dem Jahre 1934 war ein musikalisches Lustspiel aus dem schönen Wien mit den unsterblichen Klängen des berühmten Johann-Strauß-Walzers. Ich spielte die Rolle der Millie Sheffers, einer kleinen amerikanischen Zeitungsschreiberin, die einen Fortsetzungsroman für ihr Blatt zu schreiben hat, der »Geschichten aus dem Wienerwald« heißen soll. Auf der Reise nach Wien sollte ich bereits Eindrücke für den neuen Roman sammeln. Mit Wolf Albach-Retty, Leo Slezak und Georg Alexander hatte ich wunderbare Partner.

Die Katz' im Sack von 1935 war wiederum ein musikalisches Lustspiel. Ich spielte die Hauptrolle der Irene Ferenczy und Wolf Albach-Retty den Rennfahrer Edmond Vernon, einen Liebhaber par exellence. Mir wurde von der Kritik bescheinigt, ich spiele »mit Temperament und Laune«, und an anderer Stelle hieß es: »Magda Schneider blond und braun – und beide Male siegreich.« Die ursprünglich dunkle Irene war schüchtern, die Tugend selbst, sie konnte sticken, singen, kochen, nähen, und alles Sportliche lag ihr meilenfern. Sie macht eine Wandlung durch, als sie sich in den Rennfahrer verliebt, die Dunkle wird zur Blondine, sportlich und keß.

Dem Publikum machte die lustige Angelegenheit sehr viel Spaß, und es klatschte dankbar und lange nach der Premiere im Berliner Filmtheater Capitol. Ein Rezensent schrieb: »Die Handlung war gespickt mit lustigen Einfällen, so daß der Regie Richard Eichbergs sich ein Feld blühender Situationskomik bot. Der Hauptnutznießer hiervon ist Theo Lingen, der seine Base Magda Schneider im wahrsten Sinne des Worte an den Mann bringen soll. Magda Schneider hat die dankbare Aufgabe, sich von zwei Seiten zu zeigen. Als hausbackenes Mädchen ›vom Lande‹ taucht sie mit langen Zöpfen in Paris auf, um in Monte Carlo mit blondem Bubenkopf und äußerst fesch und überlegen zu erscheinen. Und in einer Schwipsszene mit Theo Lingen gab es Beifall ins Bild hinein. Der forsche junge Mann, der sie liebt und endlich auch bekommt, ist Wolf Albach-Retty, der sich seiner Aufgabe mit unaufdringlicher Liebenswürdigkeit entledigt.«

Winternachtstraum war ein großes musikalisches Lustspiel mit der Musik von Franz Grothe. Ich spielte die Angestellte Hilde Müller, und Wolf war der Skilehrer Peter Kreutzberg. Die Außenaufnahmen fanden in Garmisch, auf der Zugspitze und am Kreuzeck statt.

Der Foxtrott »Mir geht's immer Dankeschön« und »Was ist die Liebe, wenn du mich nicht liebst« waren eingängige Melodien. Den Tango »Was ist das Leben« sang ich selbst, ebenso das Lied »Odeon«.

Die »Berliner Morgenpost« schrieb: »Der Schlußbeifall für den hübschen *Winternachtstraum* hatte sommerliche Wärme.« Und die Zeitschrift »Der Film« meinte: »Ein Film voller Unsinn, Frohsinn, losen Streichen, Scherzen, Mummenschanz. Magda Schneider lebensfroh, ein rührendes Kind voller Lachen, voller Sehnsucht, mit Kugelaugen und Schelmerei. Wolf Albach-Retty, der galante Tramp in allen Salons der großen Welt. Das harmlose Spiel von Liebe im Schnee und lustigen Verwechslungen ist mit so viel Episoden belebt, daß dieser Filmtraum eine fröhliche Erinnerung zurückläßt.«

In *Rendezvous in Wien* war ich von Beruf Fremdenführerin und die Enkelin von Adele Sandrock als Frau Hofrat Aigner, Wolf spielte den Musiker Franz Lenhardt. Dieser Lustspielfilm war eine heiter bewegte Liebesgeschichte aus der musikbeschwingten Donaustadt, er vermittelte ein lebenswahres Bild von Wiener Lebensart und Wiener Charme. Ein Kritiker schrieb: »Das Lebensglück zweier Menschen hängt im Film von einer Komposition ab, die eine sehr energische alte Dame und eine übermütige, unternehmungslustige junge Dame an den rechten Musikverleger bringen wollen. Adele Sandrock läßt ihre ganze Überredungskunst und frauliche Überlegenheit spielen für ihr verliebtes Enkelkind, die reizende Magda Schneider. Ein Spitzenfilm der echten Wiener Fröhlichkeit. Ein köstlicher Film voll Spannung und unwiderstehlichem Humor. Magda Schneider als Fremdenführerin führt die illustren Gäste tapfer durch Wien, ihren Herzallerliebsten aber, trotz seiner grimmigen Eifersucht zum Erfolg – im Leben wie in der Liebe.« Und das »Neue Wiener Tageblatt« meint: »Ein ganz reizendes frühlingsfröhliches Lustspiel mit erstklassiger Besetzung und mit Magda Schneider, diesem erklärten Liebling des Filmpublikums, der die Verehrung auch wieder vollauf verdient. Ein Massenaufgebot beliebter Filmstars. Ein Begeisterungswirbel – die Polizei hatte ihre liebe Mühe, Magdas Abendkleid vor der Zertrennung zu schützen.« Es gab zwei neue Schlager: Wolf Albach-Retty sang selbst das von Hans Adler textierte Lied: »Ich hab' einmal in den Himmel g'schaut, und da war mir, als sei ich bei dir«; das große Walzerlied »Ich hab' deine Lippen im Traum schon geküßt« aber wurde von mir kreiert, die ich als kundige Fremdenführerin den Mann meiner Wahl nach allerhand aufregenden Fährnissen zum Schluß doch erfolgreich ins Glück führe.

Die Puppenfee war ein bezauberndes Lustspiel mit der Musik von Ralph Benatzky. Neben Wolf stand ich mit so wunderbaren Partnern wie Paul Hörbiger und Adele Sandrock vor der Kamera. Adele Sandrock war die Konstanze Gräfin Reiffersperg, und ich verkörperte ihre Nichte Felizitas, eine Komtesse. Bei all den Verliebtheiten, Verwicklungen und Verwechslungen hatten wir bei den Dreharbeiten viel Spaß, und das

Wiener Weinlied »Ich bin gut aufgelegt« und das Wiener Walzerlied »Heut hätt' ich Zeit« hat auch dem Publikum gefallen.

1936 drehten wir den märchenhaften Lustspielfilm *Geheimnis eines alten Hauses*. Ich spielte die zarte, aber resolute Kostümzeichnerin Mary und Wolf den jungen draufgängerischen Architekten Teddy. In einer Kritik hieß es: »Das glückliche Paar Magda Schneider und Wolf Albach-Retty, beide reizend in ihrer streitsüchtigen Verliebtheit und in ihrem fast unwahrscheinlichen Edelmut, erbten nun den Nachlaß einer naiven Wette, die in zwei Jahrhunderten außerdem reichlich Zinsen angesetzt hatte – ein Haus.« Sehr schön war auch das Zusammenspiel mit den Filmpartnern Käthe Haack, Paul Bildt und Grethe Weiser.

Selbstverständlich spielte in diesen Jahren auch jeder von uns mit anderen Partnern.

In *Eva* stand ich 1935 mit Heinz Rühmann und Hans Söhnker vor der Kamera. Die Handlung spielte in einer Porzellanfabrik. Es war ein volkstümlich musikalisches Lustspiel nach Franz Lehárs geichnamiger Operette, eine Filmoperette, wie man es damals nannte, mit Schwung ohnegleichen, mit dem Temperament und Charme aller Darsteller, prasselndem Witz, toller Situationskomik und einer schmissigen Musik. »Magda Schneider als Eva ist reizend, und man glaubt es den Männern, die um sie sind, daß sie dieser Eva rettungslos verfallen sind«, meinte ein Rezensent. Bekannte Lieder daraus waren »Die Liebe und das Küssen« und »Das Lied vom Leichtsinn«.

In *Vergiß mein nicht* mit Benjamino Gigli spielte ich die Rolle einer Frau, die sich auf einem Schiff in zwei Männer verliebt. Die Außenaufnahmen fanden an Bord der »Bremen« statt, während der große Salon dieses Überseedampfers im Atelier aufgebaut war. Dort tanzten die Paare. Ich saß wie auf Eiern, anders kann man es wirklich nicht sagen, in meinem Kleid, einer zarten, duftigen Hülle von blassem Rosa, die meine zierliche Figur umfloß, es war äußerst empfindlich, denn jeder noch so kleine Kniff und jedes noch so unauffällige Fältchen wäre von der Kamera eingefangen worden und hätte den Gesamteindruck gestört.

Im Grunde spielte ich hier zwei Rollen, zumindest doch zwei Charaktere, denn Liselotte Hessfeld, die Sekretärin des Geheimrates von Bernek, machte eine Wandlung ihres ganzen Wesens durch. Zuerst sah man mich als junges, unbeschwertes Mädchen, wie man mich zumeist kannte, dann als reife Frau, die ein großes seelisches Erlebnis hinter sich hatte. Es war endlich wieder eine Aufgabe, kein Wald- und Wiesenfilm. Ich hatte gewartet, daß wieder einmal ein lohnender Stoff an mich herankam. Ich war es bereits müde, in Schablonenfilmen Schablone zu sein. Ich wollte die Rolle, die ich spielte, auch wirklich miterleben können.

Über meinen Partner, den weltberühmten Tenor Benjamino Gigli, war ich begeistert. Er war ein Künstler, der in jeder Hinsicht zauberhaft und bezaubernd war; in jeder Beziehung groß und dabei wie ein Kind. Er war von einer beispiellosen Güte, zu Gigli hatte man absolut Vertrauen, aber das Arbeiten mit ihm war doch sehr schwer. Das kam daher, daß er kein Deutsch verstand und ihm jeder Satz, den er zu sprechen hatte, erst eingelernt werden mußte. Regisseur Augusto Genina half uns da sehr; er hatte eine feste und sichere Führung, und wenn auch er nur wenig Deutsch sprach, so ging die Unterhaltung französisch mit ihm doch sehr flott. Denn auch der beste Darsteller bedarf eines Regisseurs, da er sich doch nun einmal nicht selbst sehen und hören kann. Der liebste Regisseur ist uns Künstlern aber wohl der Schauspieler selbst, weil dieser mit unserer Art und unserem Wesen am meisten vertraut ist und uns am besten die Notwendigkeit bestimmter Einzelheiten erklären kann.

Mehr als vierzig Aufnahmetage waren nötig, und zwar achtundzwanzig Tage im Atelier, vier Tage im Berliner Metropol-Theater und neun Tage Außenaufnahmen auf der Bremen und auf hoher See. Die großen Atelieraufnahmen und die Aufnahmen im Theater fanden zeitweise unter Inanspruchnahme von mehr als 350 Personen statt. Das Orchester der Berliner Staatsoper stellte 65 Mann. Es gab eine Arien-Montage, die Gigli in rund einem Dutzend seiner Glanzrollen zeigte.

Unter dem gleichen Regisseur drehte ich *Frauenliebe – Frauenleid*, auch wieder mit dem kleinen Peter Bosse. Das Schlagerlied Peter Kreuders »Es kann zwischen heute und morgen so unsagbar Vieles geschehn« war das einprägsamste an diesem Film. Und da er 1936 herauskam, warf man mit Schlagworten wie »Stark bewegendes Thema von Liebe und Mutterschaft, von Künstlertum und Mutterglück, von Selbstaufopferung und Triumph des reinen Frauenherzens« nur so um sich.

Ein herrlicher Partner war Leo Slezak, der große Operntenor. Und so war ihm die Rolle des Falstaff in dem Film *Die lustigen Weiber* buchstäblich auf den Leib geschrieben. Ich spielte die Viola und schlüpfte gleichzeitig in die Rolle eines Pagen. Unser Zusammenspiel wurde dann auch immer wieder hervorgehoben, die »Neue Berliner Zeitung« schrieb: »Besonders reizvoll, gerade durch den Kontrast zu Slezak, wirkt der pfiffige Charme Magda Schneiders als Viola/Page. Knabenhaft, locker, reizend führt sie den Reigen der lustigen Weiber an.« Am besten beschrieb uns aber, allerdings ganz im Stil der Zeit, die »Berliner Börsen-Zeitung«: »Hervorragend ist Leo Slezak als Falstaff, der sich mit der drastischen Vitalität eines heruntergekommenen Lords durchs Leben schlägt und der bei seiner einzigen Sehnsucht nach Essen, Saufen und Frauen häufig mit seinen Mitmenschen in Konflikt gerät. Als besonders reizvoller Gegensatz zu seinem schmatzenden und grunzenden Fett wirkt Magda Schneider als Viola, die abwechselnd als ein um ihr Recht kämpfendes Mädchen und als ein knabenhafter Page es versteht, sich gegen viele Widrigkeiten durchzusetzen.« Aber auch die »Mittelrheinische Zeitung« in Bonn lobte: »Magda Schneider als Viola spielt die Doppelrolle des Pagen von Falstaff mit einer Findigkeit und Keckheit, die einzigartig genannt werden darf.« Und der »Fränkische Kurier« in Nürnberg meinte: »Daneben steht die entzückend schelmische und spitzbübische Viola der Magda Schneider, die personifizierte Frauenlust verkörpert.«

Außer Leo Slezak gab es noch wunderbare andere Partner in diesem Film: Frau Fluth wurde von Ida Wüst gespielt und Herr Fluth von Otto Wernicke.

Nach meinen Erfolgen im ernsten Fach in *Liebelei*, *Vergiß mein nicht* und *Frauenliebe – Frauenleid* bekam ich in dem Film *Prater/Der Weg des Herzens* wiederum eine lebensnahe dramatische Rolle. Das arme Wiener Mädel Tini erlebt ein ergreifendes Schicksal. Aus den Armen ihres Geliebten wird sie in die Fänge eines skrupellosen Frauenverführers gezogen und hart an den Rand des Abgrundes gestoßen. Erst nach mancherlei aufregenden Erlebnissen findet sie zu dem Geliebten zurück, den Willy Eichberger, mein Partner aus *Liebelei*, spielte. Es war eine dramatische Episode aus dem Wien der Nachkriegszeit, dem als Kontrast der Stimmungszauber des Wiener Praters gegenübergestellt wurde. Er war der Schauplatz des Films um Wiener Menschen, Wiener Musik und den Duft eines Prater-Frühlings, der Prater in seiner ganzen Romantik, mit all seiner Lustigkeit, aber auch mit seinen dunklen Hintergründen.

Ich hatte eine wirklich menschliche Rolle, angefüllt mit Konflikten und echten Gefühlen. Ganz einfach – beinahe naiv – ist diese Tini, die, weiß Gott, vom Leben nichts geschenkt bekommt und die trotzdem sich und dem Geliebten den Alltag möglichst nett zu gestalten versucht. Es hat mir viel Freude gemacht, dieses Wiener Mädel zu spielen, denn ich sehnte mich ja immer wieder nach ernsthaften Aufgaben. Diese Sehnsucht war verständlich, denn den ernsten Rollen verdankte ich meine nachhaltigsten Erfolge.

Gewiß hat es mich oft mit Freude erfüllt, in lustigen Filmen durch herzliche Frische das Publikum aufzuheitern. Weitaus beglückender war es aber für mich, durch die Gestaltung ergreifender Menschenschicksale zu wirken. Die Kritik hat es mir immer wieder honoriert. So schrieb die berühmte »B. Z. am Mittag« diesmal: »Sehr reizend, leicht, graziös und unaufdringlich spielt vor allem Magda Schneider die Tini. So gelöst und schwebend, so sparsam und sicher in ihren Mitteln hat man diese Schauspielerin bisher noch kaum gesehen!« Der »Berliner Lokal-Anzeiger« meinte: »Magda Schneider war so zart und zärtlich, so mädchenhaft und natürlich«, und die »Deutsche Allgemeine Zeitung«: »Eine Sonderleistung von Magda Schneider.«

Das waren die Jahre, in denen so viele jüdische Kollegen Deutschland und Österreich verlassen mußten, in die Emigration gingen. Ihr Platz konnte nie wieder ausgefüllt werden. Es waren nicht nur Regisseure, Drehbuchautoren, Musiker, Produzenten, sondern so viele Schauspieler, mit denen man eben noch vor der Kamera gestanden hatte. Erst wirkten sie noch in Österreich, aber 1938 war auch dieser letzte Fluchtpunkt verloren. Einige, die im Ausland gedreht hatten, kamen nicht zurück. Ihr Fehlen machte sich nicht nur bei unverwechselbar besetzten Rollen bemerkbar, sondern es fehlte ihre Herzlichkeit, ihre Kollegialität, ihre Wärme und Menschlichkeit.

1 Magda Schneider im ersten Lebensjahr. Sie ist am 17. Mai 1909 in Augsburg-Pfersee geboren

2 Als zweite von rechts beim Ballettunterricht am Augsburger Stadttheater ...

3 ... und als Soubrette in Augsburg, bevor 1930 ihr Engagement am Gärtnerplatz-Theater in München beginnt

4 Im Januar 1932 hat der Film »Fräulein, falsch verbunden« Premiere, in dem Magda Schneider eine Stenotypistin spielt

6 Gegenüberliegende Seite: Die Starpostkarte zu der musikalischen Verwechslungskomödie »Zwei in einem Auto« macht Magda Schneider populär. Es ist ihr erster Film, der aber erst im März 1932 in die Kinos kommt   ▷

5 In dem musikalischen Lustspielfilm »Das Lied einer Nacht«, 1932, ist sie mit dem bekannten Sänger Jan Kiepura zu sehen

7 »Das Lied einer Nacht«, 1932

9 Gegenüberliegende Seite: In der Rolle einer Sekretärin in »Glück über Nacht«, 1932

8 Im Wiener Gesellschaftsmilieu spielt die musikalische Filmkomödie »Sehnsucht 202«, 1932, in der Magda Schneider wieder, wie noch oft, eine Stenotypistin spielt. Ihr Partner ist Rolf von Goth

◁ *Gegenüberliegende Seite*

10 In dem musikalischen Lustspielfilm »Glück über Nacht«, 1932, ist Hermann Thimig ihr Partner

11 Mitte: In dem Schwank »Das Testament des Cornelius Gulden«, 1932, spielt sie zusammen mit Georg Alexander

12 Unten: Der Lustspielfilm »Marion, das gehört sich nicht«, 1933, zeigt sie gemeinsam mit Julius Falkenstein

13 Die ernste und sensible Christine in »Liebelei« nach Arthur Schnitzlers gleichnamigem Bühnenstück und unter der Regie von Max Ophüls ist 1933 die erste Charakterrolle Magda Schneiders im Film

14 Ihre Partner in »Liebelei« sind Willy Eichberger, Luise Ullrich und Wolfgang Liebeneiner (v. l. n. r.)

15 Partner in neun Filmen in den Jahren von 1933 bis 1943 wird Wolf Albach-Retty, hier in dem Film »Kind, ich freu' mich auf Dein Kommen«, 1933

16 Beim Autogrammschreiben
im Jahre 1933

17 »Glückliche Reise«, 1933,
entsteht nach der gleichnamigen Operette von Eduard Künneke. In dieser musikalischen
Liebeskomödie spielt sie mit
Paul Henckels, Ekkehard
Arendt und Max Hansen
(v. l. n. r.)

18 Das Titellied aus dem Film »Ich kenn' Dich nicht und liebe Dich«, 1934, mit Willi Forst wird beliebt und populär

19 In dem Film »Ein Mädel wirbelt durch die Welt«, 1934, sind Harald Paulsen und Hugo Schrader ihre Partner

20 Mit Wolf Albach-Retty in dem musikalischen Lustspielfilm »G'schichten aus dem Wienerwald«, 1934

21 Als Büroangestellte in dem Film »Fräulein Liselott«, 1934, mit Ilse von Collani

◁ *Gegenüberliegende Seite*

22 In dem musikalischen Verwechslungsspiel »Winternachtstraum«, 1935, becirct Magda Schneider ihren Skilehrer Wolf Albach-Retty

23 Mitte links: Der weltberühmte italienische Tenor Benjamino Gigli ist ihr Partner in dem Film »Vergiß mein nicht«, 1935

24 Mitte rechts: Nach der gleichnamigen Operette von Franz Lehár entsteht der Film »Eva«, 1935. Hier eine Szene mit Heinz Rühmann

25 Unten: In dem musikalischen Lustspielfilm »Die Puppenfee«, 1936, sind – außer Wolf Albach-Retty – Fritz Imhoff und Dagny Servaes Partner von Magda Schneider

26 Als Komtesse Felizitas in »Die Puppenfee«, 1936

27 Von Peter Kreuder stammt die Musik zu dem Film »Frauenliebe – Frauenleid«, 1937

28 Im Berliner Theater am Kurfürstendamm spielt Magda Schneider in dem Lustspiel »Die Primanerin« von Sigmund Graff, 1937. Hans Zesch-Ballot ist ihr Partner

29 Aus der Partnerschaft im Film wird eine Part-
nerschaft im Leben: Am 11. Mai 1937 heirateten
Magda Schneider und Wolf Albach-Retty auf dem
Standesamt Berlin-Charlottenburg, die Hoch-
zeitsfeier findet am 2. August 1937 in St. Bartho-
lomä am Königssee statt. Rechts neben dem
Hochzeitspaar die Schauspielerin Rosa Albach-
Retty, die Mutter des jungen Ehemanns

30 Das beliebte Filmpaar privat im Jahre 1938 ▷

31 Vor ihrem Haus »Mariengrund« in Schönau
am Königssee, in dem Magda Schneider heute
noch wohnt

32 Im April 1937 hat der Film »Frühlingsluft« Premiere, der nach der Operette von Josef Strauß entsteht. Hier eine Szene mit Wolf Albach-Retty

◁ 33 In großer Ballrobe im Jahre 1939

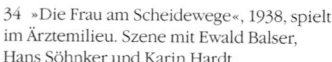

34 »Die Frau am Scheidewege«, 1938, spielt im Ärztemilieu. Szene mit Ewald Balser, Hans Söhnker und Karin Hardt

Mein Familienleben – Die Geburt unserer Kinder Romy und Wolfi – Trennung nach neun Jahren Ehe

Romy kam in Wien zur Welt – Verzauberte Wirklichkeit: Film-Musik, Musik-Film – Ich schrieb alles in ein Album – Arbeit mit wunderbaren Kollegen – Ein schreckliches Erlebnis – Zwei glückliche Menschen

Musik für Dich · Ihr Leibhusar · Frühlingsluft ·
Die Frau am Scheidewege · Wer küßt Madeleine? ·
Das Recht auf Liebe · Mädchen im Vorzimmer ·
Herzensfreud–Herzensleid · Am Abend auf der Heide ·
Zwei glückliche Menschen · Ein Mann für meine Frau ·
Die heimlichen Bräute · Eines Tages

Wien wird am 11. März 1938 von den deutschen Truppen besetzt. Am 23. September 1938 wird im Wiener Rudolfiner-haus bestätigt, daß Magda Albach um 22.08 Uhr ein Mädchen zur Welt gebracht hat. Es erhält den Namen Rosemarie Albach und wächst in »Mariengrund« bei den Großeltern auf; am 21. Juni 1941 wird, ebenfalls in Wien, ein Sohn mit dem Namen Wolfdieter geboren.
Jahre glücklichen Familienlebens mit intensiv gelebten Tagen des Zusammenseins und Höhepunkten der gemeinsamen Arbeit geben Magda Schneiders Dasein einen Sinn. Aber zugleich gibt es auch Trennungen über lange Zeit der Dreharbeiten.
Im Jahre 1938 kommen wiederum vier Filme in die Kinos, die in österreichischen und ungarischen Filmstudios gedreht wur-

den, zwei davon mit Hans Söhnker als Partner: Musik für Dich *und* Die Frau am Scheidewege.

Magda Schneider arbeitet in den folgenden Jahren in den Filmateliers von Wien und Berlin. Das Recht auf Liebe *mit Paul Wegener, 1940, gehört zu den herausragenden Filmen dieser Zeit ebenso wie* Liebeskomödie, *1943, unter der Regie von Theo Lingen und mit ihm als Partner.*

Besonders diese Jahre zeigen das Bemühen, durch eine heitere Thematik in Lustspielfilmen und Komödien die Ereignisse des Krieges vergessen zu machen; gleichzeitig sind sie gekennzeichnet durch Magda Schneiders intensive Arbeit und ihr Bestreben, sich, trotz des vorwiegenden Angebots von Drehbüchern mit unverbindlicher Thematik, ernsthaften Rollen zuzuwenden.

In den beiden letzten Filmen mit Wolf Albach-Retty, Frühlingsluft, *1938, und* Zwei glückliche Menschen, *1943, wird noch einmal die jungenhaft männliche Ausstrahlung mit der Lieblichkeit und dem Charme des Wiener Mädels und dem Zauber der Ausstrahlung einer selbstbewußten jungen Frau vereint. Die Entfernungen durch den Beruf und die Zeiten der Abwesenheit tragen schließlich zur Trennung bei. 1945 wird die Ehe von Magda Schneider und Wolf Albach-Retty geschieden. Bei Kriegsende ist Magda Schneider 36 Jahre alt, geschieden und verantwortlich für vier Familienmitglieder – ihre Eltern sind nahezu siebzig Jahre alt, die beiden Kinder sieben und vier.*

Ein überaus angenehmer Regisseur war Josef von Baky, dieser noble Ungar, der meinen nächsten Film, *Die Frau am Scheidewege*, inszeniert hat.

Ich weiß es noch wie heute. Ich drehte in Wien diesen Film, obwohl ich mit Romy schwanger war. Der Film spielte in einem Krankenhaus, und unter meinem Arztkittel hat man mein Bäuchlein nicht so gesehen. Ich war bei Beginn der Dreharbeiten schon im fünften Monat schwanger, und während der sechswöchigen Drehzeit tat sich die Kamera schwer, die glücklichen Umstände im Bild zu vertuschen. Bei den Außenaufnahmen am ungarischen Plattensee mußte mich Hans Söhnker auf den Armen vorsichtig aus dem Segelboot heben und an Land bringen.

Ich habe Romy an einem Abend bekommen, es war der 23. September 1938. Ich lag im Kreißsaal eines Krankenhauses in Wien, über mir ein großes Fenster, durch das ich die Blätter im Kastanienbaum sehen konnte. Kurz nach 22 Uhr war Romy da – pumperlg'sund.

Rosemarie Albach. Wie gut, daß es nun ein Mariengrund gab, wie gut, daß dort meine Eltern lebten, um sich des kleinen Wesens liebevoll anzunehmen, wie gut, daß sie von allen

Sorgen unbeschwert waren und mit ganzem Herzen Vater- und Mutterstelle vertreten konnten, nachdem mein Mann und ich nur zu häufig von zu Hause fort sein mußten.

Ich kann meinen Eltern gar nicht genug danken, daß sie in diesen Jahren meiner kleinen Tochter – und später auch meinem Sohn Wolfi – ein Zuhause geschenkt haben, wie ich es bei meinem Hotel- und Reiseleben nie gekonnt hätte.

Romy ist in Wien auf die Welt gekommen. Vier Wochen nach ihrer Geburt brachte ich sie nach Mariengrund, und hier hat sie die frühen Jahre ihrer Kindheit verbracht. Wenn auch die Eltern meistens fehlten, so bildeten eben doch die Großeltern den Kern einer Familie. Das Schicksal eines Säuglings- oder Kinderheims blieb ihr auf diese Weise erspart.

Im Jahr 1938 wurden vier Filme von mir uraufgeführt: *Ihr Leibhusar*, *Musik für Dich*, *Frühlingsluft* und *Die Frau am Scheidewege*.

In *Ihr Leibhusar* hatte Hubert Marischka die Regie. Ich spielte die Tochter eines Bäckers. Bei Csárdásklängen und Zigeunerweisen, bei Tanz und Tokaier, bei Liebesabenteuern, Manöverübungen und Winzerfesten gab es keinen großen Tiefgang der Handlung, aber gute Unterhaltung.

In *Frühlingsluft* spielte ich in meinem achten Film mit Wolf Albach-Retty zusammen, das Drehbuch hatte Geza von Cziffra geschrieben. Wolf war der Erbprinz Rudolf, der unter dem Namen Rudolf Schöning als Ingenieur in einer Autofabrik arbeitet, und ich war die Theatersekretärin Elli Nolte, die ihn kennen und natürlich lieben lernt. Der Film entstand nach Motiven der berühmten Operette von Josef Strauß und hatte die wunderschönen Lieder »Der Frühling ist da, pfeif auf die ganzen Sorgen« und »Frühlingsluft«.

In *Musik für Dich* wie auch schon in *Die Frau am Scheidewege* war Hans Söhnker mein Partner. Söhnker war ein Kollege, dessen Eleganz, salopper Charme und ironische Untertöne seine leichtgewichtigen Männerfiguren prägten. Lustspiele mit Gesang waren Anfang der dreißiger Jahre und auch später noch immer die große Mode, der junge Tonfilm wollte zeigen, was er konnte, und Söhnker spielte die Klaviatur des musikalischen Liebhabers und Bonvivants herauf und herunter. In *Musik für Dich* ist Söhnker Friseur, Damenschneider, Taxichauffeur und dazu ein echtes Kind der Rosengasse in Wien. Es war ein leichter und entzückender Film, schillernd wie eine Seifenblase. Hans Söhnker und ich spielten mit Humor und Herz die Geschichte einer romantischen und abenteuerlichen Liebe. Und die Kritik bescheinigte uns auch: »Glänzendes Zusammenspiel zwischen Magda Schneider und Hans Söhnker. Ein reizendes und romantisches Liebespaar, das sich erst nach humorvollen Umwegen findet. Der Film ist charmant, lustig und übermütig«, oder: »Man kann sich kein liebenswürdigeres und natürlicheres Liebespaar denken als Magda Schneider und Hans Söhnker. Sie spielen, singen und tanzen sich durch den Film, daß es eine wahre Freude ist. Ein Film, der durch seinen Charme und seine Leichtigkeit bezaubert.«

Die duftige Fabel des Films hat einen ernsten Hintergrund: Ein junger Mann erobert sein Mädel nicht mit Geld, sondern weil er ein netter Junge ist und alles kann, was das Leben von ihm fordert. Dieser Stoff ist musikalisch behandelt, alles ist in Lied und Rhythmus aufgelöst und nichts weiter als ein Spiel, ein schönes klingendes Spiel. Es gab nur wenige Lustspielfilme, die soviel Anmut, Humor und Natürlichkeit besaßen. Die Handlung ist spannend und abenteuerlich, und die hübsche Musik von Robert Stolz läßt alle Töne von Liebe und Glück lebendig werden.

Ich möchte dazu einige Dinge sagen, die ich wohl, da ich in so vielen Musikfilmen und Filmoperetten mitgespielt habe, einschätzen kann. Zunächst ein kleiner Rückblick. Der stumme Film brauchte die Musik, sie war für ihn so wichtig wie das Salz zur Suppe. Zuerst machte man sich's einfach. Zu einer Ballettszene wurde das Menuett von Boccherini gespielt, zu einem sentimentalen Liebesgeflüster ohne Worte ein Stück aus der Mondscheinsonate, zu Begräbnissen der Trauermarsch von Chopin ... Später wurde das Repertoire reicher, und schließlich wurde sogar eine eigene Musik zu stummen Filmen komponiert.

Der Tonfilm wies der Film-Musik ein großes Betätigungsfeld zu. Ob es sich um illustrative Musik handelte, ob um Schlager – immer lauter wurde die Forderung nach einer logisch und organisch mit dem Film verwachsenen Musik. Und nicht selten mußte die Musik der große Retter sein, der Helfer in der Not. Schwache Szenen wurden mit Musik untermalt, gesteigert, zum Leben erweckt, und besonders der Filmschluß schien nicht mehr anders als mit einem brausenden Fortissimo denkbar.

Von der Film-Musik zum Musik-Film war nur ein Schritt. Am Anfang genügte es, Schlager auf Schlager folgen zu lassen. Glücklicherweise entscheidet aber das Publikum, ob ein Schlager wirklich ein Schlager wird, und so kam es, daß die als Schlager angekündigten Lieder oft recht bald in Vergessenheit gerieten.

Der Musikfilm mußte sich erst als eine neue Kunstform herausbilden. Filme mit opernhaftem Einschlag, Filme, die der Operette nahestanden, waren das Ergebnis, und schließlich kam das musikalische Filmlustspiel als etwas völlig Neues hinzu.

Das musikalische Filmlustspiel geht von der Absicht aus, alles dem Taktstock der Musik unterzuordnen, den Liederrhythmus auch auf die Geschehnisse zu übertragen und so eine große Harmonie zu finden. Die Wirklichkeit wird durch die Musik verzaubert. Die Ereignisse, die den »Inhalt« des Films bilden, können überhaupt nicht nach ihrer Existenzmöglichkeit im Bereich des realen Lebens untersucht werden, sie sind ohne

Musik genauso undenkbar wie das Libretto einer Oper und einer Operette.

Robert Stolz, der die Musik zu 47 Tonfilmen geschrieben hatte, ehe er seine Idee für den Film *Musik für Dich* verwirklichte, setzte sich hier das Ziel, diese neue Form des musikalischen Lustspiels in ganz klarer und entschiedener Form herauszubilden. Der Regisseur E. W. Emo kam ihm dabei entgegen und Darsteller wie Hans Söhnker, Paul Kemp und ich gingen bereitwillig auf den neuen Filmstil ein.

Musik für Dich ist verzauberte Wirklichkeit, ist ganz Spiel und Heiterkeit, ist ein göttliches Gelächter über den Alltag.

Im ersten Jahr ihres Lebens stand Romy auch unter der Obhut eines Kinderfräuleins. Sie hat sich der Kleinen mit viel Aufopferung und Liebe gewidmet. Schwester Hedwig, die später nur Hedy genannt wurde und noch später einfach Deda – in kindlicher Nachbildung des Wortes Schwester –, hatte das Talent, wunderhübsche Briefe und Karten zu schreiben. Fast jeden Tag bekam ich von ihr Nachricht über das Gedeihen und die Fortschritte Rosemaries.

Diese Briefe und Karten, die ich in einem Album aufgehoben habe, ersetzen geradezu ein Tagebuch. Sie zeigen so hübsch, wie sich ein kleines Menschenkind im ersten Jahr entwickelt, mit all den dramatischen Ereignissen vom tastenden Herumkrabbeln bis zum ersten Zahn.

23. März: »Nun ist sie ein halbes Jahr alt und verbringt den heutigen Tag in ganz besonders guter Laune. Wir haben herrlichen Sonnenschein, und Rosemarie sitzt im Wagen vor dem Haus und jodelt und singt aus Herzenslust in die Welt hinaus...«

29. März: »Heute ist unsere Prinzessin nicht besonders guter Laune. Am Nachmittag will sie nicht mehr schlafen, da liegt sie ständig auf dem Bauch im Wagen und schimpft wie ein

Rohrspatz, wenn man sie allein läßt; sie will immer Unterhaltung haben . . .«

Für mich waren diese kleinen Berichte über das Auf und Ab meines Töchterchens die liebsten Nachrichten. Ich wartete schon immer auf die Post aus Bayern, und wie schön war es erst, wenn ich mich einmal von meiner Filmarbeit in Berlin freimachen konnte, um selbst nach Mariengrund zu fahren – und wenn es nur für ein paar Tage war.

Wenn ich mir gelegentlich Ruhe gönnen konnte und in Mariengrund war, widmete ich mich ganz Romy. Was ich dabei beobachten konnte schrieb ich ebenfalls in das Album, zum Beispiel am 7. Juni: »Nun steht sie schon manchmal einige Sekunden ganz frei. Das Gehen ist nur noch eine Frage des Gleichgewichts. Wann wird sie den ›ersten Schritt ins Leben‹ machen? Lange wird es sicher nicht mehr dauern.«

12. Juni 1939: »Heute hat sie zum erstenmal Mamamam und Papapa gesagt!«

Gelegentlich war auch mein Mann allein in Schönau, und dann bekam ich in Berlin Nachrichten wie diese: »Papi und Mausi verstehen sich sehr gut, doch mußten wir heute Muttis Strohhut opfern. Ich habe mich sehr bemüht, den Hut zu retten, aber es war mir nicht möglich. Das Engelein hatte soviel Freude daran, und Herr Albach konnte soviel darüber lachen, und da konnte ich wohl nichts machen.«

Ein paar Tage vor Romys erstem Geburtstag finde ich nur noch eine kurze Eintragung in meinem Album, ein paar Worte, die ich damals in hastiger Schrift schrieb: »Der Krieg ist ausgebrochen.«

Und am Geburtstag selbst klingt noch einmal diese angstvolle Zeit nach – Romy bekam ein Bärchen, einen Puppenwagen, ein Äffchen und einen Brummkreisel –, und da stehen als letzte Eintragung die Zeilen: »Wir machten viele Photos zur Erinnerung an den ersten Geburtstag unseres Goldschatzes – Gott schütze ihn uns in aller Zukunft!«

Ja, nun war also Krieg. Glücklicherweise wurde Romys Kindheit nicht von diesem schrecklichen Geschehen überschattet. Sie lebte ja nicht in einer der Städte, in der alle Erschütterungen jener wechselvollen Zeit so deutlich zu spüren waren, und auch später, als die Bomben fielen, erfuhr ihr Leben kaum eine Veränderung. Als ihr Brüderchen 1941 angekommen war, mein Sohn Wolfi, entwickelte sie sich förmlich zum Tyrannen.

Wolfi war in seiner Kindheit dick und schwerfällig wie ein Teddybär, das genaue Gegenteil von Romy. Älter, schneller und mit einer flinken Auffassungsgabe, machte sich Romy ihr Brüderchen ganz untertan. Wolfi war dabei von einer sagenhaften Langmut, er ließ sich herumkommandieren und herumdirigieren, wie sie nur wollte.

Manchmal haben sie zusammen Theater gespielt, und Romy hat Wolfi dabei mit phantastischen Kostümen aus Kleidern, Decken und Handtüchern behängt. Während sie ihn anzog, mußte er ganz ruhig stehen bleiben, wie eine Schaufensterpuppe, die dekoriert wird. »Rühr dich nicht!«

Romy lief weg, um neue Utensilien zu suchen. Wolfi stand wie ein Denkmal.

»Wehe, wenn du weggehst!« rief sie aus einem anderen Zimmer.

Wolfi drehte sich langsam um.

»Ich hab' dir doch gesagt, du sollst stehen bleiben!«

So ging das.

Ich mußte die Kampfhähne trennen, und Romy ließ alle Schimpfwörter los, die sie von den Nachbarsbuben gelernt hatte. »Mein Bruder soll das sein? Das ist ein – ein Sauhammel ist das, ein ganz gescherter!«

Natürlich waren sie gleich darauf wieder ein Herz und eine Seele, wie das bei Kindern so ist.

Aber bald hat Wolfi sich durchgesetzt und die Tyrannei abgeschüttelt. Von nun an brauchte er sich nichts mehr gefallen zu lassen. Romy respektierte ihn – und das ist ja auch das Gute, wenn ein Kind nicht allein aufwächst, daß jedes seine Grenzen kennenlernt.

Was macht eine Frau, deren Mann sehr oft dienstlich unterwegs ist? Diese Frage stellte der Film *Wer küßt Madeleine?* Diese Madeleine, die zum Schluß doch noch geküßt wird, spielte ich, und mein Mann, dargestellt von Albert Matterstock, war der berühmte Verkehrsflieger und doppelte Luftmillionär Pierre Pascal, bekannt in Paris und beliebt in London. Der Foxtrott

> »Eine Frau wie deine Frau,
> solch kleine Frau betrügt man nicht,
> denn das wär' für sie ein Schmerz,
> an dem ihr Herz vielleicht zerbricht«

war einschmeichelnd, gefühlsselig und das Zusammenspiel mit den Kollegen Paul Bildt, Paul Dahlke, Ernst Waldow und Albert Florath großartig.

Ein wunderbarer Kollege in dieser Zeit war für mich Paul Wegener in dem Film *Das Recht auf Liebe*, wie ich überhaupt von großen Kollegen viel gelernt habe. Wegener war auch von großer menschlicher Ausstrahlung. In diesem Film spielte er einen Schloßgutsbesitzer in Tirol, und ich war die Magd Vroni Mareiter. Es war ein mitreißender Film, dessen ungewöhnlich tiefer und menschlich ergreifender Gehalt seine Krönung durch die starke Darstellungsgabe namhafter Künstler wie Viktor Staal, Heinrich Schroth und Anneliese Uhlig erfuhr.

In *Mädchen im Vorzimmer* gestaltete ich 1940 das Schicksal einer Sekretärin: ein tüchtiges Mädchen im Büro, bei allen beliebt aufgrund ihrer Offenheit, Frische und Natürlichkeit. Nach einer großen menschlichen Enttäuschung hat sie sich ganz den beruflichen Aufgaben gewidmet, ist im Verlag die rechte Hand des Chefs, lebt kaum ein eigenes Leben und vergißt fast, daß sie ein junges Mädchen mit Hoffnungen und

Wünschen des Herzens ist. Als ein Mann in ihr Leben tritt, steht sie vor einer schweren Entscheidung. Ich bemühte mich, beides zu spielen: eine kleine bescheidene Sekretärin und eine wirkliche Persönlichkeit mit Charme und Natürlichkeit in ihrer Wesensart und ihrem Typ. Mir zur Seite standen so große Kollegen wie Heinz Engelmann, Rudolf Platte, Hans Leibelt, Paul Bildt und Carsta Löck.

»Nach jedem Abschied gibt's ein Wiedersehen, drum weine nicht beim Auseinandergehen« war 1940 das bald vielgesungene Lied aus dem Film *Herzensfreud – Herzensleid*. Die Regie führte Hubert Marischka, unter dem ich schon 1938 in *Ihr Leibhusar* gespielt hatte. In diesem reizvollen lustigen Film wurden von der Kritik besonders »der herrliche Humor Paul Hörbigers« und »meine bezaubernde Mädchenhaftigkeit« hervorgehoben. Unsere Partner waren Paul Klinger, Carola Höhn, Hedwig Bleibtreu und Lucie Englisch.

Ein ebenso häufig gesungenes – und vielleicht bis auf den heutigen Tag nicht vergessenes Lied war

> »Am Abend auf der Heide,
> da küßten wir uns beide,
> und deine Lippen sprachen leis
> von Liebe heiß, was keiner weiß,
> nur einer weiß, nur ich.«

Der Film hieß natürlich *Am Abend auf der Heide*. Meine Partner waren Günther Lüders und der wunderbare Albert Florath.

Die Zeiten des familiären Zusammenseins waren immer selige Tage. Wolf war ein rührender Vater. Er gab sich schrecklich viel Mühe, seine Unbeholfenheit mit Kindern zu überwinden. Es gibt ja Menschen, die mit Kindern nichts anzufangen wissen, und es fällt ihnen auch schwer, den rechten Kontakt zu ihren eigenen zu finden. In unserem Fall mag das an den langen Zeiten der Trennung gelegen haben.

Wolf überwand diese psychologische Schwierigkeit durch seinen strahlenden Humor, sein typischstes Wesensmerkmal. Er war im Grunde ein Lausbub. Es machte ihm einen Heidenspaß, Romy heimlich schreckliche Kraftausdrücke beizubringen. »Aber das darfst du erst sagen, wenn ich nicht mehr da bin!« schärfte er ihr dann ein.

So kam es manchmal, daß ich meinen Ohren nicht traute, wenn Romy mit ihrem Kinderstimmchen bei irgendeiner Gelegenheit plötzlich mit einem Männerfluch herausrückte, daß sich die Balken bogen. Na, das war unverkennbar der »Papi« – und ich hatte alle Mühe, es ihr wieder abzugewöhnen. Natürlich fand Wolf auch bessere Methoden, sich seiner Tochter zu widmen. Er steckte sie in seinen Rucksack und fuhr mit ihr auf dem Fahrrad spazieren. Er gab sich jede erdenkliche Mühe.

Aber kleine Kinder haben einen feinen Instinkt. Für Romy blieb »Papi« immer ein fernes Wesen – er war ja meistens auch fern –, sie wurde nicht recht warm mit ihm, wie man so sagt, obwohl auch sie sich sichtlich viel Mühe gab, mit ihrem ganzen kindlichen Herzen ihren Vater zu lieben. Trotzdem war sie ein ausgesprochenes Mutterkind, was bekanntlich bei Töchtern verhältnismäßig selten vorkommt.

Immerhin trug dieses lose Verhältnis dazu bei, Romy die Trennung nicht allzu schwer zu machen. Sie vollzog sich ganz allmählich, fast unmerklich. Papis Besuche waren ja ohnehin selten. Dann wurden sie eben noch seltener, und schließlich hörten sie ganz auf. Es war keine fühlbare Trennung von heute auf morgen, und deshalb empfand sie Romy auch anders als ein Kind, das immer mit seinen Eltern zusammenlebt, bis sich diese plötzlich scheiden lassen.

Manche meiner Filme werde ich nie vergessen. Entweder, weil dabei etwas besonders Schönes passierte – oder etwas ganz besonders Schreckliches.

Eine schreckliche Erinnerung habe ich zum Beispiel an den Film *Liebeskomödie*. Weil es für mich immer noch ein Wunder ist, daß meine Kinder und ich damals, während der Drehzeit, nicht umgekommen sind – an einem ganz bestimmten Tag, 1942 war das, also mitten im furchtbaren Krieg.

Ich kam aus Holland zurück, wo die Außenaufnahmen zu dem Film *Ein Mann für meine Frau* stattfanden. Es war ein Samstag – das weiß ich noch genau. Und ich weiß auch, daß ich den Kindern Geschenke mitgebracht hatte... Doch Romy und Wolfi waren zum Glück bei meiner Mutter in Berchtesgaden. Wenn die Romy oder der Wolfi damals in Berlin gewesen wären... dann hätten wir abends, wie üblich, ein kleines Wiedersehensfest gefeiert. So aber nahm ich die Einladung einer Freundin im Stadtteil Grunewald an und wurde dort von einem der ersten schweren Luftangriffe auf Berlin überrascht – und sah, als Entwarnung gegeben wurde, einen hellen Feuerschein über meinem Stadtteil Wilmersdorf. Ich fuhr, so schnell ich konnte, heim – und da sah ich die Bescherung: Unser Haus stand nur noch zur Hälfte. Aber in dem übriggebliebenen Teil waren meine unausgepackten Koffer mit allen Kleidern und mit den Geschenken. Was ich dann tat, muß ich in einer Art Trance gemacht haben... Wie ein Klettermaxe stieg ich an der Rückfront des Hauses hoch, schmiß, was ich greifen konnte, herunter und brachte mich dann vor den noch immer nachstürzenden Trümmern in Sicherheit.

Am anderen Morgen umstanden Hunderte von Menschen das Haus. Weil in Berlin das Gerücht kursierte, der Ufa-Star Magda Schneider sei mit ihren Kindern im Bombenhagel umgekommen.

Wir haben im Filmteam dann meine »Wiedergeburt« gefeiert, die Lizzi Waldmüller, der Albert Matterstock, der Theo Lingen, der Regie führte.

Ich spielte in *Liebeskomödie* die Malerin Christel Schönbach und Theo Lingen den Kellner Max. Es war ein sehr fröhlicher Film, gemischt aus Liebe, Eifersucht, Schabernack, wohltemperiertem Humor und beschwingter Musik, und er hatte auf seiner Seite alle Lacher – die in diesen Jahren oft im Halse stecken blieben. Das Lied

>»Das ist die Sehnsucht von allen Frauen,
>die große Liebe, das Glück zu zwei'n.
>Sie suchen einen, dem sie vertrauen,
>zu dem sie sagen: Mein Herz ist dein«

war den Menschen aus dem Herzen gesprochen. Man begann bereits den Partner, den Freund zu suchen und näher zusammenzurücken.

In dem fröhlichen Berlin-Film *Ein Mann für meine Frau* spielte ich, wieder unter der Regie von Hubert Marischka, mit Johannes Riemann ein Ehepaar, das sich fast über Nacht vor einer Krise sieht, die jedoch durch die diplomatische Klugheit der Frau geschickt aus der Welt geschafft wird.

Zwei glückliche Menschen war 1943 mein letzter Film mit meinem Ehemann Wolf Albach-Retty. Es war eine Alltagskomödie. Wir spielten beide mit Charme und echter Komödienlaune ein Rechtsanwaltsehepaar. Es waren die tragikomischen Erlebnisse dieses Paares, das, durch allerlei turbulente Flitterwochenereignisse verwirrt, Scheidungsklage gegeneinander erhebt. Die »Wiener Neuesten Nachrichten« schrieben: »Magda Schneider und Wolf Albach-Retty schmollen und tollen in bester Spiellaune durch den ganzen Film, und das Publikum hat helle Freude an ihnen.« Und die »Berliner Börsen-Zeitung« fand: »Magda Schneider gibt die Juristin wie die verliebte Ehefrau treffsicher und überzeugend. In ausgezeichneter Spiellaune sind Magda Schneider – zwischen lieb und herb, bald paragraphenselig, bald echt fraulich eifersüchtig – und Wolf Albach-Retty, ein überaus sympathischer Ehekavalier, das Anwaltspaar.« Es war eines der wenigen Male in einem Film, wo wir ein Ehepaar spielten – und sollten es doch bald nicht mehr sein.

In dem Film *Die heimlichen Bräute* ging es um zwei Brautpaare: Mady Rahl bekam den Karl Schönböck, ich den Rudolf Prack. Ich war die Leiterin eines Schreibmaschinenbüros und verlobt mit dem Neffen eines Gutsbesitzers. Der Film wurde in den Holland-Ateliers gedreht und im November 1944 von der NS-Zensur nicht freigegeben. Er wurde dann irgendwann nach dem Krieg aufgeführt.

Der 1944 gedrehte Film *Eines Tages* kam noch im Februar 1945 in die Kinos. Ich verkörperte in dem lebensnahen Berlin-Film eine moderne junge Frau, die mit Herz und Energie ihr Schicksal meistert. Es war die Geschichte einer Liebe, die eines Tages ihre Erfüllung findet. Ich spielte die Rolle einer Erzieherin, die Verführungskünsten erliegt, sitzengelassen wird, zum Schluß aber doch gewinnt.

Das bäuerliche Lustspiel *Ein Mann gehört ins Haus* wurde in Zell am See und in Wien-Schönbrunn gedreht. Bei Kriegsende war der Film, in dem Paul Richter und Maria Andergast weitere wichtige Rollen spielten, im Schnitt. Er wurde erst nach Kriegsende von der Wien-Film fertiggestellt und kam 1948 in Österreich und erst 1950 in Deutschland in die Kinos.

Ich wurde 1945 geschieden, vier Jahre nach der Ankunft unseres Söhnchens Wolfi. Die Kinder wurden mir zugesprochen.

Vorausgegangen waren fünf schwere Jahre. Wolf Albach-Retty, den der Film zu einem verwöhnten Liebling des Publikums gemacht hatte, konnte den vielen Verlockungen nicht widerstehen. »Alle Männer sind schwach«, habe ich neulich gelesen. Wolf war es wirklich. Die Frauen liefen ihm nach, und eines Tages war ihm eben der Rückweg versperrt.

Das Unglück unserer Ehe, die so wunderbar begonnen hatte,

war wahrscheinlich der Krieg, die ewige Trennung, die sich aus unserer Arbeit ergab. Wir machten viele Filme zusammen, aber sehr häufig waren wir auch in verschiedenen Ateliers beschäftigt – Wolf zum Beispiel in Wien, ich in Berlin. Oft war es so, daß wir uns nur ganz flüchtig ein oder zwei Tage sehen konnten, nur selten hatten wir die Gelegenheit, gemeinsam eine kurze Zeit in Mariengrund zu verbringen, in unserem Häuschen, bei unseren Kindern.

Ich möchte nicht viele Worte machen. Die fünf Jahre waren die schlimmste Zeit meines Lebens. Ich habe gewartet, daß er zurückkommen würde. Und als ich sah, daß es keine Hoffnung mehr gab, hatte ich einmal schon den Revolver in der Hand. Der Gedanke an meine Kinder hielt mich zurück. Als die Zeit verging, tröstete mich dieser Gedanke auch. Er half mir darüber hinweg. Ich konnte sogar wieder glücklich werden.

Wie ganz anders sieht die Wirklichkeit aus, wenn man sie mit mancher süßen Filmgeschichte vergleicht! Dort, wo der Film das Happy-End macht, wenn sich die zwei nämlich endlich kriegen, fängt mit der Ehe der Ernst des Lebens an. Erst in der Zeit danach zeigt es sich, ob es wirklich ein Happy-End war.

Viele Menschen glauben, daß Filmleute ohnehin eine zeitlich recht begrenzte Auffassung von der Ehe haben. Schuld an dieser weitverbreiteten Meinung sind zweifellos die vielen Eheskandale mit Scheidungen vor allem in Hollywood, die überall möglichst breitgetreten werden. Gewiß sind Filmehepaare, die ständig mit anderen Partnern zu spielen haben, erhöhten Gefahren ausgesetzt. Aber glücklicherweise haben die meisten doch eine höhere Meinung von ihrer Ehe, als allgemein angenommen zu werden scheint. Die Filmliebespaare, besonders wenn sie wirklich heiraten, wie es bei Wolf Albach-Retty und mir der Fall war, erwecken bei vielen Kinobesuchern den Eindruck, als ob sie in ewigen Flitterwochen lebten. Sie werden zu einem etwas vernebelten Ideal – und deshalb ist es immer eine besondere Sensation, wenn sie sich trennen. Nein, wer hätte das gedacht!

Aber das Leben ist kein Film. Im Privatleben von Schauspielerinnen und Schauspielern geht es letzten Endes genauso zu wie im Eheleben von Herrn und Frau Jedermann. Sie haben ihr Glück und ihre Freude, aber auch ihre Sorgen, ihre Auseinandersetzungen, ihre Versöhnungen, ihre gefährlichen Zeiten. Nur – wenn sich Jedermanns scheiden lassen, steht es kaum in der Zeitung.

In dieser Beziehung schonten mich die Zeitumstände. Meine Scheidung von Wolf Albach-Retty fiel in das Jahr 1945. Die Menschen hatten andere Sorgen, jeder war mit sich selber beschäftigt und mit dem nackten Überleben. Die Zeitungen, die noch oder schon wieder erschienen, nahmen keine Notiz von derlei Nebensächlichkeiten – das Papier war wirklich zu knapp und zu kostbar dafür. Zum Glück!

So erfolgte dieser Schritt, der einen bitteren Strich unter einen meiner Lebensabschnitte zog, in aller Stille, ohne Tamtam, ohne Interviews, ohne Photographen und von der Öffentlichkeit so gut wie unbemerkt.

Besseres als eine Scheidung in aller Stille kann sich niemand wünschen, der nur das Bedürfnis hat, sich selbst wiederzufinden, sich einmal in eine Höhle zurückzuziehen, um Wunden heilen zu lassen.

Mit dem Film war es bei Kriegsende zunächst ja auch vorbei. Die Ateliers waren zum großen Teil zerstört, die Filmschaffenden in alle Winde zerstreut. Die Aufnahmen zu meinem letzten Film, *Ein Mann gehört ins Haus*, waren kurz vor dem Einmarsch der Roten Armee gerade noch in den Wiener Rosenhügel-Ateliers abgeschlossen worden, er gelangte aber damals nicht mehr zur Aufführung.

Es war Pause. Die große Pause.

Für meine Kinder ging diese Zeit glücklicherweise schmerzlos vorüber. Ihr Pappi entschwand aus ihrem Leben, in dem er ohnehin nur Gastspielrollen gespielt hatte. Das ganze Hin und Her, das mit einer Scheidung verbunden ist, blieb fern von ihnen. Als Romy später im Internat war, bekam sie von ihrem Vater einmal noch ein Kostüm für den Fasching geschickt; sie war ein entzückendes Teufelchen. Zu ihrem sechzehnten Geburtstag bekam sie von ihm ein Telegramm aus Zürich. Dann verlief auch das im Sande.

Zukunftspläne ohne Hoffnungen – Wiederbeginn in Theater und Film – Eine neue Ehe

Das Leben mußte weitergehen – Das Internat – Meine Wetter-briefe – Zollgut selbst gemalt – Für mich gab es wieder einen Halt

Ein Mann gehört ins Haus · Die Sterne lügen nicht

Nach dem Krieg ist das Leben ungewiß. Magda Schneider versucht so schnell wie möglich wieder im Filmgeschäft Fuß zu fassen. Ein Engagement am Wiener Volkstheater kommt 1946 zustande, ein anderes zerschlägt sich. Auftritte an kleinen Bühnen folgen, so an der Schaubude in München.
Es gibt Mitwirkungen in Bunten Abenden, Tourneetheater und endlich in provisorischen Ateliers wieder einen Film: Die Sterne lügen nicht, *ein Kriminallustspiel.*
Tochter Romy kommt mit zehn Jahren ins Internat Golden-stein bei Salzburg, und Magda Schneider muß alle Schwierig-keiten einer alleinstehenden Mutter mit zwei Kindern mei-stern. 1951 stirbt ihre Mutter Maria Schneider. Sie lernt in diesen Jahren den Gastronomen Hans Herbert Blatzheim kennen (21. 11. 1905–1. 5. 1968), der Lokale, Hotels und Restaurantketten vorwiegend im Rheinland besitzt.
Bestärkt von seiner jovialen rheinländischen Art erhofft sie lebensnotwendige Partnerschaft und wirtschaftliche Gebor-genheit. Sie heiraten am 11. Dezember 1953.

Mit meiner Scheidung und dem Kriegsende hatte sich das Leben für mich gründlich geändert. Mein Beruf war zunächst tot. Es wurden keine Filme produziert. Doch die Sorge um das tägliche Leben lag nun allein auf meinen Schultern, vor allem die Sorge um meine beiden Kinder Romy und Wolfi. Ich habe erfahren, daß diese Verantwortung alle Kräfte im Menschen mobilisieren kann. Ich bin im Grunde genommen das, was man einen »Familienmenschen« nennt. Meine Familie geht mir über alles. Meine Kinder, die auf mich angewiesen waren, und meine Eltern, die in meinem Häuschen Mariengrund lebten, waren der einzig feste Grund, auf dem ich nun stand.

Es ist sicher kein besonderes Verdienst, das ich mir damals erworben habe. Es war alles selbstverständlich. Tausende oder Millionen Frauen haben in jenen Tagen so gehandelt und werden immer so handeln. Es ist nicht nötig, noch einmal die Zeit heraufzubeschwören, in der ich mit dem Rucksack Kartoffeln holte, mit ein paar Zigaretten Bier einhandelte, über Land marschierte, um irgendwo ein Stück Butter zu ergattern, Schmuck verkaufte und Hausrat im Tauschhandel hergab. Jede Frau meiner Generation kennt das.

Wann wird wieder gefilmt? Das war auf längere Sicht einfach eine Existenzfrage. Oder wie war es mit dem Theater? Machte nicht da oder dort wieder eine Bühne auf? Vielleicht sollte man tingeln, auf Tournee gehen, eine Truppe zusammenstellen, Säle mieten.

Tausend Gedanken und tausend Zukunftspläne ohne Hoffnung.

Da zeigte sich endlich wieder der erste Lichtstrahl. Das Wiener Volkstheater bot mir die Titelrolle in Jacques Devals Lustspiel *Kammerjungfer* an. Das war wenigstens wieder ein Anfang.

Das Stück wurde bereits 1938 im Wiener Theater in der Josefstadt mit Lili Darvas in der Titelrolle kurze Zeit gegeben, erlebte aber nur einige Aufführungen, da es verboten wurde, als die Nazis kamen.

Unsere Premiere fand am 29. Juli 1946 statt. Sie präsentierte dem Wiener Publikum eine französische Gesellschaftskomödie mit flotten Dialogen. Eine amerikanische Millionärsfamilie kann dem Bankrott nur durch die Heirat ihres Sohnes mit einer Tochter aus ganz reichem Hause entgehen. Der besagte hoffnungsvolle Sprößling kommt eben von einer Europareise zurück, leider nicht allein, sondern mit einer kleinen Französin, die ich spiele und die er seinen Eltern als Braut vorführen will. Sie hört von der katastrophalen Lage ihrer Schwiegereltern, führt sich in deren Haus als Kammerjungfer ein und ordnet mit geschickten und energischen Händen die schwierige Angelegenheit.

Es war eine ideale Rolle für mich, in der ich bereits in Innsbruck und Salzburg großen Erfolg hatte und von der ich hoffte, daß sie nun auch den Wienern Vergnügen machen würde. Sie gab mir Gelegenheit, komödiantische Akzente zu setzen, mich voll auszuspielen und der Schablone meiner vergangenen Rollen auszuweichen.

Ich wollte endlich etwas anderes sein als ein gut photogra-

phiertes Gesicht, das Verdienst kommt dabei ja auch dem
Kameramann zu und nicht dem Schauspieler. Es gibt Rollen,
über die man im Laufe der Zeit hinauswächst, und ich wollte
mich bei meinem Neuanfang nicht wieder in ein Genre

Volkstheater

DIREKTION: GUNTER HAENEL

TÄGLICH

Kammerjungfer

Lustspiel in drei Akten (fünf Bildern)
von Jacques Deval

Regie: Alfred Solm
Bühnenbild: Otto Liewehr

Stanley Carrington	Alfred Huttig
Laura Carrington	Ilde Overhoff
Eric Carrington	André Mattoni
Phillis Carrington	Senta Wengraf
Violet Massuber	Trude Havel
Grace Massuber	Susi Peter
Wilbur Massuber	Hanns Kurth
Doktor Percy Gooch	Hanns Waschatko
Joris, der Butler	Benno Smytt
Françoise	Magda Schneider

Pause nach dem dritten Bild

Die Kleider von Frau Overhoff stammen aus dem Atelier Höchsmann, III., Schwarzenbergplatz 7,
die der übrigen Damen von der Modellabteilung der Firma Viktor Weithofer, I., Weihburggasse 1,
sowie aus den eigenen Werkstätten. — Hüte: Salon Maria Schneider, I., Trattnerhof 2. — Das
Pelzcape von Frl. Susi Peter im 1. Bild ist beigestellt vom Pelzhaus Macha, VII., Mariahilferstr. 82

Anfang 19 Uhr   Ende 21 Uhr

Abonnement-Anmeldung für die Spielzeit 1946/47 in der Zeit von 10—13 Uhr
und von 14—17 Uhr

Vorverkauf bei der Tageskasse (Fernsprecher B 31 0 37) von 9 bis 16 Uhr
10 Tage vor jeder Vorstellung und bei den Theaterkartenbüros

*Besetzungszettel »Kammerjungfer« von Jacques Deval, Volkstheater Wien,
Juli 1946*

pressen lassen, in dem ich bis jetzt zwar viel Erfolg gehabt, das mich künstlerisch aber nicht immer voll befriedigt hatte.

So waren die Kritiken auf mein Auftreten dann auch unterschiedlich: Die Wiener »Welt am Montag« schrieb: »Der Gewinn des Abends ist Magda Schneider. Sie ist die nach New York importierte Pariserin, hat also drei Akte lang halbfranzösisch zu radebrechen. Trotzdem ist sie eine gute Schauspielerin. Man merkt es dankbar an der Art, in der sie ihre Pointen serviert, sie wirkungssicher ›bringt‹, ohne doch aufzutragen. Man müßte, um Stücke dieser Art aufführen zu können, ein Ensemble aus lauter solchen Darstellern haben.«

Und »Die Presse« fand: »Magda Schneider spielt die Stubenmädelbraut ganz entzückend. Frisch, mit Verve und Temperament, mit Pariser Schick und Pariser Akzent, dabei mit dem nötigen Quentchen Herz und sehr viel Drolligkeit. Es ist immer erfreulich, eine Filmdiva auch einmal ›dreidimensional‹ kennenzulernen, um so erfreuter ist man, wenn einem die Wahl schwer gemacht wird, ob man den Star in Hinkunft lieber auf der Bühne oder im Film sehen möchte.«

Und der Rezensent der »Österreichischen Volksstimme« meinte: »Magda Schneider hat vom Film ihre Herzlichkeit, ihr sprudelndes Temperament und den gewissen zwischen Mädchen und Frau balancierenden Charme für die Rolle der als Kammerjungfer verkleideten Françoise mitgebracht. Einige ›oh la la‹ und ›mon dieu‹ weniger hätten uns diese Gestalt menschlicher, wärmer, unkomödiantischer erscheinen lassen. Könnte man Magda Schneider nicht in einer gewichtigeren Rolle auf der Bühne sehen, bevor der Film diese Künstlerin wieder ganz mit Beschlag belegt?«

Ende 1948 erwartete mich die Schaubude in München zu den Proben für das musikalische Lustspiel *Das Ministerium ist beleidigt*. Das Buch und die Gesangstexte waren gut, die Musik eingängig, und ich freute mich auf meinen Partner Karl Schönböck. Wir kannten uns schon lange, er hatte 1939 mit Wolf

Albach-Retty in *Liebe streng verboten* gefilmt, und wir beide hatten 1944 in dem Film *Die heimlichen Bräute* vor der Kamera gestanden. Rudolf Schündler führte in dem Stück Regie, und alles deutete auf einen Erfolg. Und so war es auch, weder das Publikum noch die Presse sparten bei der Premiere kurz vor Weihnachten 1948 mit Lob und Anerkennung. Dennoch waren die Aufführungen schlecht besucht, denn für das Theater war es, kurz nach der Währungsreform, eine bittere Zeit. Kleine Privatbühnen gingen zugrunde. Wir machten eine kurze Tournee, auf der wir die Münchner Erfahrung wiederholten: wenig Publikum und damit wenig Einnahmen.

Nachdem im Mai 1948 der noch vor Kriegsende gedrehte Film *Ein Mann gehört ins Haus* in den österreichischen Kinos angelaufen war, stand ich 1950 endlich wieder vor einer Kamera. In den provisorisch zusammengeflickten Münchner Ateliers drehten wir *Die Sterne lügen nicht* unter der Regie von Jürgen von Alten. Es war ein parodistisches Kriminallustspiel um einen Lotteriegewinn. Ich spielte die Rolle einer Bürgermeisterin: Einer im Dorf hat im Lotto gewonnen, und ich gerate bei meinem Mann in Verdacht, mit dem Gewinner ein Verhältnis zu haben.

Gewiß kein atemberaubendes Geschehen, aber nun war ich auch beim Film wieder dabei. Ich war glücklich im Kreise meiner Kollegen Carl-Heinz Schroth, Fritz Kampers, Mady Rahl und Hubert von Meyerinck.

Doch die Welt stand damals für alle Menschen immer noch auf einem schwankenden Boden. Mal klappte etwas – aber hundertmal klappte es eben nicht. Mal gab es ein Engagement, dann wieder keines. Überall wurden fieberhaft Pläne geschmiedet, die meisten platzten. In behelfsmäßig hergerichteten Sälen gab es Theatervorstellungen, Bunte Abende und dann wieder nichts. Niemand ließ sich deswegen unterkriegen. Die Menschen gewöhnen sich an alles, auch an ungewisse Verhältnisse.

Vier Jahre lang besuchte Romy in Schönau die Volksschule – bis 1948.

Als die vier Jahre Volksschule um waren, war für Romy wohl auch die erste, ganz unbeschwerte, selige Kinderzeit vorbei. Sie kam heraus aus dem Idyll von Mariengrund-Schönau in eine ganz andere Welt. Vorbei war die Zeit bei den Großeltern, dem kleinen Bruder und den Nachbarskindern. Das Internat war der erste Schritt zu einer gewissen Selbständigkeit, der erste Schritt in eine ganz andere Umgebung, zu fremden Menschen.

Zuerst kam Romy in ein Internat in Gmunden am Traunsee. Es stellte sich aber rasch heraus, daß das sehr ungünstig gelegen war, wenn mich meine Arbeit einmal für einen Besuch losließ. Deshalb entschied ich mich für einen Wechsel.

Die meiste Zeit der insgesamt fünf Jahre, die Romy in einem Internat zubrachte, verlebte sie bei den Schwestern auf Schloß Goldenstein bei Salzburg. Das Mutterhaus des Ordens ist in England, und in der Leiterin der Schule, der Präfektin Theresa, bekam Romy eine großartige, verständnisvolle Erzieherin.

Das Internat Goldenstein ist nicht sehr groß. Die Zahl der Schülerinnen war jedenfalls so gehalten, daß sich die Lehrkräfte jeder einzelnen wirklich widmen konnten. Das war wirklich gut, denn mit Romy mußte man sich individuell beschäftigen. Es war ihre schwierigste Zeit.

»Ich weiß nicht mehr, was ich mit Ihrem Kind anfangen soll«, sagte mir eines Tages die Präfektin des Internats Goldenstein. Es war das einzige Mal in den fünf Jahren, die Romy dort verbrachte, daß mich die Präfektin zu sich gebeten hatte, um ein ernstes Wort über meine Tochter mit mir zu reden. Wie wohl jedes Kind, hatte Romy damals eine Zeit, in der sie einfach »unausstehlich« war. Die Präfektin hatte eine ernste Miene aufgesetzt, berichtete mir von ihren Sorgen und fügte schließlich hinzu: »Wenn sie sich nicht bessert, muß ich sie hinauswerfen«, denn sie liebte es, alles sehr deutlich zu sagen.

Vorangegangen war, glaube ich, die Geschichte mit dem Karl-May-Buch. Romy las leidenschaftlich gerne Karl May. Wahrscheinlich ist sie deswegen von ihren Mitschülerinnen oft geneckt worden, besonders wenn sie gar kein Ende mit dem Lesen finden konnte und vielleicht am liebsten noch im Unterricht unter der Bank weitergelesen hätte. »Das traust du dich ja doch nicht!« So ähnlich ist sie wohl von den lieben Freundinnen aufgestachelt worden.

Aber wer läßt sich das so ohne weiteres sagen! »Und ob ich mich traue!« entgegnete Romy.

Sie wickelte das Karl-May-Buch in schwarzes Einschlagpapier und nahm es mit in die Gesangstunde. Alle Mädchen sangen und sahen in ihre Gesangbücher. Auch Romy schaute in ihr Buch und bewegte die Lippen, aber sie sang nicht – sie las Karl May. Natürlich gab es ringsum Gekicher und verräterische Blicke. Die Frau Präfektin wurde aufmerksam, nahm Romys Buch, schaute hinein und wurde blaß. Sie murmelte irgend etwas von Winnetou oder Hadschi Halef Omar. Dann fragte sie: »Was ist das für ein Buch?«

Romy, die sich vor ihren Freundinnen so stark gemacht hatte, konnte jetzt natürlich nicht kneifen. Sie nahm allen Mut zusammen und sagte wahrheitsgemäß: »Das ist Karl May, einundvierzigster Band, Frau Präfektin.«

Die Präfektin klappte das ominöse Buch zu und sagte gar nichts. Die Gesangstunde wurde fortgesetzt. Dann bekam ich den Brief mit der freundlichen Einladung, bei nächster Gelegenheit zu einer Unterredung zu erscheinen.

Romy leistete sich eine Menge Streiche im Internat. Ein anderer wurde ihr schwer angekreidet, obwohl sie wahrscheinlich nichts dafür konnte. Sie hatte nämlich die Angewohnheit, nachts im Schlaf zu sprechen. Vielleicht hat sie das von ihrem Vater geerbt, der im Schlaf nicht nur gelegentlich sprach, sondern auch handelte. Ich erinnere mich, daß er nachts einmal aufstand und mit einem Jagdgewehr herumfuchtelte.

Ich packte ihn am Pyjama, und da wachte er auf. Er erzählte mir ganz verwirrt, daß er gerade dabei gewesen sei, einen Zwölf-ender zu schießen.

Nun, Romy begnügte sich damit, im Schlafsaal der Mädchen eine Waschschüssel mit kaltem Wasser zu ergreifen und sie über ihre Bettnachbarin auszugießen. Eine Sekunde später glich der aufgeschreckte Schlafsaal des Internats einem Toll-haus. Man kann sich denken, wie dieser Vorfall den frommen Fräulein in die Glieder fuhr und wie das Donnerwetter der Frau Präfektin ausfiel!

Trotzdem wurde Romy nicht hinausgeworfen.

Ich habe der Frau Präfektin Theresa ein großes Denkmal in meinem Herzen gesetzt. Sie hat es trotz aller Schwierigkeiten verstanden, Romy in der Ordnung zu halten und ihr weiterzu-helfen, ohne sie zu verbittern. In dieser Zeit, in der mich meine Arbeit so sehr von meinen Kindern fernhielt, hat sie bei Romy wahre Mutterstelle vertreten.

Nur ein Beispiel möchte ich erwähnen, das zeigt, wie es die Präfektin verstand, Strenge und Güte zu vereinen.

Es war ausgemacht, daß mir Romy jede Woche einen Brief schreiben sollte. Doch manchmal wurden es vierzehn Tage oder drei Wochen, bevor sich mein Fräulein Tochter geneigt fühlte, etwas von sich hören zu lassen. »Wir hatten ja soviel zu tun«, war dann ihre Ausrede.

Von mir kamen dann in solchen Fällen »Wetterbriefe« nach Goldenstein, in denen ich Romy Vorhaltungen machte. Der Erfolg war jedesmal, daß mir Romy einen zerknirschten Reue-brief schrieb. Die Post wurde regelmäßig von der Internatslei-tung gelesen, wie das wahrscheinlich in allen Internaten der Fall ist. Dann geschah es immer wieder, daß die Frau Präfektin den Briefen Romys ein paar Zeilen hinzufügte, wie etwa: »Liebe gnädige Frau, Sie dürfen ihr nicht böse sein – denken Sie immer daran, daß sie ja so ein gutes Herz hat!«

Das war zugleich das gute Herz der Präfektin Theresa. Sie hat

Romy oft hart angepackt und zusammengeschimpft, aber immer auch den Menschen erkannt und gelten lassen.

Für Romy war diese Zeit im Internat sehr gut. Sie hat dort gelernt, sich in eine Gemeinschaft einzufügen, auch wenn es anfangs schwer war. Sie hat gelernt, egoistische Interessen einzuschränken und andere Menschen ebenso gelten zu lassen. Sie hat Disziplin und Pünktlichkeit gelernt, Eigenschaften, die bei der Filmarbeit ebenfalls überaus wichtig sind. Der moderne Betrieb in einem Filmatelier beruht zu einem großen Teil auf der präzisen Zusammenarbeit aller Beteiligten. Niemand sollte aus der Reihe tanzen, auch berühmte Schauspielerinnen und Stars nicht.

Während der Zeit im Internat entwickelte Romy auch ihre kunstgewerblichen Fertigkeiten. Sie hatte eine sehr verständnisvolle Zeichenlehrerin, die es ihr erlaubte, außer der Reihe Holzteller zu bemalen. Das Talent für diese hübsche Kunst hatte sich ganz zufällig gezeigt.

Romy kaufte nun bei einem Drechsler rohe Holzteller, bemalte und lackierte sie. Dabei war ihre Erfindungsgabe unerschöpflich. Einmal gab es mit einem dieser Teller eine kleine Episode, die Romy ganz stolz machte. Sie hatte mir zu Weihnachten einen besonders großen Holzteller mit einem wunderschönen Muster bemalt. Sie reiste mit diesem Prachtstück von Österreich, wo das Internat lag, zu mir nach Berchtesgaden.

An der Grenze drehten die Zollbeamten den Teller hin und her, und dann entschieden sie, daß dafür Zoll zu zahlen sei.

»Aber den habe ich ja selber gemalt!« protestierte Romy. Sie war damals elf Jahre alt. Die Zöllner lachten und glaubten ihr kein Wort. Der Zoll mußte bezahlt werden, und nun war der Teller plötzlich ein amtlich anerkannter Wertgegenstand! Romy hat nachher mit doppeltem Eifer gemalt.

Als sie noch kleiner war und bei meinen Eltern in Mariengrund bei Berchtesgaden lebte, gab es keinerlei schauspielerische Anregung für sie. Wir, mein Mann und ich, kamen immer nur für wenige Tage nach Hause. Es waren wirkliche Ferien für uns, eine kurze Zeit der Erholung, und in dieser Zeit wollten wir vom Film und vom Beruf nichts hören und nichts sehen. Das ist begreiflich.

Die Filmarbeit läuft immer in einer Atmosphäre des Hochdrucks. Es ist ein verrückter Beruf, und jeder, der einmal die Nase hineingesteckt hat, kennt die Nervenmühle. Es gibt wenige Tätigkeiten, die ebenso aufreibend und anstrengend sind und zugleich immer ruhige Nerven und ein ausgeglichenes Wesen erfordern. Es ist wirklich oft nicht leicht, diese Ruhe und Ausgeglichenheit bei der Arbeit im Filmbetrieb zu finden und zu bewahren.

Unsere Ferien waren daher ganz auf Ruhe und Ausspannen abgestellt. Romy wußte und fühlte das. Sie respektierte es. Außerdem waren die kurzen Tage unserer Ferien immer mit Wanderungen in den Bergen, mit Spielen oder Nichtstun ausgefüllt. Eben weil ich so wenig Zeit hatte, mich meinen Kindern zu widmen, zählten die Urlaubstage doppelt und dreifach und mußten alles aufwiegen. Das hatte einen ganz bestimmten Vorteil: zwischen meinen Kindern und mir hat es nie den tötenden Alltag gegeben. Jeder der seltenen Tage, die wir zusammen sein konnten, war dadurch ein Festtag.

Ich ließ alles hinter mir, was Sorgen oder Beruf hieß. Das mußte eben Zeit haben, bis ich wieder von meinen Kindern fort war. Romy, die das damals wahrscheinlich schon verstehen oder erfühlen konnte, war immer rührend, um alle Belastungen von mir fernzuhalten. Alles blieb weg, was mich hätte ärgern oder mürrisch machen können. Und deswegen sprach sie auch nie vom Film und vom Schauspielerberuf.

Vielleicht spürte sie auch, daß ich eine stille Abneigung dagegen hatte, daß meine Kinder den gleichen Beruf wie ihre Eltern ergreifen würden. Wenn ich heute auf meine damalige

Einstellung zurückblicke, sehe ich, daß sie wohl nur eine Illusion war. Wahrscheinlich geht es sehr vielen Eltern so, daß sie ihren Kindern einen anderen Beruf als ihren eigenen wünschen. Das liegt meiner Ansicht nach daran, daß diese Eltern die Schattenseiten ihres Berufes nur zu genau kennen und sie ihren Kindern ersparen wollen. Vielleicht erscheint ihnen ihr eigener Beruf zu unsicher, zu krisenanfällig, zu anstrengend, zu aufreibend, zu gefährlich. Sie vergessen dabei, daß natürlich jeder Beruf seine Schattenseiten hat. Zweifellos gibt es ruhigere und sicherere Berufe als den einer Filmschauspielerin. Aber es ist heute meine Überzeugung, daß es bei jedem Beruf einen Haken gibt.

Immerhin war meine damalige Einstellung mit schuld daran, daß ich Romys schauspielerische Talente nicht beachtete. Wie alle Kinder hat Romy sehr häufig in Schülervorstellungen Theater gespielt. Es gab da die üblichen Weihnachts- und Krippenspiele, und als Tochter eines bekannten Schauspielerehepaars war Romy immer ein bißchen der Star mit Christkind-Hauptrollen und ähnlichen. Im Internat gab es auch außerhalb der Weihnachtszeit Theateraufführungen. Einmal spielte sie den Mephisto im *Faust*. Dann wurden auch Stücke in englischer Sprache aufgeführt, bei denen Romy ebenfalls mitwirkte. Im Kirchenchor sang sie eine Solostimme.

Das alles erschien mir nicht weiter beachtlich, denn es gehörte ja zum normalen Schulbetrieb. Hinzu kam, daß ich nie eine dieser Aufführungen gesehen habe. Sie fanden immer statt, wenn ich in Berlin oder München oder Wien im Atelier zu tun hatte, und besonders zur Weihnachtszeit und in den Wochen zuvor waren wir immer am meisten beschäftigt.

Dabei hätte ich mir denken können, daß in Romy dieses Talent stecken mußte und vielleicht sogar schon geweckt war. Wie ich heute weiß, war sich Romy doch immer stark bewußt, die Tochter des bekannten Filmschauspielers Wolf

Albach-Retty und der bekannten Filmschauspielerin Magda Schneider zu sein. Das kann einem Kind gar nicht verborgen bleiben.

Ich weiß nicht, ob Romy im Kino gelegentlich einen Magda-Schneider-Film gesehen hat. Sie ist ja in der ländlichen Umgebung und im Internat wenig ins Kino gekommen. Vielleicht gerade deshalb haben sie die Filme, die sie sah, besonders beeindruckt. Außerdem standen die Namen ihrer Eltern alle Augenblicke in dieser oder jener Zeitung, in Zeitschriften und Filmheften. Die Mitschülerinnen bestaunten sie wahrscheinlich auch immer ein wenig, als ob sie etwas Besonderes wäre. Das alles kann nicht spurlos an einem jungen Menschen vorübergehen.

Am wichtigsten erscheint mir jedoch die Tatsache, daß Romy auch ein kräftiges schauspielerisches Erbteil mitbekommen hat. Wie ich schon erwähnte, war ich selber in meiner Familie ein Außenseiter in diesem Beruf, denn keiner meiner Vorfahren oder Verwandten hat jemals etwas mit dem Theater zu tun gehabt. Bekanntlich aber vererben Außenseiter ihre Fähigkeiten besonders stark. Das ist der mütterliche Einschlag.

Und von der Seite ihres Vaters hat Romy das Blut einer langen schauspielerischen Tradition geerbt.

Romys jugendliches Alter hat sie in der Zeit vor der Entdekkung aber auch davor bewahrt, viele Stürme mitzuerleben, die in der Zeit des Krieges und in den Jahren danach alle Menschen ergriffen. Sie blieb davor verschont, die bitteren Ereignisse deutlich wahrzunehmen, die in meinem persönlichen Leben eine Rolle gespielt haben.

In jener Zeit, als die Währungsreform zum zweitenmal die Situation veränderte, trat ein Mann in mein Leben, der ganz anders war als die Menschen, mit denen ich es zu tun hatte.

Was gab es damals alles für Versprechungen – die nicht gehalten wurden oder sich einfach ins Nichts auflösten. Wie wenig konnte man sich auf andere Menschen verlassen, wie fragwürdig erwiesen sich Freundschaften, auf die man einmal gebaut hatte. Und nun plötzlich kam ein Mensch, der hielt, was er versprach, auf den man sich verlassen konnte, selbst in Kleinigkeiten.

Wenn er sich für fünf Uhr angesagt hatte, kam er wirklich um fünf. Wenn er sich erboten hatte, etwas zu erledigen, dann erledigte er es tatsächlich. Wenn er eine Zusage gemacht hatte, hielt er sie ein.

Ich hatte ganz verlernt, daß es so etwas gab. Plötzlich gab es so etwas wie einen Felsen in der Brandung. Ich ahnte damals noch nicht, daß ich meinem zweiten Mann begegnet war, dem Mann, der dann der Stiefvater meiner Kinder Romy und Wolfi werden sollte. Hans Herbert Blatzheim. Ebenso wie Wolf Albach-Retty ganz allmählich und unmerklich aus dem Leben meiner Kinder verschwand, ist mein zweiter Mann in diesem Leben aufgetaucht. In meinem Hause hat es immer viele Besucher gegeben. Kollegen, Freunde, Bekannte. Unter ihnen war eines Tages eben auch Hans Herbert Blatzheim, ganz zwanglos und selbstverständlich.

Ich bekam Sätze zu hören, die ganz unwahrscheinlich klangen. Wie zum Beispiel: »Laß mal, das erledige ich für dich.« Oder: »Ruh dich mal aus.«

So einfach können die Dinge sein, die viel mehr wert sind als jedes noch so kostbare Geschenk.

Romy lernte einen Menschen kennen, der sich auch für ihre unscheinbaren Probleme interessierte, der sie ernst nahm und mit dem man über alles sprechen konnte. Später brachte ihr Hans Herbert Blatzheim bei jedem Besuch kleine Geschenke mit, er schrieb Briefe ins Internat, und sie war auf einmal gar nicht mehr so schreibfaul. Ein Verhältnis, wie es sich zwischen Vater und Tochter wünschen läßt, bahnte sich an. Ich konnte wirklich froh sein.

Als ich 1953 wieder heiratete, wurde mein Mann Hans Herbert

Blatzheim für Romy wirklich mehr als ein »Stiefvater« – ein Wort, das oft einen unguten Beigeschmack hat. Er wurde ihr ein guter Freund, mit dem sie alle ihre Probleme ohne Scheu besprechen konnte.

Mein Mann brachte drei Kinder aus seiner ersten Ehe mit. Gegensätze ziehen sich an, und deshalb hielten nicht nur die drei Geschwister wie Pech und Schwefel zusammen, sondern es hat sich auch ein Kontakt zu meinen beiden Kindern Romy und Wolfi herausgebildet. So war aus meiner zweiten Ehe zugleich wieder eine Familie geworden.

Gemeinsame Filme - gemeinsame Jahre –
Zusammenspiel mit Romy in ihrem ersten Film

*Ich kannte den Beruf genau – Das Thema Film war tabu –
Der entscheidende Tag – Was mach' ich nur? – Zwischen 7 und 11
gibt es keine Protektion – Unser Zuhause – Lernen, lernen,
lernen – Vom Wert des Geldes – Das Küken wird flügge*

Wenn der weiße Flieder wieder blüht

*Anfang der fünfziger Jahre wechselt Magda Schneider ins Fach
liebenswürdig charmanter oder besorgt nachsichtiger Mütter,
Tanten und Erzieherinnen. Besondere Erfolge in diesen Rollen erzielt sie in der Zusammenarbeit mit ihrer Tochter Romy
in acht Filmen – eine Einmaligkeit in der deutschen Filmgeschichte. Die gemeinsamen Jahre flechten ein festes Band.
Weder ihrem Kollegen Willy Fritsch mit seinem Sohn Thomas,
weder Käthe Haack mit ihrer Tochter Hannelore Schroth, noch
Paula Wessely mit ihrer Tochter Christiane Hörbiger, Gustav
Knuth mit seinem Sohn Klaus, Theo Lingen mit seiner Tochter
Ursula, Olga Tschechowa mit ihrer Tochter Ada gelang ein
solches Zusammenspiel mit ihren Kindern im Film oder Theater.
Das Resultat dieser engen beruflichen Partnerschaft ist es, daß
in diesen Jahren acht bleibende Filme in deutschen und
österreichischen Ateliers entstehen – Filme, in denen Magda
Schneider den mütterlichen Part mit Charme, aber auch
Liebenswürdigkeit und Strenge der Figuren vereint.
Gleich der erste gemeinsame Film, Wenn der weiße Flieder
wieder blüht, 1953, in dem Magda Schneider eine Frau spielt,*

die ein fünfzehnjähriges Mädchen hat, wird zu einem schönen Erfolg.

Erfahrungen des Berufes, das Wissen auch um die Gefahren und Verlockungen, den Glanz und die Härte dieses Metiers, lassen sie zu Gedanken kommen, ob sie recht daran tut, ihrer Tochter zu raten – und damit Schicksal zu spielen –, diesen Beruf zu ergreifen, in dem sie selbst nun schon über fünfundzwanzig Jahre tätig ist und in über vierzig Filmen vor der Kamera stand. Aber schon der erste Film Wenn der weiße Flieder wieder blüht *bringt die Entscheidung.*

Romy ist in die Filmarbeit hineingesprungen, kopfüber sozusagen, mit der ganzen kindlichen Bedingungslosigkeit einer Schülerin.

Wie es dazu gekommen ist, möchte ich hier einmal so erzählen, wie es wirklich war.

Es sind über diese Geschehnisse schon manche Berichte veröffentlicht worden, sensationelle, zuckersüße, romantische oder einfach erfundene. Oft scheint es mir, daß die Verfasser ihre Leser gewaltig unterschätzen. So mir nichts, dir nichts springt ein kleines Mädchen mitten hinein ins Glück – und tralala so weiter.

Umfragen in Schulen haben meines Wissens gezeigt, daß ein unglaublich hoher Prozentsatz von jungen Mädchen den Wunsch hat, Filmschauspielerin zu werden. Hinter diesem Berufswunsch steht vielfach eine blanke Verkennung der Wirklichkeit. Trotzdem kann ich mich gut in die Sorgen der Mütter versetzen, die zu Hause von ihren heranwachsenden Töchtern mit solchen Plänen bestürmt werden. Was sollen sie tun, was können sie tun? Ich glaube, daß ich hier etwas mehr sagen kann, als in so manchen neckischen Geschichten zu lesen ist.

Für mich war die Entscheidung ebenso schwer. Ich habe mein Leben bei der Filmarbeit zugebracht – und ich war ganz und gar dagegen, daß meine Tochter Rosemarie Filmschauspielerin werden sollte. Romy wurde trotzdem Filmschauspielerin.

Die Filmschauspielerinnen von morgen, die jetzt noch irgendwo die Schulbank drücken, werden ihre Mütter in ähnliche Verlegenheiten bringen und dann doch ihren Weg machen. Die meisten werden mit der Zeit ihre Schwärmerei aufgeben und dafür in anderen Berufen Tüchtiges leisten. Auf jeden Fall wird es, wie bei jeder Berufswahl, immer eine entscheidende Lebenswende sein.

Immer viel Geld haben, immer schöne Kleider tragen, immer bewundert werden – das ist einer der landläufigen Anziehungspunkte des Films. Die Arbeit, eine echte Begabung und die Möglichkeit, trotz allem bestenfalls bei der Statisterie landen zu können, werden außer acht gelassen.

Ich möchte damit niemandem abraten, sein Glück zu versuchen, denn das ist für jeden die beste Bewährungsprobe, und ich selber habe damals, als ich zur Bühne und zum Film ging, diesen Weg als Außenseiterin beschritten. Niemand in meiner Familie hatte ja jemals etwas mit dem Theater zu tun.

Meine Tochter wollte ich trotzdem nicht Filmschauspielerin werden lassen. Oder, besser gesagt, ich wollte ihre Erziehung nicht darauf anlegen, ich wollte ihr keinen Floh ins Ohr setzen, wie man so sagt, ich wollte sie nicht in eine bestimmte Bahn drängen. In Romys Kindheit spielte der Film so gut wie gar keine Rolle, obwohl ich damals fast einen Film nach dem anderen gemacht habe.

Wenn ich nach Hause kam, war ich froh, dem Filmbetrieb ein wenig den Rücken kehren zu können. Ich wollte nichts davon hören, und ich wollte nicht davon sprechen. So kam meine Arbeit in unseren Unterhaltungen so gut wie gar nicht vor. Später, als Romy die Welt nicht mehr nur mit kindlichen

Augen sah, war es zu einer Art stillschweigender Übereinkunft geworden, das Thema nicht zu berühren. Auf diese Weise wuchs sie auf, ohne vom Film mehr zu wissen als jedes andere kleine Mädchen. Sie war nie in einem Atelier, um zuzuschauen, sie hat mich damals nie bei der Arbeit gesehen.

Romys Neigungen entwickelten sich zunächst auf einer ganz anderen Bahn. Ich habe schon erzählt, daß sie leidenschaftlich gern kunstgewerbliche Malereien machte. Zu jener Zeit war das die Hauptrichtung, in der sich ihr Talent entfaltete. Sie hat nie den Wunsch geäußert, Schauspielerin zu werden – aber das war wohl ein Punkt, in dem ich sie verkannte.

Daß sie nie davon sprach, beruhte wahrscheinlich nur auf der erwähnten stillschweigenden Übereinkunft, zu Hause und im Kreis der Familie nicht viel von der Filmarbeit zu reden. Sie fühlte wohl auch, daß mich Pläne in dieser Richtung nicht hell begeistert hätten, und schwieg deshalb.

Heute weiß ich, denn Romy hat es mir lachend gestanden, daß sie schon immer nur den einzigen Wunsch hatte, Filmschauspielerin wie ihre Mutter zu werden.

Damals wußte ich es nicht. Ich glaube auch, daß Romy selbst noch nicht so fest entschlossen war, wie es ihr rückblickend vielleicht erschien. Sie ist nicht sehr spontan, sie beschäftigt sich lange mit ihren Gedanken, ehe sie eines Tages damit herausplatzt. Wahrscheinlich war sie damals selber noch nicht fertig mit dem Problem. Immerhin rückte der Zeitpunkt der Entscheidung, der Berufswahl, immer näher.

Romy hatte nichts dagegen, sich von meinem Mann und mir beraten zu lassen. Wir besprachen zahlreiche Möglichkeiten, mit Ausnahme des Films, und kamen schließlich immer wieder darauf zurück, daß ihr kunstgewerbliches Talent eine gute Berufsgrundlage abgeben würde.

Allmählich nahmen diese Pläne deutlichere Gestalt an. Es wurde vorgesehen, Romy nach Beendigung der Schulzeit eine gründliche Ausbildung als Kunstgewerblerin, vor allen Dingen im Malen und Zeichnen, angedeihen zu lassen. Die weiteren Aussichten auf diesem Gebiet waren nicht schlecht: die Tapeten- und die Papierindustrie brauchten dauernd neue künstlerische Entwürfe, ebenso die Textilindustrie, die Glasindustrie, die Holzindustrie, die keramischen Werkstätten, die Schmuckhersteller und wie sie alle heißen. Künstler mit guten und originellen Ideen haben da ein weites Feld, können auch ganz schön verdienen und sind sehr gesucht. Es wäre zweifellos ein interessanter, befriedigender Beruf gewesen. Später einmal hätte man daran denken können, Romy ein eigenes Geschäft einzurichten, einen Laden oder ein Atelier, je nachdem.

Soweit war eigentlich alles in Ordnung. Mein Mann war einverstanden, ich hielt es für eine glückliche Lösung, und Romy war zu allem entschlossen. Zu allem.

Die wohlfundierten und wohldurchdachten Pläne wurden ganz plötzlich und unerwartet durchkreuzt – wie das so oft im Leben ist, wenn man sich alles recht sorgsam vorgenommen und auf weite Sicht eingeteilt hat.

Der entscheidende Tag war, glaube ich, der 13. Juli 1953. Ich hatte an diesem Tag einen Filmvertrag unterschrieben, der auch für mich selber eine gewisse Wandlung bedeutete. Mit jenem Vertrag wechselte ich nämlich ins andere Fach hinüber – ins Mütterfach. Alles war perfekt, die Verhandlungen waren abgeschlossen, die Unterschrift war da, und ich wollte am gleichen Abend den Schlafwagen von München nach Köln nehmen, wo mich mein Mann schon erwartete. In der darauffolgenden Woche sollte ich nach Berlin kommen, um mit der Arbeit zu beginnen.

Das alles hatte ich gerade mit Kurt Ulrich besprochen, dem Produktionschef der Berolina-Filmgesellschaft. Die Unterhaltung fand in einem Büro in München statt.

Wir verabschiedeten uns, freundschaftlich und in bester Stimmung, also Servus, Wiederschaun, Türklinke in der Hand. Ich muß noch schnell ins Hotel und mit meinen Kindern in Berchtesgaden telefonieren, bevor es nach Köln weitergeht...

»Moment mal«, sagte Ulrich, »wieso Kinder?«

»Na hör mal!« sagte ich.

»Ach ja«, meinte Ulrich, »stimmt, du hast ja einen Sohn, oder 'ne Tochter – oder war's doch ein Sohn?« Er schob die Tür zu, die ich schon geöffnet hatte.

»Beides«, antwortete ich, »einen Sohn und eine Tochter. Warum?«

Ulrich überhörte meine Frage. Er schaute in eine unbestimmte Ferne. »Mensch, wie alt ist denn die Kleene?« wollte er dann wissen.

»Na«, sagte ich, »so fünfzehn. Ich hab' sie gerade aus dem Internat raus. Jetzt kommt sie auf die Kunstgewerbeschule.«

»Das ist 'ne Wucht.«

Mir dämmerte allmählich, worauf er hinaus wollte. Ich hatte ja das Exposé des Drehbuchs gelesen, und in diesem Film hatte ich die Mutter einer fünfzehnjährigen Tochter zu spielen.

»Also, paß auf«, erklärte Ulrich, »geh bitte sofort ins Hotel, lies mal das ganze Buch durch und ruf mich dann gleich wieder an.«

»Das geht nicht«, lachte ich, »ich habe hier die Schlafwagenkarte nach Köln, und das Hotelzimmer ist schon aufgegeben.«

»Dann fährst du eben nicht, und das Hotelzimmer wird wieder bestellt«, beharrte Ulrich.

So fuhr ich ins Hotel, nahm das Zimmer wieder, ließ die Schlafwagenkarte zurückgeben und las das Drehbuch.

Wenn der weiße Flieder wieder blüht hieß der Film. Was mich an dieser Sache am meisten interessierte, begann erst im zweiten Teil meiner Rolle. Da tritt ein vierzehn- bis fünfzehnjähriges Kind auf. Und ich merkte: das war eine hinreißende Rolle! Eine zauberhafte Figur. Wenn die richtig gespielt wurde, mußte sie schlagartig ein Erfolg werden.

Ich rief Ulrich an.

»Na?« fragte er. »Ist das nicht wirklich 'ne Wolke?«

Ich wußte nicht, was ich sagen sollte. In mir hatte ein aufregender Widerstreit der Gefühle eingesetzt. Ganz plötzlich war in die ruhigen, gefestigten Zukunftspläne ein völlig neues Element getreten und drängte auf eine Entscheidung.

Kurt Ulrich sprach unverdrossen weiter: »Stell dir vor, die Tochter wird wirklich von der eigenen Tochter gespielt! Na, das ist doch! Also am besten läßt du die Kleine gleich nach München kommen, und dann werden wir sie hier noch besichtigen, und dann werden wir sehen, und dann ...«

Und dann saß ich in meinem Hotelzimmer, und ich wußte nicht mehr, wie man bei uns sagt, ob ich ein Manderl oder ein Weiberl war.

Ich habe mir einen Kaffee bestellt und dann einen Kognak. Ich bin im Zimmer auf und ab gegangen und habe mehr Zigaretten geraucht, als erlaubt ist.

Ich war in einem schrecklichen Dilemma.

Unerwartet sollte ich plötzlich eine schicksalhafte Entscheidung treffen. Wenn es eine Entscheidung für mich selbst gewesen wäre, hätte ich es sicher leichter gehabt: man entscheidet und muß selber die Folgen auf sich nehmen. Aber ich sollte ja nicht für mich entscheiden, sondern für einen anderen Menschen, und der allein würde die Folgen meines Entschlusses zu tragen haben, vielleicht sein ganzes Leben lang.

Von einer Stunde zur anderen sollte ich über den Lebensweg meiner Tochter entscheiden.

Nein, ich lehne ab. Wir hatten doch alles schon ausgemacht. Romy soll erst einmal ihre kunstgewerbliche Ausbildung haben, sie soll ...

Die andere Stimme: Vielleicht verbaust du ihr damit einen aussichtsreichen Weg ...

Aber sie ist doch noch so jung, es steht ihr doch auch später noch alles offen!

Bist du sicher, ob die Chance wiederkommt? Diese Rolle ist doch wie ein Wink des Schicksals.

Ich darf doch bei meiner Tochter nicht Schicksal spielen!

Eben deshalb – warum willst du sie dann daran hindern, die Chance wahrzunehmen, die sich ihr da bietet?

Das Hin und Her nahm kein Ende.

Konnte ich es auf mich nehmen, Romy in diesen entscheidenden Jahren ihrer Entwicklung aus ihrer ruhigen Bahn zu holen, geradewegs von der Schulbank weg mitten hinein in den ganzen turbulenten Filmbetrieb?

Es gab außerdem noch eine andere Seite der Angelegenheit. Ich wußte ja überhaupt nicht, ob Romy schauspielerisches Talent hatte und ob sie der neuen Aufgabe gewachsen sein würde. Für mich waren Romys Fähigkeiten auf diesem Gebiet bisher nie zutage getreten. Sie hatte nur in Schülervorstellungen mitgewirkt, in Weihnachtsvorstellungen zum Beispiel, wie sie von Kindern aufgeführt werden. »Von drauß, vom Walde komm ich her« und so weiter, aber ich hatte ja keine einzige dieser Aufführungen gesehen und wußte also nicht einmal darüber Bescheid.

Und Romy selber? Sie hatte doch nie den Wunsch geäußert, zum Theater oder zum Film gehen zu wollen. Sie malte hübsche Teller, war froh, gerade die Schule hinter sich zu haben, und freute sich mächtig auf die kunstgewerbliche Ausbildung, auf die Entwürfe von Stoffmustern.

Ich ging zum Telefon und rief meinen Mann in Köln an.

Ja, mit seinem erfahrenen Rat würde sich nun alles klären. Wir hatten ja oft genug über Romys Zukunft gesprochen, waren uns einig über ihre künftige Ausbildung und ihren Beruf, und sicher würde er mir abraten, und dann würde mir in dieser Sache ein Stein vom Herzen fallen.

Ich erzählte meinem Mann, was sich in den letzten Stunden ereignet hatte. Dann herrschte im Draht zwischen München und Köln ein summendes Schweigen.

»Also, was soll ich nur tun?«

»Ja, meine Liebe«, sagte er dann langsam, »Ich glaube, das kannst nur du selber entscheiden, du mußt selber das Gefühl dafür haben, du bist die Mutter – da kann ich mich wirklich nicht einschalten.«

Da war ich also wieder so gescheit wie zuvor!

Für mich war die Nacht nach unserem Telefongespräch endlos. Ich konnte nicht schlafen, wälzte mich herum, und meine Gedanken drehten sich immer im Kreise, zu jedem Für kam immer ein Wider.

Morgens um fünf Uhr hatte ich mich endlich entschieden. Ich knipste das Licht an, holte mir Papier aus der Schreibmappe und schrieb die Punkte meines Entschlusses der Reihe nach auf. Ich wollte alles beim klaren Licht des Tages noch einmal lesen können, und ich wollte verhindern, daß die Einzelheiten meines Planes im Schlaf wieder zerrannen.

Auf jeden Fall war ich nun entschlossen, nicht Schicksal zu spielen und Romy die Chance nicht zu verbauen. Ich hatte mir nur einige Sicherungen ausgedacht, um den Rückweg offen zu halten, wenn sich Romy nicht eignen sollte. Heute weiß ich, daß es gar keinen Zweck gehabt hätte, einfach nein zu sagen. Ich weiß heute, was ich damals glatt übersehen hatte: daß nämlich Romy selber den brennenden Wunsch hatte, zum Film zu gehen, und daß sie sich damit früher oder später auch gegen meinen Willen durchgesetzt hätte. Echte, natürliche Kräfte, die in einem Menschen schlummern, sprengen eben eines Tages alle Fesseln.

Nur, am 14. Juli 1953 war ich mit meinen Erkenntnissen noch nicht so weit.

Ich ging zu Kurt Ulrich und sagte ihm etwa folgendes: »Paß auf, Ulli, es ist alles in Ordnung – du mußt mir nur etwas versprechen und es mir auch unterschreiben. Ich will es mit Romy versuchen. Wir machen eine Probeaufnahme von ihr, und wenn sie entspricht, fangen wir mit dem Film an. Aber jetzt kommt meine Bedingung. Eine Probeaufnahme allein ist ja nicht immer ausschlaggebend. Ich will Romy während der richtigen Dreharbeiten drei, vier Tage lang oder eine Woche beobachten. Wenn ich dabei sehe, daß sie gut ist, dann ist es in Ordnung, und der Vertrag ist perfekt. Wenn ich aber sehe, es ist nichts, sie ist nur Mittelmaß, dann will ich die Möglichkeit haben, nein zu sagen, dann ist der Vertrag hinfällig, und ich kann Romy wieder aus der Sache herausziehen. Dann soll sie auf die Kunstgewerbeschule gehen und hat Ruhe. Mit anderen Worten: Ich will nicht Schicksal spielen und ihr den Weg nicht verbauen, aber ich will sie wieder aus dem Wasser holen können, wenn sie nicht schwimmen kann.«

Für einen Filmproduzenten war das eine ziemlich unannehmbare Bedingung. Wenn ich mich wirklich nach dem fünften Drehtag entschlossen hätte, Romy aus der Arbeit herauszuziehen, dann konnte die Gesellschaft alles bis dahin Gedrehte wegwerfen.

Aber Kurt Ulrich sagte ja.

Er war mit meinen Bedingungen einverstanden. Das zeigt, daß er seiner Sache eigentlich ganz sicher war. Und der Stein, der auf meinem Herzen lag, dieser Gewissensdruck, war endlich von mir genommen. Jetzt konnte nichts mehr geschehen. Bewährte sich Romy, dann war es gut, bewährte sie sich nicht, dann würde sie eben nie gefilmt haben.

Auf dieser Grundlage kam Romys erster Filmvertrag zustande, während sie noch in Berchtesgaden saß und keine blasse Ahnung von den Dingen hatte, die sich in den letzten vierundzwanzig Stunden über ihrem Haupt zusammenzogen.

Ich rief meinen Mann in Köln an, erzählte ihm meinen Entschluß, und während er sein Einverständnis erklärte, fühlte ich direkt, wie er am Telefon zufrieden schmunzelte.

Nun mußte aber endlich auch die Hauptperson des ganzen Dramas verständigt werden!

Zu Hause, in Berchtesgaden, meldete sich mein Sohn Wolfi am

Telefon. Wie immer, machte er es sehr spannend, bevor er sich herbeiließ, seine Schwester an den Apparat zu holen. Endlich war Romy da. Sie war ein paar Tage zuvor gerade aus dem Internat gekommen, mit dem kleinen Abitur, und die Schule lag nun hinter ihr. Nach allen Plänen, die wir bisher mit ihr besprochen hatten, mußte die Wendung wie aus heiterem Himmel kommen.

»Bitte, paß auf, mein Schatz«, sagte ich zu ihr, »jetzt mach dich ruhig fertig, zieh dich hübsch an, und dann fährst du mit dem nächsten Zug nach München. Ich hole dich an der Bahn ab. Ich brauche dich hier nämlich . . .«

»Ja, aber . . .«

Nun mußte es also heraus: »Du sollst eventuell in einem Film eine Rolle spielen.«

Ich habe es nicht gesehen, aber Marianne, unser Hausmädchen, hat mir nachher erzählt, was sich nach diesem Telefongespräch alles ereignet hat. Romy ist fast wahnsinnig geworden. Sie ist die Wände hochgegangen. Sie hat beim Packen alles durcheinander geworfen. Sie hat Handstände gemacht und Purzelbäume quer über die Betten. Sie hat die Kanarienvögel geküßt und ist mit Wolfi herumgetanzt. Sie war einfach aus dem Häuschen.

Morgens hatte ich sie angerufen – nachmittags war sie da. Romy war später acht Zentimeter größer als ich. Damals waren wir noch gleich groß. Als sie am Bahnhof ankam, hatte sie so ziemlich alle Sachen von mir an, die sie zu Hause gefunden hatte. Mein hellblaues Kleid, meinen blauen Mantel, meine Handschuhe, meine Strümpfe, eine Handtasche von mir. Ich hätte sie beinahe nicht erkannt, so ganz auf chic, nachdem sie doch bisher immer nur in ihrer Mädchenkleidung herumgelaufen war. Romy fiel mir um den Hals, und dann mußte ich ihr ausführlich alles erzählen. Wort für Wort und ganz von Anfang an, wie ich da also schon die Türklinke des Büros in der Hand gehabt hatte und Ulrich auf einmal sagte . . .

Natürlich berichtete ich ihr auch, daß ich mir die Sache lange überlegt hatte und daß es zunächst nur Probeaufnahmen geben würde, und daß wir schließlich immer noch aus dem Vertrag aussteigen könnten, wenn es nichts würde. Ich wollte auf jeden Fall schon vorbauen, einen kleinen Dämpfer einschalten, damit sie sich keine zu großen Illusionen machte und damit die Enttäuschung nicht zu groß wäre, falls wir die Sache wieder abblasen sollten. Doch Romy ließ sich gar keinen Dämpfer aufsetzen. Für sie war es ganz klar, daß alles klappen würde, auch wenn sie jetzt noch ganz aufgeregt und zappelig war und noch gar keine Ahnung von Probeaufnahmen und dem ganzen Filmbetrieb hatte.

Unser erster Gang in München war zu Kurt Ulrich, der Romy nur ansah und unsere Abmachung gleich noch einmal bekräftigte, so sicher war er jetzt, daß alles gutgehen würde. Dann fuhren wir in eine Schwabinger Klinik zu Hans Deppe, dem Regisseur des *Weißen Flieders*.

Es war das erstemal, daß Deppe Mutter und Tochter zusammen sah. Er lag im Bett und hatte sein Bein in einem Gestell hängen, denn das Bein hatte er sich bei den Aufnahmen zu einem anderen Film gebrochen.

Er hob den Kopf aus den Kissen und rief: »Die leibliche Mutter der Tochter!«

Wahrscheinlich meinte er Tochter der Mutter, aber das lief ja aufs gleiche hinaus.

»Ja, das ist sie wirklich!« rief er dann. Damit meinte er die Rolle.

In Deppes Krankenzimmer war der ganze Filmstab anwesend. Kurt Ulrich war auch da, ebenso der Kameramann Kurt Schulz und Produktionsleiter Heinz Willeg. Mit einem Wort: eine recht eindrucksvolle Versammlung für Romy.

Romy zitterte leise vor sich hin, ich hielt sie bei der Hand, aber alle waren so nett zu ihr, daß sie ihre anfängliche Scheu schnell überwand.

Die Geschichte, wie sie sich wirklich zugetragen hat und wie ich sie hier erzählt habe, ist im Grunde genommen ganz einfach und natürlich. Leider muß ich das hervorheben, weil manche Leute glauben, Romy sei mit den Beziehungen der Mutter und dem Geld des Vaters »gemanagt« worden.

Wie sich das der kleine Moritz so vorstellt! Da setzen sich die Eltern am Familientisch zusammen und beschließen: Nun managen wir Romy Schneider. Die Mama kurbelt ihre sämtlichen Freunde und Bekannten beim Film an, damit die Tochter irgendwo mal in einer guten Rolle dazwischengeschoben wird, der Papa schreibt inzwischen dicke Schecks, um die Reklame zu finanzieren, und dann wollen wir doch mal sehen, ob das Publikum nicht darauf hereinfällt!

Ich glaube, das Publikum würde niemals auf solche Tricks hereinfallen.

Das Publikum ist unbestechlich. Man kann es vielleicht einmal neugierig machen und es damit ins Kino locken – mit dem Risiko, daß es enttäuscht ist, sich betrogen fühlt und beim zweitenmal bestimmt wegbleibt.

Romy, die auf so wundersam schicksalhafte Weise zum Film gekommen ist, obwohl ihr ein ganz anderer Lebensweg zugedacht war, hat ein dankbares Publikum gefunden. Es kann nichts Schöneres für eine Filmschauspielerin geben, und für mich als Mutter keine schönere Bestätigung für den Entschluß, den ich mir damals so schwer und nach so langen Zweifeln abgerungen habe.

Während wir noch im Krankenhaus bei Hans Deppe waren, lag die Zukunft verborgen vor uns. Niemand kann das Publikum im voraus berechnen. Schon mancher Schlager, auf den die ältesten und erfahrensten Filmhasen felsenfest geschworen hätten, ist bei der Premiere durchgefallen. Ebenso hat es schon Filme gegeben, denen niemand eine glanzvolle Zukunft prophezeit hätte, während sie in Wirklichkeit Riesenerfolge wurden.

Genauso ist es mit einzelnen Schauspielern und Schauspielerinnen. Niemand kann im voraus sagen, ob sie ankommen.

Das war die Frage, die bei Romy damals noch ganz offen war und auf die es vorerst keine Antwort geben konnte. In Deppes Krankenzimmer wurde zunächst der Termin für die Probeaufnahmen festgelegt. Sie sollten schon eine Woche später in Berlin stattfinden.

In unserem ersten gemeinsamen Film spiele ich die Rolle der Näherin Therese Forster, die mit einem Künstler verheiratet ist. Die beiden lassen sich ihre Ehe von den quälenden Alltagssorgen zerstören. Meinen Ehemann spielt Willy Fritsch, diesen begabten Sänger, von dem ich eine Tochter erwarte, als die Ehe bereits geschieden ist. Diese Tochter Evchen ist Romys Rolle. Zu guter Letzt heirate ich einen alten Freund, der mir in all den Jahren hilfsbereit zur Seite gestanden hat und den Paul Klinger darstellt. Albert Florath spielt einen gütigen, verstehenden Gesangsprofessor.

Es gab einschmeichelnde und einprägsame Lieder in diesem Film, die Musik schrieb Franz Doelle, vor allem den Titelschlager, einen Slowfox mit dem Text von Fritz Rotter:

>Wenn der weiße Flieder wieder blüht,
sing' ich dir mein schönstes Liebeslied!
Immer, immer wieder, knie' ich vor dir nieder,
trink' mit dir den Duft von weißem Flieder!
Wenn der weiße Flieder wieder blüht,
küß' ich deine roten Lippen müd',
wie im Land der Märchen werden wir ein Pärchen,
wenn der weiße Flieder wieder blüht.<

Während der Dreharbeiten war das ganze Team, bis zum letzten Beleuchter, begeistert von dem natürlichen Charme und den hervorragenden darstellerischen Leistungen der fünfzehnjährigen Romy Schneider-Albach. Ohne je Schauspielunterricht gehabt zu haben, spielte Romy die schwierigsten Szenen »wie eine Alte«. Das größte Kompliment machte ihr ein Mann, der wohl etwas davon verstand, unser großer Partner Willy Fritsch, als er feststellte: »Romy ist ein Phänomen, ein Naturwunder. Es ist erstaunlich zu sehen, wie sie ihre Rolle nicht nur spielt – wie sie sie verarbeitet und sich in sie hineinversetzt. Sie hat offenbar die besten Seiten beider Eltern geerbt.«

Romy ist durch den Umstand, daß sie zum Film gekommen ist und gleich mit ihrem ersten Film Erfolg hatte, in den Wirbel der modernen Starmaschinerie geraten – mit all ihren Schattenseiten und den künstlich aufgemalten Lichtern. Ein Schauspieler muß Autogramme geben, haarsträubende Fragen beantworten, zu Premieren reisen, sich verbeugen, sich mal so und mal so photographieren lassen – und dabei immer lächeln. Abends fällt man ins Bett und schläft wie ein Murmeltier.

Wenn ich meine Tochter manchmal so liegen sah, machte ich mir sehr viele Gedanken. Es waren Gedanken, wie sie wohl jede Mutter hegt, wenn sie ihr Kind im Schlaf beobachtet. Ich selbst habe ein Leben im Filmbetrieb zugebracht, ich weiß, daß es mitreißend und ich weiß, daß es erbarmungslos sein kann.

Hier liegt einer der Gründe, warum ich auch immer wieder über meine Tochter geschrieben habe.

Es hat im Film eine Zeit gegeben, die reichlich verrückt war. Das ist ziemlich lange her. Das Kino eroberte sich gerade die Welt, Hollywood schoß aus dem Boden, es gab phantastische Gagen, das Wort »Star« wurde kreiert, und um die stummen Stars jener Tage bildeten sich märchenhafte Legenden. Eine Diva von damals aß von goldenem Tafelgeschirr, andere wickelten Maharadschas um ihre brillantengespickten Finger, die Villen strotzten von Luxus. Champagner gehörte zum ordinären Frühstück.

Obwohl das alles lange her ist und eigentlich nie Wirklichkeit war, gibt es heute noch viele Leute, die sich das Leben einer Filmschauspielerin ungefähr in diesem Stil vorstellen.

Leider – oder vielmehr Gott sei Dank – trifft das nicht zu. Aber die Illusion ist eines der Lebenselemente des Films und des ganzen Filmbetriebs. Kein Filmschauspieler und keine Filmschauspielerin kann sich dieser Tatsache ganz entziehen, und in den meisten Fällen wäre das auch töricht.

Die Legenden, Geschichten, Anekdoten und der Klatsch, die sich mehr oder weniger um alle Filmleute bilden, gehören irgendwie zum Drum und Dran. Die Gerüchte und der Tratsch zwischen Nachbarn sind im Grunde genommen nichts anderes – nur kommen sie nicht in die Zeitung. Wo die Wahrheit aufhört und wo Erfindung, Ausschmückung und reine Phantasie einsetzen, läßt sich schwer bestimmen.

Ich sehe die Dinge ziemlich nüchtern, denn ich bin lange genug beim Bau. Für mich waren diese Wichtigkeiten aus der Welt des Films nicht weiter der Rede wert. Die Sache änderte sich allerdings dadurch, daß es nicht nur eine Schauspielerin Magda Schneider und eine Schauspielerin Romy Schneider gab, sondern eben auch Mutter und Tochter.

Jede ordentliche Mutter möchte für ihre Tochter das Beste tun. Es ist die natürliche Aufgabe von Eltern, ihren Kindern eine gute Grundlage zu geben, ihre Wege zu ebnen und zu beschützen, Unheil von ihnen fernzuhalten und ihnen die Erfahrungen, die sie durch eigene Fehler gewonnen haben, mitzugeben.

Das betrachtete ich als meine wichtigste Aufgabe.

Die meisten Mädchen in Romys Alter hatten ihr einen großen Vorteil voraus: sie standen nicht im Mittelpunkt. Sie waren tüchtig, gingen ihrer Arbeit oder ihrem Studium nach, keiner ihrer Schritte erregte allgemeine Aufmerksamkeit, und niemand bemühte sich, ihnen das Gefühl allzugroßer Wichtigkeit zu geben. Wenn sie etwas sagten, was gerade ihrer Stimmung entsprach, konnten sie am nächsten Tag darüber lachen, wenn es falsch oder unüberlegt war. Wenn Romy etwas sagte, ebenso harmlos und unwichtig wie das Geplauder anderer junger Mädchen, mußte sie damit rechnen, daß am nächsten Tag eine Zeitung der Sache einen lächerlich wichtigen Anstrich gab.

Nun, für eine Schauspielerin ist es ja gut, wenn über sie gesprochen und geschrieben wird, und kaum eine wird sich dagegen wehren. Ich habe schon gesagt, daß das zum Drum und Dran gehört. Bei den vielen Filmstories, die sich tüchtige Leute einfallen lassen, bekommen manche Schauspieler und Schauspielerinnen eine besondere Färbung, die schließlich an ihnen haftenzubleiben droht, weil die gleichen Dinge immer wieder nacherzählt werden, ob das nun dem Publikum zum Hals heraushängt oder nicht. Einige Stars bekommen auf diese Weise einen skandalösen Anstrich, andere werden so lange als menschenscheu bezeichnet, bis es zu ihrer persönlichen Note wird, wie das der Garbo geschehen ist. Wieder andere bleiben gußeisern Sexbomben. Und einige erhalten einen Zuckerüberguß, der ganz hartnäckig an ihnen klebt. In der Fachsprache nennt man das »Schnulze«.

Schnulze kann ein rührseliger Schlager sein: »Der alte Bahnhofswärter stellt zum letztenmal die Weiche...« Schnulze kann ein Roman sein: »Vergiß mein nicht«, Schnulze kann ein Film sein: aber ich werde mich hüten, Titel aufzuzählen. Schnulze klebt, schmeckt süß und bereitet bei stärkerem Genuß Übelkeit. Ich gehöre nicht zu denen, die mit Feuer, Schwert und siedendem Pech gegen eine Schnulze zu Felde ziehen. Auch ernsthafte Leute essen gerne einmal Türkischen Honig. Wenn man die Menschen so nimmt, wie sie sind, und nicht, wie sie sein sollten, hat die Schnulze zweifellos eine gewisse Lebensberechtigung. Sie ist nur dort falsch am Platz, wo sie der Bequemlichkeit und Denkfaulheit dient.

Viele Leute glauben, Romy Schneider ist nur etwas geworden, weil sie Magda Schneider zur Mutter hat.

Dazu möchte ich nur ein altes Theaterwort zitieren. Es heißt: »Zwischen sieben und elf gibt es keine Protektion.«

Abends, wenn der Vorhang aufgeht, steht der Schauspieler allein auf der Bühne, allein und unbarmherzig dem Publikum ausgesetzt. Zwischen sieben und elf hört alle Protektion auf. Das weiß man auch in Hollywood, wo man diese Erfahrung mit harten Dollars erkauft hat. Es ist schon öfter versucht worden, einen Star künstlich zu machen, mit Millionenreklame und allem erdenklichen Tamtam. Dann kam die Premiere und mit ihr der große Reinfall, wenn nicht wirklich etwas in dem Menschen drinsteckte. Viele Freundchen und Freundinnen sind auch schon durch die Protektion von Filmgewaltigen auf die Leinwand gekommen – in ein oder zwei Rollen, um dann sang- und klanglos wieder zu verschwinden. Sie sind einfach beim Publikum nicht angekommen.

Es ist meines Erachtens also ein großer Irrtum, wenn man die Möglichkeiten von Eltern in dieser Beziehung zu hoch einschätzt. Hier ist es aber wie auf jedem Gebiet des Lebens. Überall gibt es zahllose Begabungen und Talente, die nie entdeckt werden und die nie zum Zug kommen, ganz egal, in welchem Beruf sie Großes leisten könnten. Oft fehlt es an der Fähigkeit, sich durchzusetzen, sehr oft an Beziehungen, meistens einfach am Glück.

Romy hat zweifellos Glück gehabt. Es war das Glück eines Augenblicks und erst in zweiter Linie eine nützliche Beziehung – zu Magda Schneider. Das hatte nun allerdings die Natur selbst so eingerichtet, und das ist kein Verdienst.

Also, höre ich einige sagen, also doch die Protektion der Frau Mama!

Ja, wenn es unbedingt so genannt werden soll. Wenn man alles, was eine Mutter zur Förderung ihrer Kinder tut, als Protektion bezeichnen will. Ich glaube, das ist wohl absurd genug.

Es ist doch im Gegenteil wohl selbstverständlich, daß Eltern ihren Kindern beim Start behilflich sind, soweit das in ihrer Macht steht. Der Vater kann dem Sohn ein Geschäft aufbauen, aber wenn der junge Mann ein schlechter Kaufmann ist, macht er eben Konkurs. Ich konnte meiner Tochter helfen, kopfüber ins Wasser zu springen – schwimmen mußte sie allein. Wahrscheinlich kann man in einigen Berufen Talentlosigkeit eine längere Zeit verschleiern. Beim Film fällt die Entscheidung in den eineinhalb Stunden der Aufführung.

Bei Romy war es so, daß die Entscheidung günstig für sie ausfiel, daß das Publikum sie mochte. Von diesem Augenblick an schwamm sie allein. Die Welle kam und trug sie zum Erfolg. Das kann man weder fördern noch bremsen.

Was bleibt einer Mutter bei dieser Entwicklung noch zu tun übrig? Eine ganze Menge, wie ich jeden Tag wieder sah. Ich kenne die Filmbranche in- und auswendig, ich habe viele Erfahrungen durch Fehler gewonnen, und wie jede andere Mutter wollte ich versuchen, meine Tochter vor der Wiederholung solcher Fehler zu bewahren.

Wenn ich in die Mappe mit Zeitungsausschnitten schaue, entdecke ich eine Gedankenlosigkeit, die sich von einem Artikel in den anderen fortzupflanzen scheint. Einmal, als Romy noch sechzehn oder knapp siebzehn war, habe ich mich wohl geäußert, daß sie noch den Zauber der Unberührtheit vom Schmutz der Welt ausstrahlt. Diese Bemerkung ist immer wieder übernommen, abgeschrieben und abgewandelt worden.

Es ist ganz falsch, Romy als ein überaus ängstlich behütetes Mädchen anzusehen. Es wäre lächerlich und auch unmöglich, in unserer Zeit ein Mädchen, das so aufgeweckt und temperamentvoll wie Romy ist, unter eine Glashaube stecken zu wollen. Meine Mutter hat immer gesagt: Einen Sack Flöhe kann man leichter hüten als ein junges Mädchen.

Ich finde, wenn ein junges Mädchen nicht selber auf sich aufpaßt, kann auch die Mutter nichts daran ändern.

Natürlich hielt ich meine Augen offen. Leider ist es doch so, daß viele Menschen heute ganz allein sind, sie sind sogar einsam, wenn sie eine Familie haben, in der der innere Zusammenhalt fehlt. Sie kommen in Situationen, die das Leben mit sich bringt, und sie können niemanden um Rat fragen.

Ich selbst bin in jungen Jahren einen Weg gegangen, auf dem mir meine Eltern kaum mit Ratschlägen behilflich sein konnten. Ich weiß, wie bitter nötig ein Mensch ist, an den man sich wenden kann, der einem zur Seite steht, der einem eine Warnung zukommen läßt, wenn man im Begriff ist, eine Dummheit zu machen.

Das betrachtete ich als meine wesentlichste Aufgabe. Ich wollte achtgeben, daß nicht Dinge schiefgingen, die nie wiedergutzumachen wären. Es ist ja nicht immer leicht, den richtigen Weg zu gehen, und Irren ist menschlich. Beim Film selbst fängt es ja schon an, bei der Auswahl der Stoffe. Es gibt hundert Wald- und Wiesen-Filme, in denen sie schon hätte spielen können – um sich in ein paar Jahren zu verbrauchen und ihren Namen zu verderben. Ich selber habe früher in manchen Filmen mitgewirkt, die ich lieber nicht gemacht hätte, aber vertragliche Verpflichtungen hatten mich gebunden. Vor dieser Gefahr konnte ich Romy bewahren.

Nicht anders ist es im Privatleben. Hier kann man Fehler, die ein junger Mensch zwangsläufig machen könnte, vermeiden. Es kommt ganz auf die Art an, wie man seinen Einfluß anwendet. Niemals zum Beispiel wäre es mir eingefallen, zu Romy zu sagen: »Dieses Buch ist nicht für dich geeignet.« Man kann sich an den Fingern abzählen, daß sie es dann, wie jede andere, heimlich gelesen hätte. Ich hielt es für besser, wenn ich sagte: »Lies dieses Buch einmal und sage mir deine Meinung – ich sage dir dann auch meine.«

Jeder Mensch, der nicht verkümmern soll, muß mit dem vollen Leben in Berührung kommen, mit Höhen und Tiefen.

Ein Kinderarzt in meiner Familie sagte einmal das befreiende Wort: »Hören Sie auf mit dieser Überhygiene, da kriegen die Kinder erst recht die Masern – ein bissel Dreck ist ganz gut, das macht immun.«

Ich versuchte eben nur, auf Abgründe aufzupassen, und das würde jede andere Mutter auch tun. Trotzdem weiß ich natürlich, daß man einem Kind nichts ersparen kann. Es wird leiden müssen wie jeder Mensch, und es wird seine Sorgen, seinen Kummer und seine Tränen haben. Das ist das Leben.

Ich kann mir außerdem für eine Schauspielerin keine bessere Schule vorstellen als das Leben selbst. Wie soll sie Gefühle zum Ausdruck bringen, die sie nie erlebte? Wie soll sie in einer Welt bestehen können, von der sie keine Ahnung hat? Sicher, ein Schauspieler, der einen Morphinisten darstellt, muß nicht selber Morphinist sein. Aber er muß soviel vom Leben wissen, daß er sich in die Situation versetzen kann.

Junge Mädchen sind heute keine naiven Engel mehr. Nichtsdestoweniger sind sie bezaubernde Geschöpfe, wenn sie frisch und natürlich geblieben sind. Das ist das ganze Geheimnis ihrer Anziehungskraft.

Filmarbeit freilich ist jugendlicher Ursprünglichkeit nicht immer zuträglich. Romy gehörte glücklicherweise zu den Naturen, die aus dem Atelier kommen, sich wie ein Pudel schütteln und wieder ganz sie selbst sind. Eine ihrer Fähigkeiten war es außerdem, aus dem Schlaf ungeheure Kräfte zu schöpfen.

Wenn ich überarbeitet und durchgedreht bin, liege ich stundenlang im Bett und kann trotz aller Müdigkeit kein Auge zumachen. Romy dagegen war wie ein kleines Kind. Sie legte sich hin, schlief sofort ein und konnte vierzehn Stunden durchschlafen. Weckte sie niemand, konnte sie auch noch länger schlafen. Nachher war sie ausgeruht und frisch, wie neugeboren und aufgeladen mit tausend PS. Ich sagte dann immer nur: Den Seinen gibt's der Herr im Schlaf.

Am liebsten war es Romy natürlich, wenn sie einmal ganz dem

Betrieb entkommen konnte, obwohl sie ihre Arbeit leidenschaftlich und über alles liebte. Mit der Arbeit im Atelier allein war es ja nicht getan. Die Zeit für wirkliche Ruhe war jedenfalls kurz genug.

Für uns beide gab es keine größere Freude, als für ein paar Tage in unserem Landhaus bei Berchtesgaden die Tür hinter uns zumachen zu können. Film, Atelier, Kino, Autogramme, Terminkalender und alles, was zu dieser Hetze gehörte, mußte dann draußen bleiben. Romy machte einen tiefen Seufzer und war glücklich, sich wieder einmal mit ihren privaten Liebhabereien beschäftigen zu können. Sie bewohnte in dem oberbayerischen Bauernhaus ein Zimmer im ersten Stock. Es war ohne Schikanen und einfach recht gemütlich eingerichtet. Alle möglichen Sachen standen und lagen herum, wie sie sich im Zimmer junger Mädchen anzusammeln pflegen: Erinnerungsstücke, Photos, Stofftiere, kunstgewerbliche Arbeiten, Bücher, Kleider. Romy hatte keinerlei pedantischen Ordnungssinn. Früher, als sie noch Spielsachen, Schuhe, Puppen und Bausteine in phantastischem Durcheinander über das ganze Haus verstreute, brachte mich das manchmal zur Verzweiflung. So schlimm war es natürlich nicht mehr. Die Unordnung war ein wenig eingedämmt, aber doch noch so, daß sie ihrem Zimmer eine typische, persönliche Note gab. Die kahle Nüchternheit eines Raumes, in dem jeder Bleistift millimetergenau an seinem Platz liegt, wäre sicher trostlos. Der nächste Schritt könnten dann nur noch die beliebten Schonbezüge über den Möbeln sein.

Die Filmgarderobe hing natürlich nicht im Schrank zu Hause. Ballroben und Kostüme aus der Zeit Kaiser Franz Josephs wären da wohl auch ganz fehl am Platz.

Romys Lieblingsbeschäftigung, wenn sie sich in Berchtesgaden einmal die Zeit nehmen konnte, war das Malen. Sie hat als Kind damit angefangen und es immer so leidenschaftlich betrieben, daß es ja beinahe ihr Beruf geworden wäre. Sie malte aber weder Porträts noch Landschaften. Ihre Kunst hatte sich auf das Bemalen von Holztellern und Kassetten spezialisiert, auf die Gestaltung von Bucheinbänden und Buchrücken, und auf das Entwerfen von Stoffmustern und Tapeten.

Ich selber kann nicht malen, und deshalb wahrscheinlich verschlug es mir den Atem, wenn ich ihr gelegentlich beim Bemalen eines Tellers zusah. Sie dachte sich ein Muster aus und fing an, es rings um den Tellerrand zu malen, ohne vorher etwas zu skizzieren. Nun, das Aufregende für mich war immer wieder die Frage: Wie wird sie das Ende schaffen? Je weiter sie pinselte, desto näher rückte der Augenblick, wo das Ende des Musters mit dem Anfang zusammenstoßen muß, wie eine Schlange, die sich in den Schwanz beißt. Romy beeindruckte dieses Problem überhaupt nicht. Sie malte seelenruhig dahin, und zum Schluß stimmte es einfach. Irgendwie erinnerte mich das immer an ihre Filmarbeit. Ich stand manchmal in der Kulisse und schaute zu, und da hatte ich dann und wann das gleiche Gefühl, den Atem anhalten zu müssen: Sie geht in eine Szene hinein, entfaltet sich – und ich frage mich im stillen ganz verzweifelt: Wie kommt sie da wieder heraus? Es ist wie mit einem Rennfahrer, der in die Kurve geht, und alle Zuschauer zweifeln daran, daß er diesen Bogen schafft. Er schafft ihn trotzdem. Und Romy schaffte die Szene. Und ich atmete auf. Und der Regisseur schüttelte den Kopf.

Diese Sicherheit, schon am Anfang den ganzen Kreis zu sehen und das Ende darauf abzustimmen, muß mit den bemalten Holztellern zusammenhängen. Als Romy neun oder zehn Jahre alt war, bekam ich von ihr schon kunstgewerbliche Malereien zu Weihnachten geschenkt. Leider hatte sie später nur noch sehr wenig Zeit, sich dieser hübschen Beschäftigung hinzugeben.

Es ist vielmehr so, daß auch die sogenannte Freizeit immer in irgendeiner Form mit dem Beruf in Verbindung steht. Romy war durch das Filmen verhältnismäßig früh von der Schule weggekommen. Natürlich konnte sie jetzt nicht mehr auf die Schulbank zurück, und wir mußten versuchen, auf andere Weise einiges nachzuholen.

Sie beschäftigte sich deshalb eingehend mit Kunstgeschichte, um sich weiterzubilden. Ergänzend kamen Reisen dazu, die man früher als »Bildungsreisen« bezeichnete. Die Fahrten der jungen Menschen von heute sind ja auch nichts anderes, ob sie nun wandern, nach Italien radeln oder per Anhalter quer durch ganz Europa kutschieren: sie lernen andere Menschen, andere Gepflogenheiten, fremde Landschaften und Kunstwerke kennen und schätzen. Es kann gar nichts Fruchtbareres geben, und ich war immer froh, wenn sich die Gelegenheit für eine gemeinsame Reise ergab, die nicht nur ein Hin und Her von einem Atelier ins andere darstellte.

Außerdem hatte Romy eine unüberwindliche Abneigung gegen jeden trockenen Unterricht. So hatten wir uns dazu entschlossen, eine Hauslehrerin zu nehmen, eine Engländerin, die jeden Tag zu uns kam.

Der Unterricht in Fremdsprachen bestand auf diese Weise in einer zwanglosen Konversation. Wir tranken Tee zusammen und plauderten dabei auf englisch über alles, was uns gerade interessierte, über Tagesgeschehnisse, Kunst, fremde Länder, Film, Mode oder Bücher.

Obwohl keine konkreten Pläne bestanden, war das Englischlernen auf den Beruf ausgerichtet wie fast alles andere auch. Selbstverständlich wollte sie brennend gern eines Tages eine englische oder amerikanische Rolle spielen, aber zunächst hatten wir alle die Möglichkeiten noch zurückgestellt.

Romys wahre und einzige Passion war ihr Beruf. Sie richtete fast alles danach aus, und das erklärte auch, daß sie in ihren Studien keine Ermüdung und kein Nachlassen kannte. Ich habe jedenfalls von ihr nie die Worte gehört: »Ich kann nicht mehr.«

In der Mappe mit Zeitungsausschnitten, die ich schon erwähnt habe, findet sich auch immer die Erklärung wiederholt, daß Romy nie in ihrem Leben eine Stunde Schauspielunterricht gehabt hat. Das ist richtig, aber es ist gar nicht so wunderbar und staunenswert, wie es gelegentlich hingestellt wird.

Jeder Schauspieler und jede Schauspielerin lernt aus der täglichen Arbeit, aus dem Können des Regisseurs und aus dem Vorbild von Partnern und Kollegen. Ausschlaggebend ist natürlich die Begabung.

Trotzdem verdamme ich den Schauspielunterricht in keiner Weise. Gerade der Film stellt viele Anforderungen, die das Theater nicht kennt – und umgekehrt ist es genauso. Die Kamera kann mit einer Großaufnahme jede Regung eines Gesichts so deutlich machen, wie es selbst mit einem Opernglas aus der ersten Reihe eines Theaters nicht zu beobachten wäre. Das Mikrophon kann Nuancen einer Stimme empfangen, die auf einer Bühne verlorengehen.

Sogar die Lektüre, die in vielen Fällen doch nur der Entspannung dient, hängt bei uns Schauspielern häufig mit der Arbeit zusammen. Romy las ganz selten Kriminalromane, ganz im Gegensatz übrigens zu Wolfi, meinem fünfzehnjährigen Buben. Noch lange bevor die Rede davon war, daß Vaszarys Buch »Monpti« verfilmt werden soll, hat sie es gelesen und gespürt, daß da ein Stoff drinsteckt.

Es wäre aber ganz falsch, sich Romy nur bei ernster Musik und bei Beethoven vorzustellen. Plötzlich, wenn gerade die Klänge einer klassischen Platte verrauscht waren, zuckte ich unter den schmetternden Tönen eines Jazzorchesters zusammen.

Besonders wenn junge Leute zu Besuch da waren, ging es ordentlich los. Boogie-Woogie und so, möglichst heiß.

Romy tanzte ja sehr gern, und ich selbst fühlte mich am wohlsten, wenn ein wenig Betrieb und Stimmung ins Haus kam, denn dazu blieben im Lauf eines Jahres leider nur wenige Stunden.

Wenn wir nicht zu Hause waren, irgendwo in einer anderen Stadt, ging Romy gerne ins Theater oder ins Kino. In Wien besuchten wir am liebsten die Oper, in Berlin das Schiller- oder Schloßpark-Theater. Soweit es die Zeit erlaubte, versuchten wir immer, alle aktuellen Stücke anzusehen, zuletzt waren wir in *Das Tagebuch der Anne Frank* und im *Regenmacher*. Ich finde, daß man als Schauspielerin auch vom Sehen sehr viel lernen kann, manchmal auch im negativen Sinne, nämlich wie man es nicht machen sollte.

Romy war in dieser Beziehung wie ein Schwamm, der alles in sich aufsaugt.

Nicht anders ist es mit dem Kino. Sie schaute praktisch alle neuen Filme an, mit Ausnahme gewisser seichter Lustspiele aus der Kategorie der Unterhosen-Komik. Davon wollte sie nichts wissen. Merkwürdigerweise waren es gerade schwere und problematische Filme, die ihr besonders gefielen, und von denen ich denken würde, daß ein junger Mensch nicht viel mit ihnen anfangen kann. Doch das hängt auch schon wieder mit dem Beruf zusammen.

Wenn es Nacht wird in Paris zum Beispiel, ein Film, mit dem viele Leute gar nichts anzufangen wußten, oder *Romeo und Julia*. Französische Filme waren meistens nach Romys Geschmack, aber auch etwa *Der König und ich* mit Yul Brynner, den sie ganz großartig fand. Begeistert war sie auch von Marilyn Monroe in *Wie angelt man sich einen Millionär* und *Das verflixte siebente Jahr*, gar nicht dagegen von dem älteren Film *Niagara*.

Romy war nicht leicht zu beeindrucken, weil sie sich Filme mit etwas anderen Augen anschaute als irgendein Kinobesucher. Sie achtete darauf, was die Leute können, und ein eingerahmter Held, der ein schlechter Schauspieler ist, imponierte ihr auch nicht. Das ist ganz gut so.

Durch ihre eigene frühzeitige Arbeit beim Film hat sie ein Entwicklungsstadium übersprungen, das offenbar alle jungen Mädchen mehr oder weniger heftig durchmachen müssen, nämlich die Schwärmerei für den einen oder anderen Star.

Ihre Neigungen in dieser Beziehung hingen ebenfalls so eng mit dem Beruf zusammen, daß man sie nicht mehr als Jungmädchenschwärmerei bezeichnen konnte. Eine Zeitlang zum Beispiel, vor einem Jahr etwa, gefiel ihr Burt Lancaster besonders gut als Typus und als Schauspieler. »Ganz weg« war sie, wie man so sagt, nach dem Film *Der Mann, der zuviel wußte*, den ich persönlich für einen der besten Filme der letzten Zeit halte. Der Namensliste kann man also James Stewart hinzufügen. Und dann noch Gregory Peck. Unter den deutschen Schauspielern kann ich Curd Jürgens und an erster Stelle O. W. Fischer erwähnen, die sie besonders schätzte. Maria Schell und Ruth Leuwerik sind die Schauspielerinnen, die sie am liebsten mochte.

Ich glaube, das alles zeigt, daß sich Romy nur wenig von anderen jungen Mädchen unserer Zeit unterschied. Sie war fleißig und unermüdlich in allem, was mit ihrem geliebten Beruf zusammenhing, sie tanzte, las, ging ins Kino und konnte sich für eine Sache hell und ehrlich begeistern. Sie war ausgeglichen, zufrieden und nicht anspruchsvoll.

Wenn Romy in der Filmkantine eine Tasse Kaffee trank, konnte es passieren, daß sie nicht genügend Geld dabei hatte, um zu bezahlen. Vielleicht hatte sie gerade nur dreißig oder vierzig Pfennig einstecken.

Nun, die Ober lächelten, denn sie kannten das schon. Außerdem wußten sie, daß später die Frau Mama kommt und die Rechnung begleicht. Aber ein Außenstehender, der diesen Vorgang zum erstenmal zufällig beobachtete, konnte wohl den Kopf schütteln. Viele Leute glauben ja, daß bei einer Filmschauspielerin Geld keine Rolle spielt. Sie greift einfach in ihr zierliches Handtäschchen, das jede Nacht von liebenswürdigen Heinzelmännchen neu aufgefüllt wird, zieht Hundertmarkscheine in beliebiger Menge hervor und sagt nur schlicht: »Einen Nerzmantel bitte.«

Leider gibt es diese Heinzelmännchen nicht – nicht einmal beim Film.

Immerhin kann jeder Mensch, der über größere Summen verfügt, in die Versuchung kommen, an ihre Unerschöpflichkeit zu glauben. Geld hat dann plötzlich keinen Wert mehr, es zerrinnt zwischen den Fingern, und eines Tages kommt der große Katzenjammer. Sogar vielfache Millionäre sind schon in bittere Armut gesunken, wenn sie das Maß verloren haben.

Als Romy zum erstenmal in dem Film *Wenn der weiße Flieder wieder blüht* mitwirkte, war sie so glücklich, daß sie es wahrscheinlich auch umsonst gemacht hätte. Das liegt zweifellos an der Erziehung. In meiner eigenen Filmlaufbahn habe ich erfahren, daß auch sehr große Beträge schneller zu Ende sein können, als man es sich träumen läßt. Ich habe bei Kolleginnen und Kollegen beobachten können, wie Riesengagen in Nichts zerronnen sind. Ich habe gelernt, daß zehn Mark immer den Wert von zehn Mark behalten, auch wenn man einige Tausend davon hat. Und ich habe versucht, meinen Kindern frühzeitig den Wert des Geldes beizubringen, ihnen meine Erfahrungen zugute kommen zu lassen. Mein Mann vereinigte eine glückliche Mischung von nüchternem Geschäftssinn und generöser Selbstlosigkeit in sich.

Romy verfügte nicht selbständig über die Gagen aus ihren Filmen. Sie hatte zwar ein eigenes Bankkonto, aber es wurde nicht von ihr verwaltet. Wir bemühten uns, von jeder Gage einen gewissen Teil wertbeständig anzulegen, denn niemand kann in die Zukunft schauen. Wenn Romy volljährig sein würde, sollte sie selbstverständlich allein über die Früchte ihrer Arbeit verfügen, und dafür arbeitete sie ja schließlich auch.

Von Romys erster Gage aus dem Film *Wenn der weiße Flieder wieder blüht* wurde zum Beispiel ein Grundstück erworben, das an mein eigenes bei Berchtesgaden angrenzt. Das Prinzip, für die Zukunft vorzusorgen, leitete uns jedenfalls bei jeder Einnahme, die Romy zu verzeichnen hatte. Zweifellos würden alle verantwortungsbewußten Eltern so handeln.

In den meisten Fällen ist es so, daß ich die laufenden Ausgaben von Romy bestritt, da wir ja fast immer zusammen waren. Das betraf Hotelrechnungen, Fahrkarten, Trinkgelder, Kleider, Strümpfe und was sonst alles gerade fällig war. Machte sie gelegentlich allein Einkäufe, dann handelte es sich fast immer nur um geringe Beträge.

Ich bemühte mich, schrittweise eine immer größere Verantwortung in Gelddingen auf Romy zu übertragen. Auf diese Weise würde sie am besten lernen, mit den zur Verfügung stehenden Mitteln richtig zu disponieren. Wie ich schon sagte, sind Hotelrechnungen und dergleichen zunächst von mir beglichen worden. Später ging diese Aufgabe auf Romy über, damit sie selbst mit Rechnungen und deren schwererem Teil, der Bezahlung, umzugehen lernte. Sie hat dann auch die Höhe der Trinkgelder selber bestimmt, und darin offenbart sich oft ein untrügliches Zeichen, wie ein Mensch den Wert des Geldes und den Wert anderer Menschen miteinander in Einklang zu bringen versteht.

Vom Standpunkt einer Mutter aus war das Alter, in dem Romy stand, als ich 1957 diese Zeilen schrieb, in mancher Beziehung problematisch. Aus dem Kind und dem ganz jungen Mädchen entwickelte sich zusehends ein immer selbständigeres Wesen, eine in sich abgeschlossene Persönlichkeit, ein Mensch mit unabhängigem Denken, Fühlen und Handeln.

Auf der einen Seite bringt das eine ganz neue Beziehung zum Leben mit sich, wobei Rat und Umsicht der Eltern nützlicher und notwendiger sein können als je zuvor. Auf der anderen Seite wächst ein Mensch in diesen Jahren allmählich über das behütete Milieu des Elternhauses hinaus.

Ich freute mich, daß auch diese Entwicklung bei Romy einen harmonischen Verlauf nahm. Durch das Vertrauensverhältnis, das sich zwischen ihr und mir entwickelt hatte, gab es kaum jemals eine Schwierigkeit, die sich nicht mit Verständnis und Einfühlungsvermögen lösen ließ. Das ist wahrscheinlich die glücklichste Beziehung, die zwischen Mutter und Tochter herrschen kann. Romy stand dem Leben und seinen Problemen aufgeschlossen und mit einem guten Urteilsvermögen gegenüber, was sie sicher vor einigen Torheiten bewahrte – wenn auch nicht vor allen, denn die müssen wohl jedem widerfahren.

Doch das Gefühl und die Überzeugung, daß hier ein Mensch geworden ist, der seiner selbst sicher sein kann, ist ein schöner Lohn für alle Elternliebe.

Ich freute mich auch, daß sich Romy trotz allem Trubel ihres Berufes und trotz verwirrendem Filmruhm die Natürlichkeit und die unbeschwerte Begeisterungsfähigkeit bewahren konnte. Sie war im Atelier immer wieder aufs neue mit soviel Eifer und Elan bei der Sache, als dürfte sie zum erstenmal vor die Kamera.

Wenn wir Zeit hatten, einmal ganz auszuspannen, gingen wir spazieren und begeisterten uns an den Bergen, am ersten Schnee, an Blumen, an Tieren.

Wir waren beide ausgesprochene Tiernarren und hatten zwei Hunde, den Dackel Seppl, der auch schon im Film mitspielen durfte, und den Boxer Ajax, der das Haus bei Berchtesgaden bewachte. Am liebsten hätten Romy und ich sechs Dackel gehabt, aber das ging leider nicht, weil wir ja nur selten zu Hause waren; es war schon aufregend genug, daß Seppl immer dabeisein durfte, wenn wir unterwegs waren.

Am liebsten hatte Romy Pferde. Neben dem Malen war Reiten ihr schönstes Hobby. Auch hier bestand eine Beziehung zu ihrem Beruf, weil immer wieder Szenen vorkamen, bei denen sie reiten können mußte.

Wie sollten wir aber alles bewältigen, wenn wir die meiste Zeit unterwegs waren? Das Arbeitspensum war so groß, daß zur Ruhe und Erholung eben nur wenige Tage verblieben.

Drei Filme im Jahr war gerade das Maß, das ohne Schäden und Überanstrengung bewältigt werden konnte. Der Mensch verfügt zwar über scheinbar unerschöpfliche Reserven, aber jeder weiß, daß das nur eine Illusion der Jugend ist. Mit der Arbeit im Atelier ist es ja nicht getan. Wenn ein Film fertiggestellt ist, wenn er abgedreht ist, wie wir sagen, folgen meistens noch anstrengende Wochen von der Premiere bis zu den verschiedenen Erstaufführungen in den großen Städten, wo sich die Hauptdarsteller persönlich zeigen sollen. Das sieht für das Publikum so leicht und liebenswürdig aus, aber in Wirklichkeit ist es eine ganz hübsche Strapaze.

Romy hat das schon mit fünfzehn Jahren kennengelernt, bei ihrem ersten Film *Wenn der weiße Flieder wieder blüht*.

Der Erfolg hat sich eingestellt – Sechs glückliche Jahre – Acht gemeinsame Filme mit Romy – Diese Jahre möchte ich noch einmal erleben . . .

Andere wichtige Aufgaben – Romy ist kein Phänomen – Freizeit - ein Wort, das es für diesen Beruf nicht gibt – Autogrammsammler haben kein Erbarmen – Verbeugungstournee in Madrid – Premiere unter Polizeischutz – Fluch der Popularität – Romanzen – Der Beruf - die große Liebe – Zukunftspläne – Hollywood muß warten – Zwischen Lächeln und Weinen

Und ewig bleibt die Liebe · Mädchenjahre einer Königin · Die Deutschmeister · Sissi · Sissi, die junge Kaiserin · Robinson soll nicht sterben · Von allen geliebt · Schicksalsjahre einer Kaiserin · Das Dreimäderlhaus · Die Halbzarte

In den Filmen Und ewig bleibt die Liebe, Von allen geliebt *und* Das Dreimäderlhaus *spielt Magda Schneider mit anderen Schauspielern, in den übrigen acht Spielfilmen von 1953–1959 ist die kollegiale Partnerschaft von Mutter und Tochter Garantie für Erfolg, Publikumsbeliebtheit und ungeheure Popularität. Verbeugungstourneen durch die Bundesrepublik Deutschland und Österreich, glanzvolle Filmpremieren und Uraufführungen in vielen anderen Ländern sind der Spiegel großer Resonanz in der Öffentlichkeit, die besonders nach den drei* Sissi-*Filmen und nach* Die Deutschmeister *einsetzt – sie werden in den Filmpalästen aller europäischen Länder gezeigt.*
Magda Schneider reflektiert den Publikumserfolg dieser Filme

mit Freude, Besorgnis und zwiespältigen Gefühlen, macht sich Gedanken über Vermarktung des Schauspielers, die Gefahren des Klischees, über das Ethos des Berufes und den Fluch der Popularität. Wirtschaftliche Unabhängigkeit, Wohlstand, Leben in Luxushotels und strenge künstlerische Disziplin kennzeichnen ihr Leben, mütterliche Fürsorge und Stolz auf der einen Seite, Abhängigkeit von Produzenten, Regisseuren, Stoffen andererseits lassen Zweifel an der Richtigkeit dieses Weges aufkommen. Dennoch sagt sie später immer wieder: »Diese Jahre möchte ich noch einmal erleben ...«

Der Film *Und ewig bleibt die Liebe* wurde 1954 aufgeführt. Darin hatte ich eine schöne Aufgabe erhalten, ich spielte die Gutsherrin Frau Vogelreuther. Ein Name auf der Darstellerliste war besonders bemerkenswert, die junge schwedische Darstellerin Ulla Jacobsson war in ihrem ersten deutschen Film, der nach dem Schauspiel *Johannisfeuer* von Hermann Sudermann entstand, zu sehen.

1957 spielte ich unter der Regie von Paul Verhoeven die Inhaberin eines Modesalons in dem Film *Von allen geliebt*. Die Presse schrieb, daß es sich um »ein bezauberndes Spiel um gebundene und ungebundene Herzen« handele. »Jede Generation liebt anders. Von allen geliebt wird Magda Schneider.« Meine Partner waren Hans Nielsen als Arzt sowie die wunderbaren Kollegen Johannes Heesters und Tilla Durieux.

Alle anderen Filme machte ich in den Jahren 1954 bis 1958 mit Romy gemeinsam.

Nach *Wenn der weiße Flieder wieder blüht* wurde von dem »Phänomen Romy Schneider« gesprochen. Ihr Publikumserfolg und ihr plötzlicher Aufstieg wurden als eine rätselhafte Erscheinung hingestellt.

Wahrscheinlich ist die Sache aber gar nicht so rätselhaft. Romy war eben einfach natürlich, ungezwungen und unkompliziert, wie die meisten jungen Mädchen es wirklich sind. Dadurch hatte sie überall in den Kinosälen quasi Millionen Schwestern.

Es ist einmal behauptet worden, Romy sei ein typisch deutsches Ideal, dem die anderen Mädchen gerne gleichkommen wollen, weil es zugleich das Idealbild der meisten jungen Männer ist.

In Deutschland, so ist weiter behauptet worden, habe der Typ des Vamps, der Verführerin, der Sexbombe in den Kinos nie Wurzeln fassen können. Deshalb sei Romy nur in Deutschland denkbar.

Zweifellos war daran etwas Wahres – und ich halte das auch für recht gut und erfreulich.

Auf der anderen Seite ist es aber nur eine halbe Wahrheit. Die Auslandserfolge von Romys Filmen bringen mich nämlich zu einem anderen Ergebnis. Romy verkörpert kein Ideal, das nur in Deutschland oder zum Beispiel in nordischen Ländern Gültigkeit hat – menschliche Werte, wie Natürlichkeit, Sauberkeit und Herzenswärme, gelten auf der ganzen Welt. Sie haben dauernden Bestand und können immer mit Sympathie rechnen, ganz unabhängig von allen Zeiterscheinungen, ob die Mode nun gerade »Dekadenz«, »Halbstarke« oder »Sex« heißt.

Romys Filme sind nicht nur in Deutschland große Erfolge geworden, nicht nur im Norden, sondern auch in romanischen Ländern, deren Frauen- und Mädchenideal nun ganz gewiß nicht »germanisch« ist.

In Brüssel, das dem französischen Geschmack huldigt, wurde Romy beim Opernball zur Ballkönigin proklamiert. In Spanien und Portugal schlugen unsere Filme damals alle Rekorde.

Das persönliche Echo der Publikumswirkung sahen wir am deutlichsten in der einlaufenden Autogrammpost. Wir konnten an Hand der Absender genau verfolgen, wo gerade einer unserer Filme lief oder gelaufen war. Plötzlich kam eine Briefwelle aus Madrid, aus Saragossa, aus Cadiz. Das sprach deutlicher als alle theoretischen Überlegungen.

Ebenso war es mit den Vertragsangeboten aus Amerika. Wenn Hollywoods Fox-Film, Columbia, Universal oder United Artists versucht haben, Romy für sich zu angeln, spricht das auch nicht gerade dafür, daß sie ausgesprochen »ein Phänomen des deutschen Films« war.

Es muß auch mehr sein als eben nur ein gutaussehendes junges Mädchen, das vor eine Kamera gestellt und gefilmt wird. Der Regisseur und Drehbuchautor Ernst Marischka, der schon das Drehbuch meines ersten Films *Zwei in einem Auto* geschrieben hatte und der mit Romy und mir fünf glänzende und erfolgreiche Filme gemacht hat – 1954 *Mädchenjahre einer Königin*, 1955, 1956 und 1957 die drei *Sissi*-Filme und 1955 *Die Deutschmeister* –, fand einmal eine treffende Antwort, als von diesen Problemen die Rede war. Ein Journalist hat Marischkas hingesprudelte Ausführungen getreulich festgehalten – sonst könnte man sie gar nicht mehr so treffend wiederholen.

Die Sache spielte in Wien. Ein Reporter interviewte Marischka und ließ dann in bezug auf Romy das berühmte Wort von der »Protektion« fallen, um mit dieser simplen Theorie alles zu erklären. Man kann Marischkas Antwort nur wörtlich wiedergeben:

»Warum protegieren Sie denn nicht, Herr?« brauste er auf den Reporter los. »Sie haben doch hier Zutritt! Sie können dem Regisseur das Fräulein Braut oder die begabte Schwester anpreisen. Schaun wir vielleicht weg, wenn da ein hübsches Ding zur Tür hereinkommt? Je hübscher, desto genauer schaun wir uns das junge Ding an! Wenn's dann noch begabt ist – bitt' Sie, ein Depp müßt' ich sein, wenn ich sie nicht vor die Kamera stellen würde, wenn ich nicht sagen würde:

Probieren wir's halt mal. Aber ich will Ihnen sagen, Herr, warum Sie Ihr Gspusi da nicht hinstellen: Wir setzen Ihrer Kusine Milli genauso die Krone Englands aufs Wuschelhaar wie der Romy, hängen ihr die Schleppe von hundertfünfzig Meter an, drücken ihr Zepter und Reichsapfel in die Patschhand und sagen: Nu mach! Jetzt bist du die junge Königin von Großbritannien. Regier dein Land! Spiel! Die Leut' im Kino müssen dir das glauben! Und da kann sie nicht nach der Mama oder dem Herrn Verlobten schreien, und da kann sie sich auch nicht auf einen einflußreichen Gönner berufen. Was denken Sie wohl, warum wir unter dreiundsiebzig jungen Mädchen die Romy für die Rolle ausgesucht haben? Weil wir einen schlechten Film machen wollen?«

Damit hat Ernst Marischka genau das ausgedrückt, was zu diesem Punkt noch zu sagen gewesen wäre.

Die junge Königin Victoria von England, die Romy in *Mädchenjahre einer Königin* darzustellen hatte, war auch vom Stoff her wieder eine glückliche Fügung. Wie im *Weißen Flieder*, wo Romy mit einer entzückenden Rolle gleich überall Sympathien gewinnen konnte und ein gutes Debüt beim Film hatte, brachte ihr die sympatische junge Victoria den ersten ganz großen Erfolg.

Marischka, der diese heiklen Filmstoffe, die leicht ins Kitschige abgleiten können, mit sehr viel Fingerspitzengefühl gestaltet, war sich lange über die Besetzung der Hauptrolle im unklaren. Früher war dieser Film schon einmal gedreht worden, mit Jenny Jugo in der Rolle der Königin Victoria. Jetzt wurde Marischka nicht recht glücklich, keine Bewerberin und keine Schauspielerin traf genau das, was er sich vorstellte. Er hatte schon an Sonja Ziemann gedacht. Dann, bei einer persönlichen Begegnung mit Romy, entschied er sich ganz plötzlich.

Er schaute Romy lange nachdenklich an, irgendwie traumverloren, mit einem Blick aus einer anderen Welt, daß sie schon ganz unruhig wurde. Auf einmal sagte er mit einem erleichterten Seufzer: »Jetzt weiß ich endlich, wer die Victoria spielen muß!«

»Na, wer denn?« Wir waren alle gespannt.

Er deutete unkonventionell mit dem Zeigefinger auf Romy und sagte: »Die da.«

So kam es zu dem Film *Mädchenjahre einer Königin*, mit dem sich Romy eindeutig das Publikum eroberte und ihren ersten Starerfolg buchen konnte.

Ich spiele in diesem Film die Baronin Lehzen. Ich bin die Gouvernante und Erzieherin der jungen Victoria, die Romy darstellt. Eine wunderbare Rolle, wieder unter Ernst Marischka.

Zwischen Romys und meiner Karriere besteht übrigens eine merkwürdige Parallele. In beiden Fällen spielt Ernst Marischka eine Rolle. Durch den Erfolg meines ersten, aus seiner Feder stammenden Films, *Zwei in einem Auto* sicherte ich mir für dauernd einen Platz beim Film.

Die Filme, die Romy zum eigentlichen Durchbruch verhalfen, sind unter der Regie von Ernst Marischka entstanden.

Romys erste zwei Filme, *Wenn der weiße Flieder wieder blüht* und *Feuerwerk*, machten sie bekannt, aber erst der dritte, von Marischka inszenierte Film, *Mädchenjahre einer Königin*, brachte sie mit einem Schlag in die vorderste Reihe.

Es war ein schöner September im Jahr 1954 in Wien, wo wir die *Mädchenjahre* drehten. Wir wohnten im Hotel Ambassador und besuchten die schönsten Gegenden und Plätze dieser Stadt, den Prater, die Heurigenlokale, die Oper, die Cafés, die Theater. Romy wurde während der Dreharbeiten sechzehn Jahre alt und lernte reiten. Karl Ludwig Diehl fiel bei den Dreharbeiten im Prater – eigentlich sollte es der Londoner Hyde-Park sein – vom Pferd; Romy vertrug die Schminke nicht, und ich mußte allen gemeinsam Mut machen. Weihnachten hatte der Film Premiere, aber da waren wir schon wieder alle in Mariengrund und in tiefem Schneetreiben auf dem Jenner.

Gleich im Anschluß an *Mädchenjahre einer Königin* sollte der nächste Film in Wien gedreht werden: *Die Deutschmeister,* wieder unter der Regie von Ernst Marischka. Aber inzwischen machten wir im Herbst Urlaub in Rom, dann fuhren wir nach Neapel, anschließend nach Capri und weiter südlich. Es war schon November, trotzdem herrschte immer noch wunderbares Sommerwetter auf Sizilien.

Im Frühjahr begannen dann die Dreharbeiten zu *Deutschmeister,* unserem dritten gemeinsamen Film. Unter dem Titel *Frühjahrsparade* war der Stoff schon einmal verfilmt worden. Wolf Albach-Retty hatte 1934 die männliche Hauptrolle gespielt, die hier Siegfried Breuer jr. übernahm.

Wir wohnten im Hotel Sacher. Ich spielte die Rolle der Bäckersfrau Therese Hübner und Romy meine Nichte Christine, die zu Besuch kommt und in der Bäckerei am Wiener Burgring auch mitarbeitet. Ernst Marischka engagierte von einer großen Wiener Bäckerei zwei richtige Bäcker, die in unserer Filmbackstube aufpaßten, daß alles fachgerecht geschah. Und so lernten wir meisterhaft Brezeln und Salzstangen zu formen und mit Charme zu verkaufen.

Im Juli 1955 war dann die erfolgreiche Premiere des Films.

Die Produzenten, Filmverleiher und Kinobesitzer, die ihr Geschäft sehr nüchtern betrachten und die Erfolgskurven mathematisch genau registrieren, konnten an Tabellen sehen, wie unsere Filme in kurzer Zeit hinaufkletterten und die Spitzenplätze besetzt hatten.

Ich müßte tiefstapeln, wenn ich sagen wollte, daß mich das nicht mit Stolz erfüllt. Es ist schwer, meine Gefühle auszudrükken, denn wenn ich hier auch als Mutter über meine Tochter schreibe, so habe ich doch keinen Grund, damit »anzugeben«.

Ich bin einfach glücklich, daß einem meiner Kinder ein so schöner Erfolg beschieden war. Das werden mir sicher alle Eltern ohne Neid nachfühlen können.

Zur Angabe wäre auch deshalb keine Veranlassung, weil wohl niemand so genau weiß wie ich, wie vergänglich Filmerfolge sein können und wieviel Arbeit man für diesen Beruf aufwenden muß. Beim Film ist jeder Drehtag nach einem genauen Stundenplan eingeteilt, und alle müssen sich diesem Plan unterordnen. Wenn jemand vorzeitig fort wollte oder zu spät käme, würde das den ganzen Ablauf stören und außerdem eine Menge Unkosten verursachen. Sicher würde einem niemand den Kopf abreißen deswegen, aber zu diesem Beruf gehört ein geradezu ehrgeiziges Pünktlichkeitsgefühl. Es ist unkollegial, wenn Regisseure, Beleuchter, Schauspieler, Techniker, Arbeiter und Kameramann auch nur eine Minute warten müßten.

Während *Robinson soll nicht sterben* 1956 in Geiselgasteig gedreht wurde, kam es aber tatsächlich einmal vor: Romy hatte vergessen – einfach vergessen –, daß sie nachmittags noch im Atelier gebraucht wurde, statt dessen bummelte sie in München herum und machte Weihnachtseinkäufe.

Plötzlich sauste sie wie eine Rakete zu mir ins Hotelzimmer, bleich, fassungslos. »Es ist furchtbar – es ist ganz furchtbar!«

»Um Gottes willen, was ist denn los?« fragte ich.

»Ich habe einfach vergessen ... ich soll doch schon längst im Atelier sein ... was mach' ich denn nur?«

»Anrufen«, sagte ich.

»Ich trau' mich nicht.« Da war sie für einen Augenblick wieder die Internatsschülerin, die zur Frau Präfektin kommen soll, um einen Streich zu beichten. Aber fast noch während sie es sagte, griff sie zum Telefon, um doch anzurufen. Das war typisch für Romy, sie war immer bereit, eine Suppe selber auszulöffeln. Die ganze Aufregung löste sich übrigens in Wohlgefallen auf. Die Szene, in der sie hätte spielen sollen, war auf den nächsten Tag verschoben worden, und niemand war es deshalb aufgefallen, daß sie nicht zur Stelle war. Trotzdem nahm sie sich die Sache sehr zu Herzen.

Wenn Romy eine neue Filmrolle übernommen hatte, ging sie ganz unkompliziert an die Sache heran. Zunächst einmal las sie das ganze Drehbuch durch. Sie konnte sich dabei ganz von ihrer Umgebung abkapseln, ob das in einer Hotelhalle oder in einem Flugzeug war.

Dann las sie das Buch noch einmal, aber nur die Szenen, die sie selber zu spielen hatte. Wenn das geschehen war, schaute sie das Drehbuch nur noch hin und wieder unmittelbar vor den Aufnahmen an, um sich den Text einzuprägen, den sie zu sprechen hatte. Alles andere war ein innerer Prozeß, von dem ihre Umwelt nichts wahrnehmen konnte.

Diese Arbeitstechnik ist natürlich ganz verschieden von der eines Bühnendarstellers. Für das Theater ist es notwendig, daß die ganze Rolle vom ersten bis zum letzten Wort sitzt. Das Spiel geht in seinem dramatischen inneren Zusammenhang über die Bühne, und die Darsteller können sich ganz einleben.

Beim Film ist die Handlung während der Aufnahmen überhaupt nicht zu erkennen. Das ganze Stück ist in »Einstellungen« zerhackt, die sich ganz nach den technischen Notwendigkeiten richten. Wenn im Atelier zum Beispiel ein Salon aufgebaut ist, werden zunächst alle Szenen gedreht, die in diesem Salon spielen, ohne Rücksicht auf die spätere Reihenfolge. Ebenso ist es bei Außenaufnahmen. Für die Schauspieler bedeutet das, daß sie nicht in einer fortlaufenden Handlung leben, sondern sich immer wieder in eine andere Situation einfühlen müssen.

Es hätte also gar keinen Sinn, die ganze Rolle, die ein Drehbuch vorschreibt, einzustudieren. Die wochenlangen Proben, die einer Theateraufführung vorausgehen, könnten bei der

Technik des Films nicht stattfinden. Jede einzelne Einstellung vor der Aufnahme sehr lange zu proben, würde beim Film Unsummen verschlingen. Deshalb verlangt der Film die besondere Begabung des spontanen Spiels.

Ich habe die Erfahrung gemacht, daß beim Film nur gut wird, was a tempo sitzt.

Romy hatte vor der Aufnahme die betreffende Szene noch einmal im Drehbuch durchgesehen. Den Text, den sie zu sprechen hatte, brauchte sie nicht zu büffeln. Sie hatte ein phänomenales Gedächtnis und konnte sich auch längere Partien beim einfachen Durchlesen präzise einprägen.

Mit dieser Vorbereitung ging sie in die Szene. Natürlich kommen die Anweisungen hinzu, die der Regisseur gibt, ebenso die besonderen Wünsche, die von der Technik geäußert werden, drei Schritte nach links, halt, nicht so weit, bitte, mehr Profil zur Kamera, ja, danke.

Ich habe das in unserer gemeinsamen Arbeit viele Male beobachten können.

Bei den Technikern war Romy bekannt dafür, daß sie sich mit großer Genauigkeit an diese Anweisungen hielt. Es erleichtert die Arbeit ungemein und spart viele Wiederholungen.

Eine andere Sache ist es, daß verschiedene Menschen von ein und derselben Rolle verschiedene Auffassungen haben können. Dem Regisseur schwebt der Ablauf einer Szene in einer ganz bestimmten Art vor, der Schauspieler dagegen empfindet sie ganz anders und möchte sein Spiel darauf einstellen. Das ist kein sehr glückliches Zusammentreffen. Für mich haben sich daraus allerdings noch nie Schwierigkeiten ergeben.

Romy stellte sich ganz auf den Regisseur ein und dachte sich in dessen Auffassung hinein. In der Hand eines guten Regisseurs war sie Wachs, und wegen dieses großen Einfühlungsvermögens wäre es für sie sehr schlecht gewesen, wenn sie einmal einen weniger guten Regisseur bekömmen hätte.

Es war ganz selten, daß Romy einmal eine Szene mit mir

besprach oder mich um einen Rat fragte, obwohl viele Leute annahmen, wir würden alle Szenen miteinander proben. Das ist vollkommener Unsinn.

Bei den Probeaufnahmen zum *Weißen Flieder*, als Romy zum erstenmal vor eine Kamera trat, haben wir alles zusammen durchgesprochen. Später ist das kaum jemals wieder vorgekommen. Romy ist heute ja auch eine selbständige Persönlichkeit, die ihre eigenen Auffassungen hat.

Sie bemerkte sofort, wenn etwas »nicht stimmte«, wenn eine Szene »schief lag«. In solchen seltenen Fällen genügte meist eine kurze Verständigung mit dem Regisseur, die Veränderung einer Nuance, die Verschiebung eines Akzents, um die innere Harmonie zwischen der Rolle und ihrer Darstellerin ins Gleichgewicht zu bringen.

Ein und dieselbe Szene wird von jedem Schauspieler anders dargestellt werden, einfach deshalb, weil Persönlichkeit, Gefühlswelt und individuelle Ausdruckskraft verschieden sind. Das ist sehr gut so. Man kann das gleiche Stück auf der Bühne in verschiedenen Besetzungen sehen und doch von jeder Aufführung gefesselt sein. Wichtig ist nur, daß die Darstellung immer aus der Persönlichkeit des Schauspielers geboren wird.

Manchmal »entdeckt« man die Möglichkeiten, die in einer Szene stecken, erst beim Spiel selbst. Das Papier des Drehbuchs ist eine tote Sache. Man kann sich daraus zwar eine bestimmte Vorstellung machen, aber erst in der Szene beginnt sie zu leben und den ganzen Menschen zu erfassen. Dabei können eigene Regungen wach werden, die beim verstandesmäßigen Durchlesen nicht zum Schwingen kamen.

Es war selten geworden, daß Romy einmal zu mir kam, mir das Drehbuch mit einer bestimmten Szene zeigte, mir ihre Auffassung erklärte und mich um einen Rat fragte. Wenn sie wirklich Zweifel hatte, diskutierte sie viel häufiger mit anderen Kollegen über das Problem. Vor zwei Jahren noch hätte sie wahrscheinlich blindlings alles getan, was man ihr gesagt hätte. Heute würde sie wohl ganz offen zu ihrem Regisseur sagen: »Das halte ich nicht für richtig, könnte ich das bitte nicht so oder so machen?«

Das zeigt ihre ganze Entwicklung.

1956 standen wir in dem Film *Robinson soll nicht sterben* wieder gemeinsam vor der Kamera.

Unter der Regie von Josef von Baky hatte ich bereits 1938 in *Die Frau am Scheidewege* gespielt. Hier nun fiel mir die Rolle der Mrs. Cantley zu. Ich hatte zwei Sorgenkinder, meine Tochter Maud, die Romy spielt und die unbekümmert und resolut in die Welt der Londoner Ganoven und bis zum König vordringt, um das Manuskript des »Robinson« zu retten; und den Dichter Daniel Defoe, meinen Untermieter, dem bitteres Unrecht geschieht und den Erich Ponto darstellt. Ich spiele eine Witwe, die zusammen mit ihrer Tochter den greisen Dichter des »Robinson«, Daniel Defoe, pflegt. Endlich konnte ich wieder einen herzhaften Charakter zeigen. Mir zur Seite standen Mathias Wieman, Rudolf Vogel und Günther Lüders.

Die Premiere konnte Erich Ponto nicht mehr erleben, er wurde am selben Tag in Stuttgart begraben.

Dieser Film hat Romy ganz neue Möglichkeiten eröffnet. Sie konnte sich da einmal richtig austoben, wie man so sagt. Wie sie selber meinte, hatte ihr noch keine Rolle so viel Freude gemacht wie diese. Sie hatte dabei ja auch das Glück, in Regisseur Josef von Baky wiederum eine starke Künstlerpersönlichkeit zu finden, wie in allen ihren vorhergehenden Filmen. Ein Schauspieler spürt das, und es kann nie zu einem harten Zwiespalt zwischen zwei verschiedenen Auffassungen kommen.

Wenn die Arbeit im Atelier beendet ist, kann man sich leider nicht zur Ruhe setzen. In anderen Berufen gibt es zu einer bestimmten Stunde Feierabend, und die nachfolgende Zeit gehört der Familie oder den persönlichen Liebhabereien. Wenn beim Film die letzte Klappe gefallen ist, hört dagegen die Arbeit keineswegs auf.

Für eine populäre Filmschauspielerin gibt es außerhalb der Dreharbeiten eine Menge Verpflichtungen, denen man sich einfach nicht entziehen kann. Ungeschriebene, aber eiserne Gesetze nehmen auch die übrige Zeit in Anspruch, ob man nun will oder nicht. Man darf höchstens lächeln dazu.

Zu den verständlichen Pflichten gehören die sogenannten Verbeugungs-Tourneen. Der soeben fertiggestellte Film erlebt seine Uraufführung, das Publikum freut sich, wenn die Hauptdarsteller persönlich anwesend sind und nach der Aufführung vor dem Vorhang erscheinen. Für die Filmfirmen und die Kinobesitzer liegt es außerdem und begreiflicherweise auch im Geschäftsinteresse. Die Darsteller freuen sich, vor ihr Publikum hintreten zu können und den Beifall zu hören – dieses Lebenselixier für alle Schauspieler, solange es dem Leben verbundene Komödianten gibt. Er ist ja auch ein wichtiger Gradmesser.

Nach der Uraufführung geht der Film in alle großen Städte, erlebt überall seine Premiere. Auch hier sollen die Hauptdarsteller nach Möglichkeit persönlich erscheinen. Auch in diesem Falle tun sie es gerne, aber der Terminkalender wird in solchen Wochen zu einem aufreibenden Antreiber. Flugverbindungen, Zugverbindungen, Fahrplan, Auskunft, Abreise, Hotel, Empfang, schnell, Lächeln, Autogramme, Presse, weiter Fahrplan, Empfang. Nach dem offiziellen Teil, wenn das Kinopublikum nach Hause gegangen ist, noch Zusammensein mit den Damen und Herren des Lichtspieltheaters, des Verleihs, der Zeitungen.

Und dann fällt man nachts todmüde ins Hotelbett. Am nächsten Morgen geht es schon weiter. Packen, Taxi, wieder eine Reise, und dann genau wieder das gleiche.

Diese Wochen sind anstrengender als die ganzen Dreharbeiten zu dem betreffenden Film. Ich weiß, daß einem die Knie zittern, während man vor dem Vorhang steht und lächelnd für den Beifall dankt. Aber das ungeschriebene Gesetz kennt keine mildernden Umstände.

Wenn die Verbeugungs-Tourneen nicht die einzige Möglichkeit wären, mit dem Publikum in einem lebendigen Kontakt zu bleiben, wenn sie nicht auch einem herzlichen Bedürfnis der Darsteller entsprächen, würde ich sie als ein Schreckgespenst ansehen. Die Zeit, die sie in Anspruch nehmen, soll dabei ganz außer acht gelassen werden.

Bleibt nun überhaupt noch Zeit?

Sehr wenig jedenfalls. Auch wenn man nicht auf Tournee ist, verlangt unser Beruf Dinge von uns, die das Privatleben radikal einschränken. Verhandlungen für einen neuen Film zum Beispiel wickeln sich nicht in ein oder zwei Stunden in einem Büro ab. Sie setzen sich meistens aus vielen Besprechungen zusammen, die häufig noch am Abend in irgendeinem Lokal fortdauern. Es gibt aber auch außerhalb der rein beruflichen Beziehungen für uns immer Einladungen und Verabredungen, die man weder ausschlagen möchte noch könnte.

Dann kommen die vielen Angebote, die so gut gemeint sind, die aber Zeit und Kraft eines einzelnen Menschen einfach übersteigen. Da haben die Konditoren in irgendeiner Stadt eine Riesentorte gebacken, irgendein Fest findet statt, und nun schreiben sie händeringend, man möchte doch kommen und das monumentale Kunstwerk anschneiden.

Eine Firma hat für Reklamezwecke ein zeppelinartiges Luftschiff bauen lassen. Könnten wir nicht kommen, um die Taufe vorzunehmen und das Startzeichen zu geben?

Der Sportverein Soundso gibt einen Sommernachtsball, einen Winternachtsball, einen Bunten Abend, ein Stiftungsfest, eine Tombola. Könnten wir nicht ausnahmsweise . . .?

Das alles ist sicher sehr ehrenvoll, und es ist immer traurig, Absagebriefe schreiben zu müssen, aber wir müßten Zauberinnen sein und uns zerteilen können. Man kann es nicht.

Ganz abgesehen von all diesen Dingen erfordert auch die Vorbereitung auf neue Filme immer eine gewisse Zeit. Für den Film *Die Deutschmeister* mußten wir lernen, Salzstangen und Brezeln zu backen, weil das gezeigt wurde und alle Bäcker in den Kinos gelacht hätten, wenn wir es falsch gemacht hätten.

Zwei Lieder aus dem *Deutschmeister*-Film wurden auf Electrola-Schallplatten aufgenommen – auch solche Dinge sind mit Zeitaufwand verbunden. Wenn Romy einmal Zeit fand, einer ihrer Lieblingsbeschäftigungen nachzugehen, nämlich zu reiten, war es im Grunde genommen auch Berufsarbeit, denn im Film wurde es immer wieder von ihr verlangt.

Dann kommen die Photographen. Aufnahmen zu Hause, mit Dackel, Porträts, Romy mit Mama, von links, von rechts, neue Frisuren, neue Kleider. Auch das gehört zu den eisernen Pflichten einer Filmschauspielerin.

Im August 1955 begannen die Dreharbeiten zu *Sissi*, wieder unter Ernst Marischkas Regie und wieder wohnten wir im Hotel Sacher in Wien. Ein Jahr war vergangen, und wir feierten Romys siebzehnten Geburtstag.

Gustav Knuth und ich spielten das bayerische Paar, Herzog Max und Herzogin Ludowika, die Eltern also der zukünftigen Kaiserin Sissi, die dem österreichischen Kaiser Franz-Joseph, dargestellt von Karlheinz Böhm, auf den Thron folgt. Das Elternpaar spielten wir auch in den beiden folgenden Filmen, *Sissi, die junge Kaiserin* und *Schicksalsjahre einer Kaiserin*, die 1956 und 1957 Premiere hatten.

Ich erinnere mich noch genau. Beim ersten *Sissi*-Film standen überall Tafeln im Studio – mit den Dialog-Texten für die erwachsenen Schauspieler. Romy fragte ganz naiv, ob sie nicht auch solche Tafeln haben könnte. Nein, haben sie ihr gesagt, so ein junges Ding muß den Text schon auswendig lernen. Und sie hat es getan, sehr schnell. Und sie hat schon damals begriffen, daß Disziplin am wichtigsten im Leben eines Schauspielers ist.

Ein junges Mädchen des Jahres 1957, das im Film eine anmutig-liebliche Rolle aus der Zeit vor der Jahrhundertwende zu spielen hat, ist in seinem Privatleben deswegen noch lange nicht mit der Filmgestalt identisch. Trotzdem glauben viele, die Romy persönlich kennen, sie würde auf irgendeine mysteriöse Weise auch jenseits der Leinwand ein Sissi-Leben führen. Zwei Stunden Sissi im Kino – ja. Es ist herrlich und beglückend für eine Schauspielerin, für jeden Mitwirkenden, die Menschen einmal zu rühren, zu erfreuen, zum Lachen zu bringen, sie den Alltag vergessen zu lassen. Es ist bezaubernd, wenn ein Regisseur wie Ernst Marischka die Figuren jener Zeit charmant und in seinem gepflegten Stil wiedererstehen läßt. Aber Sissi zu Hause – nein. Das wäre, aufs Privatleben übertragen – wohl auch unnatürlich. Vielleicht habe ich klargemacht, was ich meine. Wenn ich die dicken Mappen durchblättere, in denen vieles gesammelt ist, was über Romy geschrieben wurde, kommt mir meine eigene Tochter wie ein fremdes Wesen vor. Es wäre schrecklich, wenn sie wirklich dieses zuckersüße Geschöpf wäre, das der Phantasie von Sirupfabrikanten entsprungen ist.

Deshalb schreibe ich auch über Romy.

Ich möchte sie so natürlich schildern, wie sie war und wie ich sie als Mutter sehe.

Romy war ein ganz einfacher, unkomplizierter Mensch, weder ein Wunderkind, noch damals schon eine große Schauspielerin. Groß – das ist in unserem Beruf ein Ziel, an dem man arbeiten, arbeiten und wieder arbeiten muß. Erfolgreich – das ist etwas anderes. Das Geheimnis von Romys Erfolg lag in ihrem menschlich gewinnenden Wesen, in ihrer Jugend, in ihrer Offenheit. Auch wenn sie eine historische Rolle spielte, konnten sich junge Mädchen mit ihr identifizieren. Sie verkörperte einen richtigen lebendigen Menschen, keine abstrakte Romanfigur.

Vielleicht gibt es Schauspielerinnen, die ihre dramatischen Fähigkeiten auch auf ihr Privatleben übertragen. Sie spielen dann auch zu Hause und in der Öffentlichkeit immer eine Rolle, was man selbst bei Sternchen als Starallüren bezeichnet.

Wenn Romy mal Zeit hatte, ging sie am liebsten zu Fuß. Sie schlenderte durch die Straßen, um kleine Einkäufe zu machen, sie konnte sich riesig über irgendeine Kleinigkeit freuen, besonders wenn sie anderen damit eine Freude machen konnte. Sie kam dann zu mir ins Hotelzimmer gestürzt, wenn wir zum Beispiel gerade in München waren, tanzte herum und zeigte mir schließlich die Überraschung.

Für eine Mutter sind das schöne Augenblicke. Erfolg oder Berühmtheit wären ein schlechter Ersatz für Herzlichkeit. Das innige Verhältnis zwischen meinen Kindern und mir betrachte ich als mein größtes Glück.

Nach diesen Jahren mit den langen Drehzeiten zu drei Filmen hofften wir doch aufs Ausspannen: Aber jetzt endlich, endlich bleibt doch noch ein bißchen Zeit fürs Privatleben – denkste!

Nun erst kommt das, wovon alle populären Filmleute am rechten Mittelfinger eine kleine Hornhaut haben: das Autogrammschreiben. Ich weiß nicht, ob ich es als Fluch oder als Segen bezeichnen soll.

Die einlaufende Post ist ein untrüglicher Gradmesser für die Popularität eines Schauspielers. An der Zahl der Briefe läßt sich wie an einem Barometer der Grad der Beliebtheit ablesen. Kein Darsteller möchte auf diesen Wertmaßstab verzichten, der ihm ja zugleich ein persönlicher Ausdruck der Reaktion seines Publikums ist. Da es eine eingebürgerte Sitte ist, gehört es zu den Selbstverständlichkeiten, daß jede Auto-grammbitte erfüllt wird. Es würde auch sicher als Hochmut oder Gleichgültigkeit ausgelegt werden, wenn ein Schauspieler diesen Bitten nicht nachkäme, ganz gleich, was die Gründe wären. Niemand, der auf sein Publikum bedacht sein muß und es schätzt, könnte sich eine starre Ablehnung leisten.

Sofort als unser erster Film *Wenn der weiße Flieder wieder blüht* in den Kinos gezeigt wurde, setzte die Post ein. Romy freute sich wie ein richtiges Kind, als das erste kleine Bündel mit Autogrammbitten auf ihrem Frühstückstisch lag. Sie las jeden Brief, und dann setzte sie sich hin und antwortete. Natürlich bekam jeder Absender und jede Schreiberin ein Bild mit einer persönlichen Widmung.

Nach vier Stunden emsigen Schreibens atmete sie strahlend auf und hatte es geschafft.

Die Nachmittagspost brachte ein neues Bündel.

Romy öffnete die Briefe, las alle, setzte sich hin und schrieb Widmungen und ihren Namen auf Bilder.

»So, das wär's!«

Am nächsten Morgen kam die Post. Ein dickeres Bündel.

»Mensch!« sagte Romy und faßte sich an den Kopf. Unermüdlich, frohgelaunt und pflichteifrig, wie sie immer war, öffnete sie die Briefe, las alle, setzte sich hin und schrieb.

Mittags ein doppelt so dickes Bündel. Wir hatten am Nachmittag eine dringende Verabredung, es blieb also keine Zeit, diese Post sofort zu erledigen.

»Macht nichts«, sagte Romy, »dann erledige ich das, wenn wir abends zurück sind.«

Ich lächelte nur. Ich lächelte schon die ganze Zeit.

Am Abend, als wir wieder nach Hause kamen, hatte sich die Post um ein neues Bündel aus der Nachmittagszustellung wieder verdoppelt. Romy schaute den kleinen Hügel auf dem Tisch hilflos an, machte sich aber trotzdem an die Arbeit. Sie las immer noch jeden Brief. Dann war es spät geworden, aber erst die Hälfte der Post war erledigt. »Ich bin hundemüde«, sagte Romy. »Den Rest mache ich morgen vormittag.«

Nun, ich brauche nicht auszumalen, wie es weiterging. Die Post wuchs von Tag zu Tag, mit jeder Zustellung kamen neue Briefe. Die Sache wurde zu einer Sisyphusarbeit, zu einem Alptraum.

Jeder Mensch kennt das bedrückende Gefühl, Briefschulden zu haben. Man kann sich davon befreien, indem man sich aufrafft und eben einmal alle beantwortet, dann ist wieder eine Zeitlang Ruhe. Bei der Autogrammpost ist das unmöglich. Und wehe, wenn sie einmal liegenbleiben muß, einen Tag, zwei Tage oder vielleicht einmal eine Woche, weil man auch noch zu arbeiten hat oder verreisen muß!

Manchmal ist die Post so angewachsen, daß man nicht mehr alle Briefe lesen kann, auch wenn man Tag und Nacht lesen würde und sonst gar nichts zu tun hätte. Das ist für jeden Filmstar der Augenblick, wo er viele Leute aus seinem Publikum enttäuschen muß, ob er will oder nicht. Er kann weder alles lesen noch eine persönliche Antwort geben. Wenn er damit nachkommt, in jeder freien Minute seinen Namen immer wieder zu schreiben, ist es schon mehr, als eigentlich möglich ist.

Zur Erledigung der Post mußte in Köln ein eigenes Büro eingerichtet werden, das von einem Sekretär verwaltet wurde.

Dorthin wurde die ganze Post zunächst einmal geleitet. Zu Weihnachten und Neujahr registrierte das Sekretariat zweitausend Glückwunschkarten neben den Briefen. Die Briefpost machte im geringsten Fall dreihundert Briefe pro Tag aus, meistens aber waren es etwa vierhundert, und an manchen Tagen auch fünfhundert und sechshundert. Wenn ein neuer Film anlief, schwoll die Menge weiter an.

Der berühmte Filmschauspieler, der am Frühstückstisch den lange erwarteten Brief der Kinobesucherin aus Kleinmichelstadt öffnet, ihn genußvoll mehrmals liest und sich dann an seinen Schreibtisch zurückzieht, um ausführlich zu antworten, existiert nicht. Es kann ihn aus Gründen, die ich geschildert habe, gar nicht geben.

Es gibt auch Briefe, die eine persönliche Kritik enthalten. Kritik ist immer nützlich und fruchtbar. Ich glaube nicht, daß nur diejenigen das Recht zur Kritik haben sollten, die es besser machen könnten. Die Kritik ist vielmehr ein Hinweis, die eigene Leistung zu überprüfen. So soll man auch kritische Briefe auffassen. Von dieser ernsthaften Würdigung ist allerdings ab und zu nur ein Schritt zum Lächerlichen, wenn ein Briefschreiber alle Maßstäbe verliert und sich in persönliche Ausfälle hineinsteigert. Es ist klar – und deshalb auch kein Geheimnis –, daß kein Mensch die Sympathien aller anderen Menschen gewinnen kann. Immer wird es andere geben, die genau gegenteiliger Meinung sind – und das ist sehr gut so. Selbst wenn das Heer der Bewunderer Millionen zählt, bleiben noch genügend Andersdenkende übrig. Jeder Schauspieler und jede Schauspielerin, die Hunderte oder Tausende von Briefen bekommt, in Deutschland, in Amerika oder anderswo, kennt diese Briefe, die sich zornig oder abfällig ereifern und daher auch die Regeln des Anstandes außer acht lassen. Glücklicherweise gehören diese Briefe zu den Raritäten.

Viele Briefe sind mit liebevoll gezeichneten Ornamenten und Blumenmustern geschmückt. Zuschauer, die Zeichentalent haben, pausen Filmbilder durch oder entwerfen nach Vorlagen Porträts von ihren beliebten Stars. Wir besaßen bald eine ganze Sammlung von Zeichnungen und Gemälden, angefangen von riesigen Rollen auf Plakatpapier bis zu Miniaturen auf linierten Heftblättern. Natürlich hoffen alle Einsender, daß ihr Werk einen Ehrenplatz erhält. Ebenso denken sicher die vielen Schreiberinnen, die gestickte Deckchen, Häkelarbeiten, Glückspfennige, Scherenschnitte, gepreßte Blumen und wahre Laubsäge-Kunstwerke einschicken. Es ist vielleicht traurig, aber auch hier halte ich die Wahrheit für angebracht: man kann beim besten Willen alle diese Dinge nicht im Zimmer aufstellen.

Den besten Eindruck eines Erfolgs hatten wir, als wir zur Premiere der *Deutschmeister* nach Madrid geflogen sind.

Beim Abflug in Frankfurt hörten wir, daß der Sohn des letzten österreichischen Kaisers, Otto von Habsburg, mit der gleichen Maschine nach Madrid reiste. Er begab sich dorthin, um einen Vortrag über »Die Welt nach der Schlacht von Budapest« zu halten. Welche Laune des Zufalls, den Nachkommen jener Kaiserin Sissi, die Romy im Film verkörperte, in dasselbe Flugzeug zu setzen! »Da kann ich ja gleich meinem Enkel Grüß Gott sagen«, meinte Romy.

Auf dem Flugplatz von Madrid gab es einen enthusiastischen Empfang für uns. Die Ankunft in Madrid hatte die Spanier zu Tausenden zum Flughafen gelockt. Die Lufthansamaschine, mit der wir flogen, traf schon vor ihrer flugplanmäßigen Zeit über Madrid ein, aber nach einer Rücksprache mit dem Kontrollturm entschloß sich der Pilot, noch etwa eine halbe Stunde zu kreisen und dann erst zu landen.

Der Grund dafür war, daß noch immer unzählige Menschen aus der Stadt zum Flugplatz strömten und sich dabei auf die planmäßige Ankunft verließen. Wäre die Maschine früher gelandet, hätten alle diese Leute enttäuscht werden müssen.

Als wir endlich aus dem Flugzeug stiegen, wimmelte der Platz vor dem Flughafengebäude von etwa zwölftausend Menschen. Es war ein bitterkalter Tag, der kälteste dieses Winters in Spanien. Aber der Empfang war der heißeste, den der Madrider Flugplatz je erlebt hat – so sagten mir deutsche Journalisten, die dort schon manchen Empfang gesehen haben.

Ich muß gestehen, daß ich etwas Derartiges noch nicht erlebt habe. Zwölftausend schreiende, drängende und gestikulierende Menschen stürzten sich auf uns. Wir wären samt Polizeikordon beinahe erdrückt worden. Im Flughafengebäude hatte die begeisterte Menge Fensterscheiben eingedrückt und Türen aufgesprengt. Sanitätspersonal mußte Ohnmächtige, Gequetschte und Verletzte forttragen.

Manchmal bekam ich Angst. Eine begeisterte Masse kann beinahe ebenso gefährlich werden wie eine wütende. Romy hat schon erlebt, daß ihr Kleidungsstücke vom Leib gerissen wurden, und im jubelnden Gedränge ist es mir ähnlich ergangen. Plötzlich ist man eingekeilt, die Polizei verliert die Kontrolle, ein paar Dutzend Hände halten sich an einem fest, die Hintenstehenden drängen nach vorn, jemand stolpert – und ohne böse Absicht kann es für jeden schlecht ausgehen, der sich in diesem Hexenkessel befindet.

In Madrid sah es nach unserer Ankunft einen Augenblick so aus, als gebe es keinen Ausweg mehr. Die Polizei hatte anfangs noch geglaubt, einen Weg vom Flughafengebäude zu den Autos freihalten zu können. Das erwies sich als völlig unmöglich. Wir wurden statt dessen in eine Seitentür geschoben und durch irgendwelche Gänge geschleust, in denen sich nur das Flughafenpersonal auskennt. Ich weiß nicht mehr, wie wir zu den Autos kamen. Ich weiß nur noch, daß die Fahrt vom Flugplatz in die Stadt, die normalerweise zwanzig Minuten dauert, zwei Stunden in Anspruch nahm.

Der Vespa-Club von Madrid war zu dem Empfang mit unzähligen Motorrollern erschienen und bildete eine Eskorte, die alle Menschen erst richtig auf unsere Kolonne aufmerksam machte. Vorneweg führten die Vespa-Leute ein Transparent mit einem Willkommensgruß. Sofort bildeten sich überall Verkehrsstauungen. Nur im Schrittempo konnten sich die Wagen noch vorwärtsbewegen. Wir konnten das alles gar nicht fassen.

Der Grund für diesen einmaligen Empfang war die Tatsache, daß unser erster *Sissi*-Film in Madrid seit 48 Wochen in drei großen Kinos lief und damit einen einmaligen Rekord aufgestellt hat. In zehn anderen Kinos in den Vorstädten lief er schon über ein Jahr. Es ist das erste Mal, daß ein deutscher Film in Spanien einen derartigen Erfolg erzielen konnte. Ein Diplomat äußerte sogar: »Was dem deutschen Kulturattaché in Jahren nicht gelungen ist, hat dieser Film mit einemmal geschafft.«

Wir haben diese Atmosphäre der Herzlichkeit, die da zwischen zwei Ländern spontan aufgekommen ist, deutlich gespürt.

Trotzdem ist das Geheimnis dieses Erfolges meiner Ansicht nach noch auf ein ganz anderes Moment zurückzuführen. In Spanien nimmt die Mutter einen noch ehrenvolleren Platz in der Familie ein als vielleicht in anderen Ländern. Der Umstand, daß hier Mutter und Tochter im selben Film spielen und in einem so herzlichen Verhältnis gezeigt werden, hat die Spanier besonders angesprochen. Dazu kommt natürlich auch noch der Glanz der alten österreichischen Monarchie, der bei den monarchistischen Tendenzen in Spanien ein gutes Echo fand.

Die fünf Tage in Madrid waren jedenfalls ein unglaubliches Ereignis, das man nur begreifen kann, wenn man sich die Begeisterungsfähigkeit des spanischen Temperaments vor Augen hält. Im Hilton, wo wir wohnten, lagen bei unserer Ankunft vierhundert Begrüßungstelegramme von Kinobesuchern und Kinobesitzern aus ganz Spanien vor. Außerdem schleppten die Hotelpagen fünf große Postsäcke mit Briefen in unsere Zimmer, insgesamt etwa 15 000 Autogrammbitten, die natürlich erst nach und nach erledigt werden konnten. Einige tausend Autogramme mußte Romy ohnehin direkt geben, sobald sie sich in Madrid irgendwo sehen ließ.

Manchmal war es Romy aber auch unmöglich, Autogramme zu geben. Bei der Premiere des Films *Die Deutschmeister* spielten sich so turbulente Szenen ab, daß niemand mehr an ein Autogramm denken konnte.

Die spanische Uraufführung dieses Films, der dort unter dem Titel *Die Bäckerin und der Kaiser* herauskam, fand im Palacio de Musica statt, einem Kino mit dreitausend Plätzen. Schon lange vor Beginn war eine der großen Hauptverkehrsstraßen Madrids, die Gran Via, vollständig verstopft.

Zu normalen Tagesstunden ist die Gran Via schon von einem unvorstellbaren Gewimmel von Fußgängern und Autos belebt. Diesmal war sie von etwa fünfzehntausend begeisterten Menschen verstopft. Der normale Verkehr war vollkommen lahmgelegt, auf beiden Seiten der Menschenansammlung stauten sich unübersehbare Autokolonnen, die sich nicht mehr durchzwängen konnten. In aller Eile mußten Umleitungen gelegt werden, was bei den verzwickten Straßenverhältnissen in der spanischen Hauptstadt besonders schwierig ist und überall neue Stauungen hervorrief.

Das alles erfuhr ich erst hinterher. Was ich selber sah, als ich mit Romy zum Kino kam, kann ich kaum beschreiben. Hunderte von Polizisten mußten – leider nicht sehr zart – einen Weg freimachen. Zwischen den zehnstöckigen Häusern der Gran Via schallten aus vielen tausend Kehlen begeisterte Jubelrufe. Das Gedränge war noch viel schlimmer als bei der Ankunft am Flugplatz.

Romy mußte buchstäblich aus der Gefahr, von der allgemeinen Begeisterung erdrückt zu werden, gerettet werden. Das geschah dadurch, daß sie in die Höhe gehoben und über die Köpfe hinweggetragen wurde. Es war nicht die Woge, mit der in Spanien Toreros und prominente Fußballer auf die Schultern ihrer Anhänger gehoben werden, sondern die einzige Möglichkeit, dem Hexenkessel mit heiler Haut zu entkommen.

In Deutschland haben wir bei Premieren schon viele Zeichen aufrichtiger Begeisterung erlebt, und ich möchte die Schauspielerin sehen, die sich nicht herzlich darüber freute. Die Ereignisse von Madrid aber waren zugleich atemberaubend.

Eine schöne Anerkennung für uns und den deutschen Film war es auch, daß 250 spanische Theaterbesitzer, die zum Teil bis aus Marokko und von den Kanarischen Inseln gekommen waren, ein festliches Bankett in einem Hotel beim ehrwürdigen Escorial gaben. Der deutsche und der österreichische Botschafter luden uns zum Frühstück.

Für wohltätige Zwecke wurde vor dreitausend Besuchern der neue Sissi-Film in der Originalfassung ohne spanische Untertitel aufgeführt.

Zuletzt wollten auch noch die fünf Töchter des Königs von Thailand, die im selben Hotel wohnten, uns persönlich einen Besuch abstatten. Die fünf Prinzessinnen, zwischen elf und achtzehn Jahre alt, waren entzückend zierliche Persönchen, klein, grazil und feingliedrig, wie es wohl nur Siamesen sein können. In ihren einheimischen Gewändern, begleitet von Hofgefolge und Dolmetschern, trippelten sie zu Romy ins Zimmer und stellten sich im Halbkreis um sie auf.

Sie wollten sie nur anschauen, und sie taten das schweigend und mit großen, prachtvoll dunklen Augen. Die älteste von ihnen sagte schließlich auch ein paar Worte, die ein Dolmetscher sehr feierlich übersetzte. »Sie haben eine so schöne helle Haut«, sagte die Prinzessin und lächelte freundlich.

Romy bedankte sich für das Kompliment.

Doch die siamesische Königstochter hatte noch etwas auf dem Herzen. Nach einer kleinen Pause stellte sie mit ihrer leisen, singenden Stimme die zweite Frage: »Bitte, sind die schönen Haare echt, die Sie haben?«

Nachdem der Dolmetscher alles übersetzt hatte, auch Romys bejahende Antwort, tuschelten die Prinzessinnen untereinander und machten sehr zufriedene Gesichter. Dann überreichte eine von ihnen Romy ein wunderschön gearbeitetes silbernes Armband aus Thailand und eine Photographie, auf der alle fünf Prinzessinnen abgebildet sind.

Zierlich, wie sie hereingekommen waren, trippelten die Damen wieder hinaus. Dieser Besuch war jedenfalls eines unserer hübschesten Erlebnisse.

Eine ganz persönliche Freude wurde mir selber bereitet. Señor Miguel von der spanischen Verleihfirma Dipenia & Filmayer überreichte mir ein großes Photoalbum mit Bildern aus allen sechzehn Magda-Schneider-Filmen, die vor dem Krieg in Spanien gelaufen sind. Das war deshalb so wertvoll für mich, weil der Krieg in Deutschland sehr viele Archive zerstört hat, während in Spanien alles erhalten blieb. So fand ich in diesem Album Bilder wieder, die es bei uns gar nicht mehr gibt.

Leider dauerte unser ganzer Aufenthalt in Madrid nur fünf Tage, dann ging es schon wieder zurück nach Frankfurt. Zum Abschied brachte man uns als Geschenk und Wegzehrung noch fünfundzwanzig Kilogramm Orangen ans Flugzeug.

Auch das hatte seine Tücken. In aller Eile mußte ein amtlich zugelassener Experte herbeigerufen werden, der die Orangen zu untersuchen hatte, ob sie auch nicht mit giftigen Mittelmeerfliegen behaftet seien. Das ist Vorschrift.

Da ich nun auf diese Tage zurückschauen kann, kommen sie mir selber wie ein Traum vor. Der Erfolg in Spanien, die Tatsache, daß Romy auch beim breiten Publikum mit südlichem und von uns ganz verschiedenem Temperament ankam, zeigt mir erneut, wie sehr sich alle täuschen, die Romy als ein nur in Deutschland mögliches »Phänomen« betrachten.

Für eine Mutter ist es schwierig, im Zusammenhang mit ihrer eigenen Tocher von einem »Phänomen« zu sprechen und dauernd von Erfolgen zu erzählen – zumal ich ja behaupte, daß Romy »ein Mädchen wie jedes andere« war. Doch in diesen beiden Extremen liegt nur scheinbar ein Widerspruch. Ich glaube, wenn Romy kein Mädchen wie jedes andere gewesen wäre, würde sie auch nicht diesen Erfolg gehabt haben.

Kein Mädchen wie jedes andere zu sein, ist ein sehr häufig angewendetes Erfolgsrezept. Ich könnte mir denken, daß man sich mit einiger Begabung und entsprechendem Talent eine Karriere aufbauen kann, indem man anders ist als alle anderen, indem man auffällt, aus der Reihe tanzt, verrückte Dinge tut, Skandale provoziert und die Öffentlichkeit beinahe zwingt, sich mit einem zu befassen, bis man ein Begriff wird.

Natürlich spürt das Publikum irgendwie das Gewollte. Bei Romy ist die Entwicklung ganz anders gegangen, wie ich berichtet habe. Sie war ein Mädchen wie jedes andere, bevor sie zum erstenmal durch zufällige Begebenheiten vor eine Filmkamera gestellt wurde. Sie mußte sich keinen besonderen Gag einfallen lassen, um entdeckt zu werden. Sie mußte keine außergewöhnlichen Dinge tun, um eine Rolle zu bekommen. Das war ihr Glück, und deshalb konnte sie eben auch dieses Mädchen bleiben, das sie vorher war. Damit ist das ganze »Phänomen« erklärt. Das Publikum fühlt, daß hier auf der Leinwand ein Mensch ist, der ebensogut im Theater, Reihe 14, sitzen könnte. Das Publikum hat das, glaube ich, auch immer bei mir gefühlt.

Trotzdem bedingen die Filmarbeit und die Breitenwirkung, die heute ein einzelner Mensch bei einer unübersehbaren Publikumsmasse ausüben kann, daß dieser Schauspieler kein unbeschwertes Leben führen kann. Jeder Schritt, den man tut, vollzieht sich gewissermaßen unter den Augen der Öffentlichkeit. Reporter mit scharf gespitztem Bleistift und Photographen mit hochempfindlichen Filmen sind praktisch immer bereit, auch in das Privatleben hineinzuschauen. Das ist ihr Beruf, und sie wären schlechte Reporter und schlechte Photographen, wenn sie sich solche Gelegenheiten entgehen ließen. Für die Betroffenen ist es letzten Endes der Preis, den sie für ihre Popularität bezahlen müssen.

Ich will deshalb auch nicht darüber jammern. Kein Mensch

wird schließlich gezwungen, Filmstar zu werden und sich dem Interesse der Öffentlichkeit auszusetzen.

Wenn ich aber einmal nur als Mutter spreche, dann wünsche ich mir manchmal, daß Romy ein Leben wie andere Mädchen ihres Alters hätte führen können.

Junge Mädchen mit achtzehn Jahren können flirten, tanzen, zu Rendezvous gehen, mit einem Freund Ski fahren, einen Wochenendausflug machen, sie können sich sogar schrecklich verlieben – und keine Zeitung kümmert sich darum. Alles spielt sich in einer Atmosphäre der Unbefangenheit ab, Sympathien können sich entwickeln, Bindungen können zwanglos heranreifen, und ebenso kann anfängliche Verliebtheit wieder in einer Trennung enden, falls sich die gemeinsamen Gefühle und Interessen doch nicht als stark genug erweisen.

Wenn Romy auf einem Ball zwei- oder dreimal mit demselben Partner tanzte, war morgen in allen Zeitungen und Illustrierten von einer »Romanze« die Rede.

Natürlich ist es damit nicht genug. Der Faden wird weitergesponnen, angebliche Geheimnisse werden enthüllt, phantastische Liebesgeschichten werden erfunden, schon taucht die Frage auf: »Wann werden die beiden heiraten?« Und wenn alle Stricke reißen, läßt man den ungewissen Satz mit drei Punkten enden ...

Wenn jeder Blick und jeder Tanz, jeder gemeinsame Besuch eines Lokals und fast jedes Gespräch unter dem Druck solcher Mißdeutungen steht, wird alle Unbefangenheit zerstört. Das meiste beruht auf falschen oder sensationslüsternen Kombinationen. Was an Tatsachen übrigbleibt, ist kein Geheimnis. Deshalb kann ich völlig frei darüber sprechen.

Das erste typische Beispiel ist die bekannte »Romanze« zwischen Romy und Toni Sailer.

Nur langsam – von Horst Buchholz erzähle ich nachher.

Aber Toni Sailer. Er stand durch seine phantastischen Olympiasiege gerade im Mittelpunkt des Interesses. Jeder kannte und kennt sein Bild aus unzähligen Veröffentlichungen. Er sieht blendend aus, ist charmant und ein Pfundskerl.

Auf dem Ball des Kolumnisten Hunter von der Münchner »Abendzeitung«, zu dem wir eingeladen waren, trafen Toni und Romy zusammen, mitten im Fasching, Toni Sailer auf dem Gipfel seiner Popularität, Romy unmittelbar nach dem großen Erfolg in *Mädchenjahre einer Königin*. Beide waren gleich Mittelpunkt des Festes.

Natürlich stürzte sich in erster Linie alles auf Toni Sailer, auf diesen kreuzbraven Naturburschen, und – ich weiß es – er wußte fast gar nicht mehr, wo er hinschauen sollte: zum Dekolleté der Laya Raki oder zu den anderen Damen, die ihn umdrängten. »Da ist alles vor meinen Augen geschwommen«, hat er mir später freimütig erzählt.

Jemand gab ihm den freundlichen Tip, Romy Schneider zum Tanz aufzufordern. Das tat er dann auch wirklich – beinahe aus Verzweiflung. Für Photographen konnte es an diesem Abend keine aktuelleren Bilder geben.

Toni war wirklich froh, denn des blieb nicht bei diesem einen Tanz. Er und Romy verstanden sich ganz ausgezeichnet, und zwar zunächst vor allen Dingen deshalb, weil sie der einzige Mensch auf diesem Ball war, mit dem er sich ungezwungen in seinem heimischen Dialekt unterhalten konnte.

Romy war ja in Salzburg im Internat, sie versteht die Tiroler Mundart sehr gut und kann zumindest salzburgisch reden. Solche Kleinigkeiten können sofort einen herzlichen Kontakt herstellen. Es ist nur verständlich, daß die beiden fast immer miteinander tanzten. Sie liefen zur Tombola und zum Schießstand, sie waren ausgelassen wie Kinder. Letzten Endes war es ja auch ein Faschingsball.

Das alles ist überhaupt nicht sensationell.

Das fühlten wohl auch die Photographen. Es gab eine Menge hübscher Bilder von Toni und Romy – aber was konnte man daruntersschreiben, um sie interessant zu machen?

So wurde aus dem harmlosen Ballvergnügen ein Flirt gezaubert, schließlich eine Romanze. Und unter dieser Bezeichnung liefen die Photos durch die Zeitungen.

Auch beim Mittagessen, das wir am nächsten Tag noch gemeinsam mit Toni Sailer einnahmen, wurde eifrig geknipst. Toni fuhr anschließend mit dem Auto nach Kitzbühel, wir flogen nach Frankreich. Toni und Romy haben sich seit dieser Zeit kaum noch gesehen. Ist das eine »Romanze«?

Ich stelle mir Romanzen viel aufregender und intensiver vor. War es ein Flirt?

Vielleicht. Warum sollen junge Leute nicht flirten? Es wäre unnatürlich, wenn sie es nicht täten. Aber ich wehre mich dagegen, daß ein harmloser Flirt aufgebauscht, ausgeschmückt und zuletzt geradezu wie ein Abenteuer hingestellt wird. Ich glaube auch nicht, daß sich die Leute wirklich dafür interessieren, denn dazu kenne ich das Publikum zu genau und weiß, daß es einen viel besseren Geschmack hat, als ihm im allgemeinen zugetraut wird. Es hat auch mehr Takt und gar keine Lust, die Nase zwangsläufig in Privatangelegenheiten gesteckt zu bekommen, sobald es gewisse Blätter aufschlägt. Es wird schließlich nur davon angewidert.

Das künstlich mit Druckerschwärze aufgepäppelte Pflänzchen der »Romanze Toni Sailer – Romy Schneider« ist im dürren Boden der Tatsachen schnell wieder verwelkt. Gott sei Dank.

Aber diese aufgebauschte Geschichte, die in Wahrheit eben nur aus ein paar Tänzen und einem Mittagessen bestand, gibt doch allerlei zu denken. Jeden Tag kann sich das alles mehr oder weniger stürmisch wiederholen. Romys Filmpartner sind gutaussehende junge Männer, bei hundert Veranstaltungen ergibt sich die Möglichkeit, zu tanzen oder auch zu flirten – aber immer droht der Schatten, daß daraus etwas ganz anderes gemacht wird.

Einige Reporter haben sich sogar eine Version ausgedacht, die ich höchst belustigend finde. Sie behaupteten immer wieder,

»die Frau Mama«, nämlich ich, passe wie ein Schloßhund auf Romy und ihre Tugend auf. Romy sei deshalb nach ihrer Meinung »das behütetste Mädchen der Welt«, weil »die Frau Mama sie keinen Augenblick allein läßt«.

Daran ist schon etwas Wahres – aber, wie so oft bei derartigen Berichten, handelt es sich um eine Wahrheit, die genau auf dem Kopf steht. Tatsächlich war ich fast immer mit Romy zusammen, aber nicht als Gouvernante, sondern weil es auch Romy so wünschte. Und weil wir ja auch Kolleginnen sind in immerhin acht gemeinsamen Filmen. Es war eine Art Selbstschutz gegen Gerüchte und unsinnige Veröffentlichungen.

Wie schön wäre es gewesen, wenn Romy unbefangen wie andere Mädchen ihres Alters einmal mit einem guten Bekannten, mit einem Freund oder mit einem ihrer Filmpartner hätte ausgehen, eine Wochenendfahrt hätte machen können. Sie konnte es nicht, weil todsicher eine Romanzen-Schnulze daraus gemacht worden wäre. Nur um das zu verhindern, war »die Frau Mama immer dabei«.

In meinen Aufzeichnungen aus dem Jahre 1957 beschrieb ich meine Empfindungen und die nachfolgenden Begebenheiten sowie zukünftige Pläne aus meiner damaligen Sicht so:

Jede Mutter wird mit mir wissen, daß achtzehnjährige Mädchen heute nicht an die Kette gelegt werden können. Es ist nur natürlich, daß sie sich auch einmal verlieben. Schließlich verlieben sich alle Menschen früher oder später einmal – oder auch mehrmals –, und die Welt wäre längst ausgestorben, wenn es nicht so wäre. Durch mütterliches »Aufpassen« kann dieser Lauf der Dinge nicht abgewendet werden. Wenn ein junges Mädchen nicht selber auf sich aufpaßt, ist alle Mühe vergeblich. Romy ist erwachsen und selbständig genug, um auf sich selbst aufzupassen. Sie braucht keinen Anstandswauwau, und ich käme mir in einer solchen Rolle ziemlich lächerlich vor. Ich spiele lediglich Gerüchte-Prellbock. Wie notwendig das sein kann, zeigt sich jetzt wieder bei der sogenannten »Affäre« Horst Buchholz, unserem gemeinsamen Partner in *Robinson soll nicht sterben*.

Horst Buchholz ist ein hochbegabter Schauspieler und damit auch ein vielschichtiger Mensch, jede seiner Seiten ist gut profiliert, jede kann aufleuchten oder verschiedene Farben annehmen wie ein Facettenglas.

Romy ist so sehr fasziniert von ihrem eigenen Beruf, daß sie besonders empfindlich und empfänglich ist für die Ausstrahlung einer Künstlerpersönlichkeit. »Da spüre ich etwas«, sagt sie meistens, wenn sie mit einem überragenden Partner zu arbeiten hat.

Das künstlerische Fluidum eines Menschen ist von ihm selbst kaum zu trennen. In unserem Film *Robinson soll nicht sterben* war Romy die Partnerin von Horst Buchholz, auch im nächsten Film *Monpti*. Es ist nur natürlich, daß sich bei einer so intensiven Zusammenarbeit, wie sie bei der Herstellung eines Films herrscht, zwischen zwei jungen Menschen die verschiedenartigsten Gefühlsnuancen entwickeln können.

Aber es ist eine Holzhammer-Vereinfachung, die Vielfalt solcher Nuancen plump eine »Liebesromanze« zu nennen, wie es in letzter Zeit wiederholt geschrieben wurde.

Ich selber kann nichts Bestimmtes sagen, ich kann nur versuchen, die Dinge richtig zu deuten, weil ich Romy ziemlich genau kenne. Ich fühle mich aber nicht berufen, bei meiner eigenen Tochtor Spionin zu spielen; das überlasse ich »taktvolleren« Zeitgenossen. So will ich mich nur bemühen, wieder Tatsachen zu schildern, denn ich habe aus den vielen Briefen, die auf unsere Filme bisher bei mir eingelaufen sind, gesehen, daß die ungeschminkte Wahrheit mehr echte Sympathien erwerben kann als aller künstlich aufgeputzte »Filmklatsch«.

Die Wahrheit ist auch im Falle Horst Buchholz – Romy Schneider viel einfacher, als die vielen nebulösen Berichte vermuten lassen, die bisher da und dort veröffentlicht wurden. Ich brauche mich also nicht in geheimnisvollen Andeutungen oder Vermutungen zu ergehen und brauche auch nicht hinter jedem Satz ein vieldeutiges Fragezeichen zu setzen, um die Leser in Atem zu halten.

Horst Buchholz und Romy, die sich bei den Dreharbeiten zu *Robinson soll nicht sterben* erst näher kennenlernten, sind in gewisser Beziehung Extreme. Romy ist ein unkompliziertes junges Mädchen, Horst Buchholz dagegen ist zweifellos viel komplizierter und vielfältiger ausgeprägt.

Nun, Gegensätze ziehen sich an, das ist eine alte Weisheit. Auch im Film halte ich die Kombination zwischen zwei so gegensätzlichen Darstellern für interessant.

Daß sich aus dem künstlerischen Spannungsbogen zwischen zwei jungen, lebensnahen Menschen persönliche Sympathie und sicher auch Verliebtheit entwickeln konnte, halte ich für die natürlichste Sache der Welt. Die Frage ist nur, ob Verliebtheit allein schon ausreicht, daraus weitgehende Schlüsse zu ziehen. Mein Gott, wie oft verlieben sich die Menschen!

Die Weltliteratur, die Künste und auch der Film leben von diesem ewigen Thema. Aber meines Wissens ist von einer anfänglichen Verliebtheit noch ein weiter Weg bis zur Liebe, bis zu jenen starken, tragenden Gefühlen, die zwei Menschen schließlich für immer aneinander binden können.

Drum prüfe, wer sich ewig bindet ...

Nicht umsonst hat der Volksmund diese Sicherung in den Stromkreislauf eingeschaltet. Ich halte nicht viel von diesen Blitzehen, die gelegentlich eingegangen werden, kaum daß sich zwei junge Menschen kennengelernt haben. Gefühle, die halten sollen, müssen wachsen, sie brauchen Zeit. Das spontan wachsende Pflänzchen der Verliebtheit allein tut es nicht – der erste Sturm des Lebens bläst es um, noch ehe es Wurzeln fassen konnte.

Wie gesagt, ich denke nicht daran, im Privatleben meiner Tochter herumzukramen oder gar die Ergebnisse dem werten

Publikum zu präsentieren. Es ist aber durchaus kein Geheimnis, daß die anfängliche Verliebtheit in diesem Falle einer guten Kameradschaft Platz gemacht hat.

Ich habe kein Recht, hier für Horst Buchholz zu sprechen. Ich kann nur meine eigenen Feststellungen als Mutter von Romy treffen. Und da glaube ich, mich nicht zu irren. Auch wenn es anders wäre, würde ich mich nicht scheuen, es zu sagen, denn letzten Endes wäre es weder unnatürlich noch eine Sünde, wenn sich zwischen zwei jungen Menschen eine echte Liebe entwickelt. Aber es ist nicht sehr geschmackvoll, in Zeitungen und Zeitschriften gute Zusammenarbeit und Partnerschaft oder ein herzliches kollegiales Verhältnis in eine geheimnisvolle, nicht existierende »Liebesromanze« umzumünzen. Deshalb glaube ich, diese offenen Worte für meine Tochter schuldig gewesen zu sein.

Freilich, niemand kann in die Zukunft schauen. Alles kann sich ändern, und in so entscheidenden Lebensfragen wird am Ende jeder Mensch seinen eigenen Weg gehen müssen. Ich kann, wenn Romy es wünschen sollte, ihr nur meinen Rat zur Verfügung stellen. Ob er dann richtig oder falsch ist – wer kann das wissen? Gewiß ist nur, daß der Rat einer Mutter immer von Herzen kommt und aus ihren besten Gedanken erwächst. Alle Versuche, Menschen in Herzensangelegenheiten beeinflussen zu wollen, tragen die Gefahr in sich, daß sie zum Gegenteil führen und nur die Atmosphäre vergiften. Es ist deshalb albern, wenn jemand glauben sollte, Romy werde bei jedem Schritt und Tritt »gelenkt«. Sie ist ein Mensch, der Zwang, Vorschriften und persönliche Einmischungen in seine Angelegenheiten leidenschaftlich haßt. Ich möchte sie einmal sehen, wenn ich den Versuch machen wollte, ihr Vorschriften zu machen, oder sie an die Kette zu legen! Nein, das wäre ein Unding.

Ebenso albern ist deshalb immer das Gerede darüber, daß Romy »behütet« würde wie eine eiserne Jungfrau. Erstens einmal weiß sie selber, was sie zu tun hat, zweitens ist sie alt genug, und drittens ist das nach meinem Geschmack überhaupt kein Gegenstand öffentlicher Erörterungen.

Diese Erkenntnis ist auch für meinen Mann und mich ein Grund, uns davor zu hüten, Romy unter eine Glashaube zu setzen.

Was mir zu tun bleibt, ist, wie ich schon sagte, meinen Rat und meine Erfahrung zur Verfügung zu halten, wenn sie einmal gebraucht werden sollten.

Oft sinne ich über den Charakter meiner Tochter nach. Sie ist sehr impulsiv, sehr spontan, wie ich. Sie will immer alles ausprobieren – wie ich. Sie ist hellwach, neugierig, abenteuerlustig. Ein Topf, der schnell überkocht. Sie ist bis zur Besessenheit tüchtig im Beruf und verzweifelt untüchtig im Alltag, ebenso gefallsüchtig wie uneitel, ebenso arrogant wie bescheiden, diszipliniert und sich gehenlassend, offenherzig und verschlossen, egozentrisch und selbstlos, finanziell ausbeutbar.

Jeder wird verstehen, daß meine Gedanken immer wieder um dieselben Dinge kreisen. Immer wieder, denn eine jede Mutter liebt ihr Kind.

Ich habe die Schicksale sehr vieler Kolleginnen und Kollegen in den langen Jahren meiner Filmarbeit beobachten können. Ich selber hatte einen Kollegen geheiratet und mit dieser Ehe Schiffbruch erlitten. Wahrscheinlich bieten sich da sehr viele Parallelen an, obwohl kein Fall dem anderen gleicht.

Romy wird es irgendwann im Leben wohl nicht erspart bleiben, ihre eigenen Erfahrungen und Enttäuschungen zu sammeln. Natürlich gibt es auch Wunder, aber auf sie zu bauen, wäre vermessen. Ich kann nur versuchen, Romy zu warnen, wenn ich irgendwo einen Abgrund sehe, in den sie hineintappen könnte. Das ist sogar meine Pflicht. Ich kann mich bemühen, freundschaftlich und von Frau zu Frau mit ihr zu sprechen, wenn ich vermuten muß, daß es am Ende eines Weges nur Tränen gibt. Aber ich werde ihr nicht alle Tränen ersparen können.

Das Herz jeder Mutter erfüllt sich bei solchen Gedanken mit Wehmut. Der einzige Trost ist, daß der Mensch auch den Schmerz braucht, um voll heranzureifen.

Heute noch ist Romy von solchen Problemen nicht beschwert, und es muß der Zukunft überlassen bleiben, wie ihre Entwicklung weiter verläuft.

Wie ich schon einmal sagte, kennt sie im Augenblick nur eine große Liebe; ihren Beruf. Sie geht ganz darin auf, er nimmt ihr Denken und Fühlen so sehr in Anspruch, daß daneben kaum noch für etwas anderes Platz ist. Romy weiß, daß sie ihre Erfolge auch dem strahlenden Glanz ihrer mädchenhaften Jugend verdankt. Sie weiß, daß ein Erfolg ebenso schnell vergehen kann, wie er gekommen ist. Sie weiß, daß sie ständig an sich arbeiten muß, um auch auf die Dauer bestehen zu können.

Für eine Schauspielerin, die das Leben darstellen soll, hört das Lernen nie auf. Romy hat den Blick und das Gefühl dafür nicht verloren. Ein junges Mädchen darf auch nicht ewig »Sissi« bleiben – und an eine Fortsetzung dieser Serie kann schon deshalb kaum gedacht werden, weil man sonst die historischen Wirklichkeiten auf den Kopf stellen müßte: bekanntlich ist die Ehe zwischen Kaiser Franz Joseph und seiner Sissi nicht gut ausgegangen.

Romy ist über diese Ironie der Welt- und Filmgeschichte sehr erbaut, denn sie möchte endlich einmal wieder etwas anderes als eine Prinzessin, junge Kaiserin oder k. und k. Bäckerstochter spielen.

Robinson soll nicht sterben ist zwar auch ein Kostümfilm, aber Handlung und Personen liegen auf einer ganz anderen Ebene. Dieser Film, der sie nicht ins höfische Milieu zwingt, hat ihr deshalb ganz besonders Freude gemacht. Er hat ihr Entfaltungsmöglichkeiten gegeben, die sie bisher noch gar nicht so richtig hatte.

Ebenso wird es mit ihrem nächsten Film *Monpti* nach Vaszarys Roman sein. Gelegentlich äußern Filmleute mir gegenüber Bedenken gegen derartige Romy-Filme. Sie haben die ganz breiten Publikumserfolge von *Mädchenjahre einer Königin*, *Die Deutschmeister*, *Sissi* und *Sissi, die junge Kaiserin* vor Augen und möchten am liebsten ewig so weitermachen. Sie meinen, das sei wenigstens kaufmännisch gesehen eine todsichere »Masche«. Ich bin gegen »Maschen«, und das einzig Todsichere daran wäre, daß Romy zu Tode gesissit würde.

In ein paar Jahren, wahrscheinlich aber noch viel schneller, würde Romy ein für allemal abgestempelt sein und dieses fatale Etikett nie wieder loswerden. Ihr selber würde dieses Klischee zum Hals heraushängen – und dem Publikum auch.

Wenn Romy an ihre eigene schauspielerische Entwicklung und an ihre Zukunft denkt – und sie denkt nur daran –, dann muß sie mit Überlegung und sicherem Gefühl an die Auswahl ihrer Rollen herangehen. Glücklicherweise tut sie das aus eigenem Antrieb, weil sie ihre Fähigkeiten und Möglichkeiten wachsen fühlt und sie dementsprechend beurteilt.

Die Auswahl der Rollen bleibt Romy sehr weitgehend selbst überlassen, und das ist einer der Vorteile, die ich ihr auf Grund meiner eigenen Filmerfahrungen verschaffen konnte. Als meine Filmkarriere sich entwickelte, unterschrieb ich Verträge, die mich praktisch verpflichteten, soundso viele Filme im Jahr zu drehen, ganz gleich, welche Art von Rollen mir von den Produzenten zugedacht wurden. Dadurch war ich genötigt, in vielen Filmen Hauptrollen zu übernehmen, die meinem persönlichen Geschmack gar nicht zusagten.

Vor dieser Mühle, die ganz allein von geschäftlichen Überlegungen angetrieben wird, konnte ich Romy bewahren. Sie soll die Möglichkeit haben, auch nein zu sagen, wenn Stoff oder Rolle ihr mehr schaden als nützen könnten. Wenn ich die

Rollen bedenke, die Romy im Laufe der letzten Zeit schon angetragen worden sind, bin ich heilfroh, daß es keinen Vertrag gibt, der sie zwingen kann, so etwas zu spielen. Bis jetzt ist es jedenfalls immer gelungen, eine Auswahl zu treffen, die vom Publikum beifällig aufgenommen wurde, ohne daß dabei ein künstlerisches Niveau verlassen werden mußte.

Unsere letzte gemeinsame Arbeit war *Die Halbzarte*, ein österreichischer Film unter der Regie von Rolf Thiele. Ich war Frau Dassau und Romy meine Tochter Nicole. Trotz aller Turbulenz und der schönen Dekorationen von Bele Bachem war der Film kein Erfolg, auch Josef Meinrad als mein Film-Ehemann und Rudolf Forster konnten ihn nicht retten.

Schon um die Festlegung auf ein bestimmtes Klischee zu vermeiden, wird Romy auch in Zukunft sehr verschiedenartige Filme machen wollen. Sie wird sicher noch in Filmen spielen, die einfach »lieb und hübsch« sind, Filme, die nur zur Entspannung und zu einer wohltuenden Erholung vom Alltag unserer Zeit da sind. Sie möchte aber auch Rollen spielen, die etwas mehr vom Publikum verlangen und die es auf eine andere Art fesseln können. Die Schwierigkeit bei allen Plänen für die Zukunft liegt in der Kunst, zwischen zwei Extremen einen gangbaren Mittelweg zu finden. Das eine Extrem ist, daß man sich bedingungslos dem geschäftlichen Erfolg verschreibt, das andere liegt in der ausschließlich künstlerischen Zielsetzung.

Wenn man sich lediglich ans Geschäft halten wollte, also nur an den breitesten Publikumserfolg mit vollen Kinokassen, müßten wir beide jetzt wahrscheinlich noch ein paar Kaiser- und Prinzessinnen-Filme drehen – und in ein paar Jahren wären wir restlos erledigt.

Ebenso erledigt ist eine Schauspielerin, wenn sie einige Filme macht, die kein Geschäft oder sogar eine finanzielle Pleite sind – mögen sie im übrigen noch so hochkünstlerisch sein. Jeder

Produzent wird sich mit Recht dagegen wehren, eine Schauspielerin, bei der er draufzahlen muß, weiter in Hauptrollen zu beschäftigen.

Hochkünstlerische Filme, die zugleich ein großes Geschäft sind – wie zum Beispiel *La Strada* –, gehören zu den ganz seltenen Ausnahmen.

Viele Leute glauben immer noch, daß mit Beziehungen, Freunden und Protektion beim Film Reichtümer zu holen seien. Meines Wissens aber gibt es keine Produzenten, die aus reiner Menschenfreundlichkeit Konkurs machen wollen. Deshalb sind die Gesetze des Films in Wahrheit erbarmungslos. Ein Schauspieler, der nicht einigermaßen zugleich künstlerisch und finanziell beim Publikum ankommt, hat blitzschnell ausgespielt. Da würde es ihm auch nichts helfen, wenn er mit dem Geldgeber auf du und du steht.

Es ist Romys Glück, daß sie bisher beide Seite zufriedenstellen konnte. Es wird auf die Auswahl ihrer künftigen Filmstoffe ankommen, ob ihr dieses Glück treu bleibt. Deshalb legt sie so großen Wert darauf, nicht unbedacht eine Rolle anzunehmen, auch wenn sie im ersten Augenblick noch so verlockend erscheinen mag. Was ich ihr dabei aus meinen langen Erfahrungen zur Verfügung stellen kann, gebe ich gern. Ein sicheres Rezept gibt es allerdings nicht.

Wichtig ist, daß sich eine Schauspielerin nie auf ihrem Erfolg und ihren Lorbeeren ausruht. Romys Arbeitswut und Temperament lassen ohnehin keine selbstzufriedene Ruhe aufkommen. Da ihr ganzes Leben und Streben dem Beruf gehört, möchte sie von sich aus am liebsten pausenlos lernen und arbeiten. Sie weiß, daß man sich nur damit eine solide Grundlage schaffen kann.

Daß Romy neben ihrer Filmarbeit noch Kunstgeschichte studiert und Sprachen lernt, habe ich schon erwähnt. Sie hat ja den brennenden Wunsch, auch einmal auf der Bühne Theater zu spielen. Die räumlichen und akustischen Verhältnisse des

Theaters setzen bekanntlich eine ganz andere Technik voraus als das Spiel vor einer Kamera und einem Mikrophon.

Früher, als ich noch nicht ahnte, daß Romy plötzlich zum Film kommmen würde, habe ich mir manchmal im stillen Gedanken darüber gemacht, was ich wohl tun würde, wenn meine Tochter einen solchen Berufswunsch äußern würde. Damals habe ich mir das alles sehr gescheit zurechtgelegt: Ich wollte auf jeden Fall von ihr verlangen, daß sie dann zunächst einmal für ein paar Jahre an ein Provinztheater geht, um sich die ersten Sporen zu verdienen. Dabei hatte ich natürlich meine eigene Laufbahn vor Augen und fand es ganz unerläßlich, so anzufangen.

Die Mama denkt – und dann kommt doch alles ganz anders. Bei Romy hat die Entwicklung den genau umgekehrten Verlauf genommen. Sie hat einfach ein paar Stufen übersprungen, doch nun möchte sie selber das Versäumte nachholen. Das ist um so schwerer, als sie von der laufenden Filmarbeit so sehr in Anspruch genommen wird, daß für diese Dinge kaum noch Zeit bleibt. Es gehört jedenfalls eine gute Portion Energie dazu, gewissermaßen nachträglich noch einmal freiwillig in die Schule zu gehen. Wenn Romy aber auch auf der Bühne spielen will, wird ihr nichts anderes übrigbleiben.

Soviel ich heute sehe, zeichnen sich in Romys zukünftiger Entwicklung drei Möglichkeiten ab, die zum Teil auch sehr gut nebeneinander herlaufen können.

Die erste liegt in Filmen, die wir in unserem Beruf als »populäre Publikumsfilme« bezeichnen. Das sind Filme nach breitem Geschmack, aber mit einem anspruchsvollen Stoff, Filme, die eine große Masse ansprechen sollen und doch kultiviert und sauber gemacht sind, eben etwa in der Art von *Sissi*.

Ich glaube nicht, daß jemand von einem Film wie *Sissi* sagen kann, daß er schlecht angelegt ist und daß man ihn lieber nicht hätte machen sollen. Natürlich gibt es immer Leute, die daran

herumnörgeln, aber die gibt es auch bei ausgesprochen künstlerischen Filmen. Das liegt daran, daß Meinungen und Geschmack glücklicherweise nicht uniformiert sind. Persönlich
aber kann ich nur wünschen, daß Romy nie einen schlechte-
ren Film als *Sissi* macht.

Die zweite von Romys Entwicklungsmöglichkeiten, die durchaus mit der ersten parallel laufen kann, liegt in ernsten Filmen,
die schauspielerisch anspruchsvoller sind, dafür aber vom
Stoff her eine breite Publikumswirkung haben. *Robinson soll
nicht sterben* ist meines Erachtens eine Mischung aus beiden
Möglichkeiten.

Die dritte der Möglichkeiten, die ich hier auszudeuten versuche, besteht in ausländischen Filmen.

Ich verrate kein Geheimnis, wenn ich berichte, daß Romy
darauf brennt, irgendwann einmal in Amerika zu filmen. Sie
kann sich nur jetzt noch nicht dazu entschließen, obwohl sie
auf verlockende Angebote zurückgreifen könnte, die ihr aus
Hollywood gemacht worden sind.

Romy hat sich bisher dazu entschlossen, keinen Amerika-
Vertrag anzunehmen, weil sie die Zeit dafür noch nicht für
gekommen hält. Es ist klar, daß wir diese Frage gemeinsam
sehr eingehend erörtert haben, als die Vertragsangebote auf
dem Tisch lagen. Mein Mann, Romy und ich waren in diesem
Punkt eigentlich einer Meinung. Romys Entwicklung hat ja im
Grunde erst begonnen. Zuerst war sie ein überraschender
Erfolg in Deutschland. Inzwischen hat sich gezeigt, daß sie
auch das Publikum in den nordischen Ländern erobern
konnte, ebenso wie die Kinobesucher in Belgien oder ganz im
Süden Europas, in Spanien und Portugal. Mit den neuen
Filmen, die jetzt herauskommen oder gedreht werden, wird
sich herausstellen, wie Romy in ganz anderen Rollen ankommt. Wie wird das Publikum auf eine Romy ohne Traum-
kleider und ohne Krone reagieren? Wie ich hoffe und glaube,
hängt Romys Erfolg nicht von solch oberflächlichen Zutaten

ab. Romy weiß selber, daß ihre Entwicklung erst weitergehen muß, und sie war deshalb ebenfalls der Meinung, mit Amerika noch etwas zu warten. Nach ein paar Jahren wird man erneut darüber reden können. Ich finde außerdem, daß sie noch so jung ist, daß sie nichts versäumt. Wenn sie noch ein wenig reifer ist, kann das bei einem Sprung nach Amerika nur von Vorteil sein. Ich sage immer: »Man muß so ein Kind ein bisserl wachsen lassen.« Man kann soviel verderben, wenn man einen Menschen nicht wachsen läßt. Mit der Persönlichkeit ist das genauso wie mit einem Körper, der zu schnell wächst – irgendwo stellt sich dabei ein Schaden ein.

Hinzu kommt, daß amerikanische Filmverträge viel schärfer sind als alles, was in Europa oder Deutschland üblich ist. Wenn Hollywood einen Star herausstellt, steckt es einige Millionen Dollar allein in die Publicity, um ihn erst einmal bekannt zu machen. Natürlich will die Filmgesellschaft davon auch den entsprechenden Nutzen haben und bindet den betreffenden Star durch einen langfristigen Vertrag an sich.

Wenn es zum Beispiel ein Siebenjahresvertrag ist, dann bedeutet das sieben Jahre lang ausschließlich Hollywood-Arbeit, ohne die Möglichkeit, dazwischen auch einmal wieder einen Film in Deutschland machen zu können. Nach dieser Zeit ist man in Deutschland praktisch vergessen, es sei denn, die Hollywood-Filme werden Weltschlager und kommen über den Ozean zu uns zurück. Dafür gibt es aber keine Garantie, ebensowenig läßt sich sagen, ob ein in Hollywood gedrehter Romy-Film in Deutschland auch ein Publikumserfolg wäre.

Der Film *Mädchenjahre einer Königin* ist in Hollywood einem internen Kreis von Produzenten vorgeführt worden. In der amerikanischen Filmmetropole gehört das fast zur täglichen Routine: ausländische Filme, die in ihren Heimatländern Erfolge sind, werden geholt und einem Gremium von Talentsuchern, Technikern und anderen Experten vorgeführt, denn Hollywood ist immer darauf bedacht, die Filmarbeit der ganzen Welt sehr sorgfältig zu verfolgen und zu studieren.

Nach der Vorführung von *Mädchenjahre* kamen die Vertragsangebote für Romy. Das scheint doch zu zeigen, daß man sich drüben mit Romy auch beim amerikanischen Publikum einen Erfolg versprechen würde.

Abwarten. Romy stimmt mit meinem Mann und mir darin überein, daß sie sich erst einmal hier in Deutschland ein festes Fundament in ihrem Beruf schaffen soll. Wenn sie sich jetzt mit einem anderen Land und mit einer ganz anderen Mentalität auseinandersetzen müßte, wäre das bestimmt ein Bruch in ihrer Entwicklung. Es könnte auch gutgehen, aber langfristige Verträge, wie sie von Hollywood vorgeschlagen wurden, könnten unter Umständen ihrer Zukunft im Wege stehen.

Ich selber habe mich nie dazu entschließen können, Hollywood-Angebote anzunehmen. Nach meinem Film *Liebelei* hätte ich die Möglichkeit gehabt, den Sprung über den Ozean zu machen – damals wie heute der Traum fast aller Filmdarsteller. Ich habe es nicht getan, weil ich vor der Dreijahresklausel zurückgeschreckt bin. Drei Jahre lang hätte ich nicht nach Europa zurückkehren dürfen.

Ich habe gewußt, daß ich das nicht aushalten würde. Vielleicht hätte ich mich überwinden können, wenn mir im Jahr wenigstens vier Wochen Europaurlaub zugestanden worden wären – aber auf solche Sentimentalitäten läßt sich Hollywood nicht ein.

Früher, als ich gelegentlich in Paris oder London filmte, war ich oft ganz krank vor Heimweh. Das ging so weit, daß ich beinahe arbeitsunfähig wurde. Ich konnte mir deshalb auch nicht vorstellen, drei Jahre lang in Amerika zu leben, ohne einmal nach Deutschland zu kommen, nach Berlin oder in die bayerische Bergwelt, die ich so sehr liebe. Möglicherweise hätte sich das gegeben, wenn ich erst einmal drüben gewesen wäre – wer will das heute sagen?

Vielleicht ist es Romy aus ähnlichen Gründen nicht allzu schwergefallen, daß wir die Amerika-Verträge vorläufig ausgeschlagen haben. Später, wenn ihre Entwicklung weitergegangen ist und sie auch einmal ganz selbständig entscheiden kann, wird sie wahrscheinlich anders handeln, als ich es einst getan habe. Aber auch das liegt in der Zukunft, die niemand kennt.

Eines ist sicher: solange ich da bin, werde ich immer auch für Romy dasein, in guten und erst recht in schlechten Tagen. Ich werde ihr meinen Rat geben, wenn sie ihn braucht, ich möchte sie trösten, wenn sie einmal Kummer hat, und ich will ihr helfen, wenn sie das Schicksal einmal in die Tinte setzen sollte. Aber ihren Weg muß und wird sie allein gehen.

Solange Kinder heranwachsen, sollen die Eltern ein fester Schutzwall sein, hinter den sie sich zurückziehen können, der sie vor den Stürmen draußen bewahrt. Doch mit jedem Lebensjahr werden aus Kindern immer selbständigere Menschen und schließlich Persönlichkeiten. Leider – aber auch verständlicherweise – können sich viele Eltern nicht damit abfinden, daß aus den kleinen, hilfebedürftigen Wesen eines Tages Erwachsene geworden sind, die das Nest verlassen und die Welt und das Leben auf eigene Faust erobern wollen.

Auch Romy wird das Nest eines Tages verlassen, und ich werde mich bemühen, »vernünftig« zu sein, soweit das Herz einer Mutter dazu fähig ist.

So sehe ich mit einem Lächeln und mit einer Träne in die Zukunft.

Zeiten der Ruhe - Zeiten der Spannungen

*Endlich ausspannen – Filmball in Brüssel – Den Schein wahren –
Die Theaterpremiere · ein Triumph – Zeiten des Glücks – Die
Trennung – Klein-David ist da – Ich begann alles zu ahnen*

Morgen beginnt das Leben · Drei Frauen im Haus

Als im Februar 1959 die Premiere des Films Die Halbzarte *stattfindet, will Magda Schneider damit selbst einen Schlußpunkt setzen und sich im Privatleben vielen Dingen widmen, für die sie in anstrengenden Berufsjahren nicht Zeit und Muße fand. Sie ist fünfzig Jahre alt, malt gern und lebt zeitweilig in einer Villa bei Lugano. Romy dreht ihren vierzehnten Film in Paris, der Sohn Wolfdieter nimmt ein Medizinstudium auf. Reisen zu Filmpremieren und Repräsentationen, die das Hotelgewerbe ihres Ehemannes Hans Herbert Blatzheim mit sich bringt, nehmen ihre Zeit in Anspruch, geben ihr aber nur scheinbare Befriedigung. So nimmt sie regen Anteil an Romys internationaler Karriere, ihrer Theaterpremiere in Paris, ihren Erfolgen in Amerika, an ihrer Liebe zu Alain Delon und der Heirat mit dem Schauspieler und Regisseur Harry Meyen. Im Dezember 1966 wird sie Großmutter ihres Enkels David Christopher und der Enkelin Caroline, der Tochter ihres Sohnes Wolfdieter. Nur wenige Monate später, im Februar 1967, stirbt ihr geschiedener Mann Wolf Albach-Retty, im Mai 1968 überraschend auch Hans Herbert Blatzheim. Wieder einmal ist eine Lebensphase zu Ende gegangen, Magda Schneider sucht eine sinnvolle Neuorientierung.*

Die folgenden Texte schrieb Magda Schneider Ende 1982, in den ersten Monaten der Selbstfindung nach den härtesten Schicksalsschlägen. Für sie bedeutete die Zeit des Schreibens Besinnung und Rückschau.

Nach den aufregenden Berufsjahren in den 50er Jahren – immerhin waren es auch wieder elf Filme in sieben Jahren, in denen ich gespielt hatte – wollte ich ausspannen, und das war auch der Wunsch meines Mannes. Ich hatte das Gefühl, daß der deutsche Spielfilm in der Bundesrepublik in eine Krise geraten war, die Rollenangebote wurden immer enger. Heimatfilme mit Wald- und Wiesenthematik bestimmten das Angebot, ebenso Militär-Grotesken, kleinbürgerliche Unterhaltungsfilme mit dürftiger Handlung. Es gab nur wenige Ausnahmen von Regisseuren, die gute Stoffe durchsetzen konnten, und die jungen Regisseure waren noch nicht auf dem Plan, sie kamen erst in der ersten Hälfte der sechziger Jahre mit Spielfilmangeboten, die aufhorchen ließen. Das Fernsehen mit eigenen Produktionen war noch nicht breit entwickelt. Erst 1968 spielte ich in meiner ersten Fernsehserie *Drei Frauen im Haus*. So verfolgte ich den weiteren Berufs- und Lebensweg von Romy mit größtem Interesse. Ich fuhr oft nach Frankreich zu ihren Filmpremieren oder auch vorher zu Dreharbeiten, kannte die französischen Schauspieler Jean-Claude Brialy und Michel Piccoli genau, ihre Freunde Jean Cocteau und Georges Baume. Zu den Filmfestspielen waren wir zusammen eingeladen, ebenso zu Filmbällen und Empfängen. Als Romy dann nach Amerika ging und ihre Hollywood-Karriere begann, telefonierten wir häufig. Aber oft waren wir in unserem Haus in Mariengrund zusammen, ob nun in den Ferien oder zu familiären Anlässen, von denen es eine ganze Menge gab.

Ich denke an das Jahr 1958 und an Alain Delon, wie dieser Junge auf dem Flughafen Paris Orly die Treppe herunterkam: so schlank, so lässig, so schön mit seinem schwarzen Haar und diesen Augen, die kein anderer Mann hat – intensiv veilchenfarben.

Ein moderner Prinz, dachte ich. Er ging auf Romy zu. Die beiden hatten sich noch nie gesehen. Jetzt sollten sie in einem Film zusammen spielen: *Christine* – jenes wunderschöne alte Thema von der *Liebelei*, das ich selber mit großem Erfolg verfilmt hatte.

Alain Delon hatte erst drei Filme gemacht. Aber die Photographen balgten sich um diese Szene: Es war eine große deutsch-französische Begegnung von Jugend und Schönheit.

Ich beobachtete meine Romy von der Seite. Sie war schon ein selbstbewußter Star, damals 1958. Was hatte sie nicht alles gedreht – von unserem ersten gemeinsamen Film *Wenn der weiße Flieder wieder blüht* bis zu den drei *Sissi*-Filmen und unserem letzten, *Die Halbzarte*.

Romy war elektrisiert von diesem Alain Delon – ich erkannte das hinter aller Selbstsicherheit –, ich wußte ja: Meine Romy war ein hellwaches, unglaublich neugieriges, abenteuerlustiges Geschöpf, ein »Haferl«, ein Topf, der schnell überkocht. Sie verliebte sich leicht, sie verliebte sich oft. Ich als Mutter und Vertraute wußte damals nicht: Hatte sie schon mal etwas mit einem Mann?

»Willkommen in Frankreich!« sagte Alain Delon.

Romy antwortete ihm mit ihrem schon sehr netten flüssigen Französisch. Es knisterte.

Alain Delon traf auf meine Romy, dieses Mädchen aus einer völlig anderen Welt: geboren in Wien, aufgewachsen in der wundervollen Natur zwischen Watzmann, Jenner und Hohem Göll...

Als Romy und Delon sich zum ersten Mal begegneten, spürte ich nur dunkel: Da kommt etwas auf sie zu. Es muß schon ein Wunder geschehen, wenn dieser Kelch an ihr vorübergeht, dachte ich.

Der Kelch ging nicht an ihr vorüber. Die beiden standen im Atelier immer nur beieinander. Ich wohnte mit Romy im Hotel. Ich glaube nicht, daß Alain schon damals zum Ziel kam. Aber ich mußte ja auch mal wieder abreisen... Als ich die beiden wiedersah, war alles schon geschehen.

Mein zweiter Mann, der Gastronom Hans Herbert Blatzheim, und ich erwarteten Romy auf dem Hauptbahnhof Brüssel. Sie sollte mit Alain zu einem großen Filmball kommen. In Brüssel fand gerade die Weltausstellung statt.

Der Zug lief ein. Wir sahen Romy und Alain dicht nebeneinander sitzen. Da wußte ich: ein Liebespaar. Eine Frau merkt das. »Daddy« Blatzheim merkte das offenbar auch. Er konnte Alain Delon von Anfang an nicht ausstehen. Er war so sauer, daß er den Bahnsteig verließ.

Eine merkwürdige Reaktion – für einen Stiefvater. Was ging ihn das an? Was verletzte ihn? Romy war zwanzig, vorzeitig großjährig erklärt...

Ich glaube, hinter Blatzheims Empörung steckte ein komplizierter psychologischer Vorgang – und er glaubte, daß ich davon nichts ahnte. Er sah wohl in Romy eine junge Verkörperung von mir und war im Grunde heimlich in Romy verliebt, und darum wahnsinnig eifersüchtig.

Ich hatte das genau beobachtet. Wenn sich Romy zum Beispiel vergnügt auf den Schoß ihres Bruders Wolfi setzte, explodierte Blatzheim: »Laß das doch! So etwas macht man nicht!«

Wie das bei älteren Männern oft so ist: Die Sehnsucht nach der Jugend brennt – ... Blatzheim wollte Romy nicht »verlieren« – schon gar nicht an diesen »hergelaufenen« Franzosen Delon.

Ich war der Puffer zwischen diesen beiden Zügen Romy und Blatzheim, die beängstigend aufeinander zufuhren. Beim Filmball sollte es dann richtig krachen.

»Das sage ich dir«, fauchte mich mein Mann an, »wenn dieser Kerl an unseren Tisch kommt, stehe ich auf und gehe!«

Ich faßte mir ein Herz und sagte: »Alain Delon wird an unserem Tisch sitzen. Und du gehörst gar nicht an diesen Gala-Tisch, so leid es mir tut. Das ist nämlich der Tisch für die Filmprominenz.«

Das war eine bittere Pille für meinen Mann. Zähneknirschend setzte er sich also an einen anderen Tisch und mußte den ganzen Abend mit ansehen, wie Romy und Alain schäkerten und Wange an Wange tanzten. Er haßte Delon, der für ihn alles verkörperte, was unseriös, unmoralisch, gefährlich und fremd war.

Auch ich hatte Angst um Romy. Ich sah, wie magnetisch sie sich von Alain angezogen fühlte.

Da war Georges Baume, von Beruf war er Journalist und Filmproduzent. Er räumte Delon und Romy eine prachtvolle Wohnung in der Pariser Avenue de Massine ein. Das war dann die Wohnung, in der Romy sehr glücklich war.

Da war Jean-Claude Brialy, der beste Freund von Alain Delon. Er war schon damals ein erfolgreicher Schauspieler und der große junge Star.

Wenn wir zu viert durch Paris bummelten, nahm Delon natürlich Romys Arm und Brialy den meinen. »Das ist auch nicht schlecht«, sagte er dann galant.

Danach habe ich manchen Abend in meinem Bett in Paris gedacht: Lieber Gott, mach doch, daß sich Romy in Jean-Claude verliebt!

Aber das war nur ein hoffnungsloser Wunsch.

Warum hat sich Romy ausgerechnet diesem faszinierenden Alain ausgeliefert? Vielleicht würde ein Psychologe sagen: Sie liebte gerade die »Windhunde« – weil ihr Vater Wolf Albach-Retty eben auch ein Windhund gewesen ist.

Stiefvater »Daddy« Blatzheim – ein selbstbewußter, harter Geschäftsmann – wollte sich mit dem »Untergang« seiner Romy in den Armen von Delon nicht abfinden.

Er telefonierte mit Romy – und sie schrien sich an. Er schrieb ihr wütende Briefe – die er später bedauerte. In seinen Lebenserinnerungen schrieb er: »Es war wie ein Familiendrama aus der Elisabethanischen Zeit. Zum Schluß liegen lauter Leichen auf der Bühne.«

Als nichts half, verlangte Blatzheim wenigstens eine offizielle Verlobung von Romy und Delon. Wenigstens der Schein sollte gewahrt werden.

Zur Verlobung kam Alain Delon schließlich doch – aber wie! Schauplatz: Morcote bei Lugano, wo die Blatzheim-Villa stand. Datum: März 1959. Alain und Romy hatten offenbar beschlossen, aus dieser Verlobung eine Posse zu machen.

Zum feierlichen Abendessen am Vorabend der Verlobung kam Alain Delon nicht im Anzug in das elegante Restaurant – er hatte einen Pullover an, darunter kein Hemd.

Am Morgen, am Tag der Verlobung, schien die Welt wieder in Ordnung zu sein. Mein Mann zeigte sich, trotz aller Wut auf Delon, von seiner besten Seite. In seiner Großzügigkeit als Gastgeber machte ihm niemand etwas vor. Er überließ Alain Delon sogar sein schnellstes Motorboot.

Ich warnte noch: »Tu's nicht, der fährt doch wie narrisch.« Aber Blatzheim hörte nicht.

Delon kurvte mit dem Renner über den spiegelblanken Luganer See, daß das Heckwasser lange, weiße Gischtfahnen bildete. Er tobte sich mit Vollgas aus.

Endlich steuerte er das teure Schiff mit elegantem Schwung in unsere Bootsgarage. Die Einfahrt war ziemlich eng. Krach –

das Boot rammte eine Steinwand, die Außenverkleidung hatte ein großes Loch.

Delon sah mein entsetztes Gesicht, sprang auf, flehte: »Oh – excusez-moi … Entschuldigen Sie bitte.« Er gab mir ein Küßchen rechts und ein Küßchen links, umarmte mich, bedauerte. Er war plötzlich so zärtlich, daß ich das Gefühl hatte, er wollte mich auffressen. So war er: Bei Frauen, egal in welchem Alter, benahm er sich bezaubernd. Starke Männer haßte er, sah er als Herausforderung – auch »Daddy« Blatzheim. Delon war grausam und zärtlich in einem Atemzug. Darum liebte Romy ihn abgöttisch. Ich habe viel Phantasie, aber ich konnte mir nicht vorstellen, wie Romy das alles innerlich verarbeitete.

Ich hätte viel darum gegeben, wenn ich diese Verlobung hätte verhindern können.

Alain Delon hatte nicht einmal einen richtigen Anzug mitgebracht. Er fand die ganze Geschichte komisch.

Romy hielt das Ganze für eine spießige Inszenierung von »Daddy« Blatzheim, mir zerriß es das Herz …

Eigentlich wollte niemand hier in Lugano etwas von der Verlobung wissen – außer Blatzheim.

Nur die Meute der internationalen Photographen hatte wirklich etwas davon. Sie drängelten sich in unserem Haus.

Die Cocktail-Party am Abend war ein Alptraum. Aber Romy und Alain sahen wenigstens äußerlich wie ein Traumpaar aus. Ich glaube, daß meine Tochter wenigstens die Publicity genossen hat. Sie liebte Wirbel um ihre Person. Schon als Kind stand sie gern im Mittelpunkt. So lieb sie war – eitel war sie auch ein bißchen.

Es war Romy angeboren, die Hauptrolle zu spielen, Bewunderung zu fordern. Hinzu kam ein unglaubliches Temperament – und damit sind wir wieder bei Alain Delon, ein bißchen hatte auch sie schuld.

Romy konnte jähzornig sein. Beim kleinsten Anlaß ging sie hoch wie Schießpulver. Sie war eine von den Frauen, die immer das letzte Wort haben müssen. Irgendwie kann ich es sogar verstehen – natürlich nicht billigen –, daß da ein Mann sagte: »Ich klebe dir eine!«

Ich erinnere mich an eine kostbare große Vase, die Romy und Alain auf ihrem Landsitz nahe Paris hatten. Dieser Landsitz hieß Tancrou, an der Mauer war eine umgebaute Abtei. Alles war sehr gemütlich, mit alten Deckenbalken und rustikaler Einrichtung. Bei einem Krach mit Romy nahm Alain die herrliche Vase und zerschmetterte sie – glücklicherweise nicht an Romys Kopf, sondern an seinen sechs Dobermännern im Zwinger.

Romy bewunderte ihn, sie war sehr glücklich, trotz allem.

Alain war von der Idee besessen, sich in Tancrou einen Turm zu bauen, in dem er angeblich arbeiten wollte.

Natürlich war Romy von der Idee fasziniert.

Sie rief an: »Mami, ich habe eine tolle Idee! Alain wünscht sich einen Turm. Und ich werde ihm diesen Turm zum Geburtstag schenken. Ich brauche sofort 500 000 Mark.«

500 000 Mark waren Anfang der 60er Jahre ein Lottogewinn von 1,4 Millionen Mark.

»Du bist verrückt!« sagte ich zu Romy. »Aber ich werde mit Daddy sprechen!«

»Ach, sprich doch nicht mit dem!« Sie wollte das Geld sofort haben. »Ich habe das doch alles verdient.«

Romy hatte keinen Sinn für den Wert von Geld entwickelt, so sehr ich mich immer darum bemüht hatte. Sie war unglaublich großzügig. Wenn ihr zum Beispiel ein Mantel gefiel, kaufte sie gleich drei davon. Und brachte vom selben Einkaufsbummel einer Freundin noch eine teure Uhr mit ... Vielleicht hat sie versucht, sich mit Geld auch Liebe zu erkaufen.

Ich trage heute noch einmalig schöne Ohrclips – mit dem dazu passenden Ring – aus purem Gold: Antike Löwenköpfe, von dem weltberühmten römischen Juwelier Bulgari entworfen. Romy hat mir das Ensemble mal zum Geburtstag geschenkt, als »kleines Angebinde« zu einem Festessen bei Maxim's in Paris (das Essen bezahlte sie natürlich auch).

Sie war eine Verschwenderin. Ich glaube, sie hat nie verstanden, daß ich als junge Filmschauspielerin alle meine Gagen eisern gespart habe, um mir das Haus zu bauen, in dem Romy aufgewachsen ist. Und in dem ich noch heute wohne.

Für Romy war Geld zum Ausgeben da. Aber sie konnte über das Geld, das sie mit ihren Filmen verdient hatte, nicht einfach frei verfügen. Es war angelegt – in der Schweiz. Blatzheim war ihr Vormund. Er handelte ihre Filmverträge aus.

Als Romy achtzehn war, sagte Blatzheim zu ihr: »Du bist gescheit und gewitzt genug, um selbst zu wissen, was du tust. Ich will nicht länger dein Vormund sein. Wenn du willst, bin ich gern bereit, deine Geschäfte weiter in der Hand zu behalten, aber dann auf freiwilliger Basis. Wir lassen dich vorzeitig für volljährig erklären. Dann kann auch niemand mehr sagen, daß ich dich bevormunde.«

Romy wurde vorzeitig für volljährig erklärt – und sie erteilte Blatzheim danach, aus freien Stücken, eine Vollmacht für die Wahrnehmung der geschäftlichen Interessen.

Blatzheim legte Romys Geld in der Schweiz an. Er ließ ihr ein monatliches Taschengeld von 5000 Mark auszahlen, eine Summe, die zu einem sehr guten Leben reichte. Gagen und Gewinne gegen Ausgaben und die monatlichen Raten aufgerechnet, ergaben damals ein Haben von 700 000 Mark auf Schweizer Konten.

Als ich Blatzheim von den 500 000 Mark für den Turm erzählte, war er fassungslos. »Du gehörst eingeliefert!« Sagte er – womit er nicht ganz unrecht hatte.

Es gab nächtelange Streitereien wegen der halben Million. Ich habe unendlich darunter gelitten. So arg zwischen zwei Feuern zu stehen, zwischen dem Mann, den ich liebte und der ja als Geschäftsmann recht hatte – und der Tochter, die ich liebte und die dieses Geld schließlich verdient hatte.

Ich habe Blatzheim am Ende erweichen können. Romy bekam das Geld für den Turm in Tancrou.

Doch Alain Delon lehnte das Geschenk von Romy stolz ab. Inzwischen verdiente er beim Film selbst blendend, sich von einer Frau etwas »schenken« zu lassen, ging ihm gegen die Natur.

Der Turm von Tancrou wurde nie gebaut. Wie Romy die 500 000 Mark ausgegeben hat, weiß ich nicht. Es ist ihr sicher nicht schwergefallen.

Luchino Visconti gilt als der große Filmschöpfer des italienischen Nachkriegsfilms. Visconti war darüber hinaus einer der kühnsten Theater- und Opernregisseure Europas.

Zu ihm nach Mailand fuhr Alain Delon 1961. Visconti bot ihm die Chance seines Lebens: Delon sollte einen jungen sizilianischen Boxer spielen, der im nördlichen Italien verzweifelt um den Weg nach oben kämpft. *Rocco und seine Brüder* war für Delon der Durchbruch.

Aber auch Romy hatte ein große Chance: Der geniale Regisseur Fritz Kortner drehte mit ihr in Deutschland für das Fernsehen eine moderne Version des Lysistrata-Themas. Auch Romy hatte ihren großen Durchbruch. Gustaf Gründgens, der Hexenmeister des Theaters, sagte nach der *Lysistrata*: »Romy ist begabt. Sie wird eine gute Schauspielerin.«

Ich habe das schon lange gewußt. Nicht, weil sie meine Tochter ist. Sondern weil sie einfach eine enorme Ausstrahlung und unglaublichen Ehrgeiz hatte.

Mit frischem Ruhm bekränzt, fuhr Romy nach Mailand. Natürlich wollte Visconti von ihr zuerst nichts wissen – eine Frau, Deutsche, Konkurrentin in der Liebe zu Delon!

Visconti hat sich Romy sehr streng angesehen. Und er merkte bald, daß sie aus besonderem Stoff war. Es gefiel ihm, daß Romy keine moralischen Vorbehalte hatte: Visconti, Delon und Romy wurden ein unzertrennliches Trio.

Ich weiß, daß meine Tochter auch Visconti liebte. Sie sagte mir einmal: »Ich würde ihn so gern in die Arme nehmen.« Er wollte Romy und Alain in Paris im Theater präsentieren. Das war für Romy wie Rauschgift.

Visconti plante »etwas Wildes, Gewalttätiges, Großes«. Das Stück *Schade, daß sie eine Dirne ist* von John Ford beschrieb die Liebe zwischen einem italienischen Adligen und seiner Schwester zur Zeit der Renaissance.

Inzest! schrien die Leute. Und das mit der reinen Romy! Die Sissi wirft sich in den Schmutz!

Romy sah nur ihre Chance. Sie arbeitete wie eine Verrückte. Sie mußte ja nicht nur ihre erste Theaterrolle bewältigen – sie mußte vor allem bühnenreifes Französisch lernen!

Was Romy durchgemacht hat, kann sich kein Mensch vorstellen. Visconti quälte sie bis aufs Blut. Bei den Proben im Théâtre de Paris war seine Romina oft am Rande des Nervenzusammenbruchs. Die Qualen auf der Bühne, die chaotischen Verhältnisse zwischen allen Beteiligten hielt sie für den Höhepunkt ihres Lebens.

Romy brach während einer Theaterprobe ohnmächtig zusammen. Im Krankenhaus entdeckten die Ärzte, daß ein Blinddarmdurchbruch unmittelbar bevorstand. Der Blinddarm hatte sich schwarzblau verfärbt. Lebensgefahr. Die Theaterpremiere mußte verschoben werden. Ich fuhr sofort nach Paris.

Romy bekam Trost: Tausende von Briefen. Jean Cocteau zeichnete ihr den Kopf eines französischen Soldaten und schrieb dazu: »Frankreich befiehlt dir, wieder gesund zu werden!«

Endlich gehörte sie dazu! Das zeigte auch die Premiere am 29. März 1961. Im Parkett saßen Stars wie Ingrid Bergman, Anna Magnani, Edith Piaf, Curd Jürgens, Josef Meinrad, Jean Cocteau und Jean Marais.

Die sonst so hochmütige Pariser Presse lobte Romy über den grünen Klee. Ihr Auftritt war das Ereignis der Saison.

Für Romy begann eine neue Zeit wahnwitziger Beanspruchungen – beruflich und privat. Ich blieb noch einige Zeit in Paris an ihrer Seite, Vertrauen, Zuspruch, Verstehen, Rat – das war es, was ich ihr geben konnte.

Romy und Alain aßen festlich im Hotel Sacher in Wien, dann gingen sie in den Nachtclub Eve und schauten sich nackte Damen an. Als sie herauskamen, waren sie ausgelassen wie Kinder. Alain schlug auf dem Rasenplatz vor der Albertina, der berühmten Kunstsammlung, Purzelbäume... Die beiden konnten glücklicher als jedes Paar auf Erden sein. Gerade weil sie sich zeitweise gegenseitig zerfetzten, waren die Zeiten des Glücks unbeschreiblich intensiv.

Ich erinnere mich, wie Alain Delon uns hier in den Bergen am Königsee besuchte. Fassungslos stand er vor den Gipfeln. Dann spielte er mit dem Salzburger Regisseur Hermann Leitner, einem alten Freund von mir und Romy, Fußball.

»Schau ihn dir mal an«, sagte Romy nach dem Spiel zu Leitner. »Sieht er nicht aus wie mein Papile?« Sie liebte in Delon auch ihren Vater.

Romy war durch Alain Delon in ein völlig neues Leben hineingeraten.

Sie drehte mit Luchino Visconti *Boccaccio 70*. Orson Welles, das amerikanische Genie, machte mit ihr den Kafka-Film *Der Prozeß*, und dann »emigrierte sie in den Weltruhm«, wie Gregor von Rezzori schrieb – nach Hollywood.

Carl Foreman drehte mit ihr *Die Sieger* – da war sie Partnerin von Weltstars wie George Hamilton, George Peppard, Eli Wallach, Melina Mercouri, Jeanne Moreau.

Amerika feierte sie in *Der Kardinal* von Otto Preminger und in einer Komödie mit Jack Lemmon: *Leih mir deinen Mann*.

Jetzt war sie überall ein großer Star und konnte uns allen das Hochgefühl ihres Erfolges mitteilen. Das war ja eine ihrer großen Begabungen: ihre Liebe, ihre Freude auf andere Menschen zu übertragen.

Ich erinnere mich an ein Weihnachtsfest. Romy kam aus Amerika nach Berchtesgaden. Wir feierten wie üblich in unserem Bauernhaus mit der ganzen Familie.

Romy bekam von Hans Herbert Blatzheim und mir einen Pelzmantel. Plötzlich hatte sie eine Idee: »Setzt euch alle hin! Auf den Boden! Rund um den Kamin!«

Dann verschwand sie.

Sie kam wieder im Pelzmantel, hatte eine Skihaube auf dem Kopf, Fäustlinge an den Händen, derbe Wollstrümpfe an den Beinen.

Sie begann einen Striptease – unendlich raffiniert, unglaublich komisch. Langsam entledigte sie sich des Mantels, der Haube, der Handschuhe, der Strümpfe. Dann stand sie da wie ein Dorf-Trampel – in Skiunterwäsche.

Wir lachten Tränen. Romy war einfach ein Naturtalent. Deswegen war sie ja auch Schauspielerin geworden. Ich, ihre Mutter, hatte ja immer geglaubt, daß sie einmal bildende Künstlerin wird. Ich wußte, wie unendlich schwer es für eine Frau ist, sich als Schauspielerin durchzusetzen. Das wollte ich eigentlich meiner Romy ersparen.

Später hat sie einen Komplex gegenüber ihren Mädchenrollen entwickelt. Alle sahen sie nur als Sissi . . .

Gerade in Paris konnte sie das »Mademoiselle Sissi« einfach nicht mehr hören. Und sie war unendlich glücklich, daß eine große Schauspielerin und erfahrene Frau wie Simone Signoret ihr die Freundschaft anbot: »Das war Medizin gegen den Sissi-Komplex.«

Alain Delon hat viel dafür getan, daß sie als Schauspielerin ein neues Selbstbewußtsein gewann. Er freute sich ehrlich darüber, daß Romy ein großer Star geworden war. Nur privat waren sie wie Hund und Katze. Romy wollte aus Alain unbedingt einen treuen Ehemann machen, der abends brav zu ihr zurückkehrt. Alain reagierte störrisch. Er konnte nicht treu sein. Romys Tränen reizten ihn bis zur Gewalttätigkeit.

Immer wieder sagte er: »Ich mache dich unglücklich, Puppele. Ich bin kein Mann für eine einzige Frau!«

Ich dachte, ich sehe eine Erscheinung. Plötzlich stand Romy auf der Terrasse meines Hauses in Berchtesgaden. Es war Anfang Januar 1964, an einem kalten, düsteren Nachmittag. Sie hatte nicht angerufen. Sie streckte beide Arme wie eine Ertrinkende nach mir aus. »Mamilein, ich kann nicht mehr.«
Es war aus mit Alain Delon. Romy war aus Paris geflohen. Was ich erfuhr, zerriß mir das Herz. Es war ein Abschied auf Raten gewesen – über viele traurige Monate hinweg. In all diesen Monaten hatte Romy um Alain gekämpft. Sie konnte einfach nicht glauben, daß die große Liebe ihres Lebens zu Ende sein sollte...
Es gab Kräche, dramatische Versöhnungen, die nichts bewirkten. Im Dezember 1963 war Romy von Filmarbeiten in Amerika zurückgekommen. Sie wollte Alain in einem Hotel in Versailles treffen. Sie fand im Zimmer nur einen Strauß mit 50 roten Rosen – und dazu diesen Zettel von Alain: »Bin mit Nathalie nach Mexiko. Alles Gute.«
»France Soir« druckte ein Telefon-Interview mit Romy. Mir kommen noch heute die Tränen, wenn ich es lese: »Es ist wahr... Was soll ich sagen... Er ist einfach weggeflogen... Die Verlobung... Ich glaube, ja, die ist aus... Entschuldigen Sie mich.«
Auch Delon gab öffentliche Kommentare ab. »Ich bin überzeugt davon, daß ich für Romy nicht der richtige Lebenskamerad bin, Romy ist zu schade für mich. Es wäre unfair gewesen, ihr etwas von Heirat, Ehe und Kindern vorzugaukeln. Ich bin dem Leben gegenüber anders eingestellt als Romy. Sie ist so unerfahren, so ahnungslos in vielen Dingen, daß ich mir manchmal richtig schlecht ihr gegenüber vorgekommen bin.«
Romy war zu mir nach Hause geflogen. Ein Häufchen Elend.
Ich hielt es für richtig, daß sie etwas völlig Neues erlebte. Mein

Mann hatte Karten für die Olympischen Winterspiele in Innsbruck. Wir nahmen Romy mit.

Unser Eislauf-Traumpaar Kilius-Bäumler hatte damals seinen tragischen Sturz, der die Goldmedaille kostete. Romy saß am Nebentisch und hörte, wie die beiden am nächsten Tag über ihr Unglück sprachen. Es paßte nur zu gut in ihre Stimmung.

Als die Weltpresse sie zu belagern begann, natürlich mit Fragen nach Delon – floh sie wieder: in unser Haus bei Berchtesgaden. Sie verkroch sich in meinem Bett.

Wenn Romy einkaufen ging, ist sie immer lange weggeblieben. Aber jetzt kam sie nicht wie sonst mit einem Haufen Kleider zurück. Sie sagte düster: »Ich habe nichts gefunden.« Sie, die Kleider so liebte!

Sie konnte sich selbst nicht mehr sehen – so tief war der Schmerz um Alain Delon. Romy war bis in die Tiefen ihrer Persönlichkeit erschüttert und gefährdet.

Mein fröhliches Kind! Jetzt nahm sie alles so schwer, hatte Depressionen. Durch den Schock mit Delon bildete sich der Wesenszug heraus, den ich bis zu ihrem Tod voller Trauer beobachten mußte: eine tiefe Melancholie.

Sie fragte oft: »Warum habe ich dieses Pech mit Männern?«

Wenn sie bei uns in Schönau am Königssee war, hatte sie keinen Blick für die herrliche Natur, für die Berge – und das alles war doch ihre Heimat.

Wenn ich sie in Paris besuchte, mußte ich mit ansehen, daß sie immer mehr trank – immer diese schweren Rotweine.

Es war Ende März 1965. Ich ging in Berlin über den Kurfürstendamm und dachte vor mich hin: Laß doch einen netten Mann kommen, in den sie sich verliebt!

Romy war immer so entzückend, wenn sie verliebt war. Das Glück sprang ihr dann aus den Augen.

Hier in Berlin sah ich überall den Namen Harry Meyen. Er war Regisseur von *Barfuß im Park* im Theater am Kurfürstendamm. Und er war Regisseur eines Theater-Hits gleich nebenan in der Komödie: *Tausend Clowns*. Da spielte er auch noch. Jeden Abend.

In der Zeitung stand er ebenfalls: Er griff gerade den großen alten Fritz Kortner öffentlich wegen eines Krachs im Schiller-Theater an.

Wohin man blickte – Harry Meyen. Ich ahnte nicht, daß er bald einen großen Auftritt im Leben meiner Romy haben würde. Harry Meyen – das war für mich ein sehr guter Schauspieler und Regisseur. Aber das war für mich auch ein Snob, den ich nicht leiden konnte.

Als Romy 1953 mit fünfzehn Jahren auf ihren ersten Filmball in Berlin ging, traf ich Harry Meyen zum erstenmal. Schon damals ging es um Romy.

Sie sah so süß aus mit ihrem Kindergesicht, den 48 Kilo, ihrer zerbrechlichen Figur. Harry Meyen sagte: »Eigentlich habe ich genug mit Frauen um die Ohren. Aber die Romy…. Wenn die mal ein bißchen älter ist, könnte sie mir gefährlich werden. Die schnapp' ich mir.«

Ich habe gelacht – aber ich fand ihn insgeheim überheblich. Für mich war er ein hochmütiger Professor Higgins aus *My Fair Lady*. Er wirkte so geschraubt – und ich schätze gerade Offenheit, Natürlichkeit.

Freitag, 2. April 1965: An der Gedächtniskirche wird das riesige Europa-Center eröffnet: eineinhalb Hektar groß, 80 Millionen Mark teuer, 105 Läden, das neue Herz der Berliner City. Mein Mann ist König dieses Reiches. Blatzheim eröffnet hier auf einen Schlag zehn Restaurants: vom »Romanischen Café« über die »Tessiner Kanne« bis zum »Mokka Türk«. 1200 Prominente sind geladen. Der Verkehr bricht zusammen. Wiener Melodien und Berliner Leierkasten-Weisen klingen durch den Riesenbau. Die wichtigste Rede hält mein Mann – im bayerischen Restaurant.

Es ist gesteckt voll. Blatzheim steht mit dem Gesicht zur Gedächtniskirche, neben ihm Romy.

Sie ist extra aus Paris gekommen – mir zuliebe. Für Blatzheim hätte sie es nicht getan. Die beiden sind sich in den Jahren spinnefeind geworden. Romy sieht hinreißend aus mit ihrer raffinierten Hochfrisur. Sie hat einen schmalen, schwarz-weiß gemusterten Tweed-Mantel an – von ihrer Freundin, der großen Modeschöpferin Coco Chanel. Sie verkörpert den Chic von Paris.

Blatzheim redet. Plötzlich blicken alle zum Eingang. Da kommt ein schlanker Herr herein, englisches Jackett, randlose Brille, prägnantes Profil.

Er gibt sich betont lässig, die Hand in der Hosentasche: Harry Meyen, der Theaterstar, der Meister der Komödie.

Meyen bleibt wie angewurzelt stehen. Er hat Romy erblickt, starrt sie an – minutenlang.

Es ist eine unglaubliche Spannung im Raum.

Was wird denn das, wenn es fertig ist? dachte ich. Ich sah meine Romy, ich sah diesen Harry Meyen, der sie unentwegt anstarrte.

Sie schauten sich an, gingen aufeinander zu. Sie setzten sich zueinander und redeten, als wäre die Welt um sie herum versunken. Ein Blitz hatte eingeschlagen. Und niemand merkte es – außer mir.

Der brillante Komödienregisseur Harry Meyen war mit der großen Schauspielerin Anneliese Römer vom Schiller-Theater verheiratet. Der Meyen und die Römer galten als ideales Paar.

Worüber werden Romy und der Meyen schon reden? Natürlich übers Theater!

Aber schon am nächsten Tag, dem Sonnabend, fragte Harry Meyen einen Bekannten: »Was würdest du davon halten, wenn ich Romy Schneider heiraten würde?«

Der Bekannte antwortete: »Vergiß aber nicht, Anneliese vorher Bescheid zu sagen!«

Man hört als »betroffene« Mutter schnell vieles. Ich hab' bei Romy und Harry nicht das Laterndl gehalten. Aber eines ist sicher: Diese Liebe begann Hals über Kopf.

Romy wohnte damals im Hotel Kempinski – und ich wunderte mich, daß sie plötzlich in Berlin bleiben wollte. Wo sie doch nur auf einen Sprung von Paris rübergekommen war!

Harry Meyen begann sehr schnell, seine Garderobe – auch Socken, Schuhe und Hüte –, sogar die gesammelten Theaterkritiken, heimlich aus seiner Wohnung zu schmuggeln und bei seinem Bekannten zu deponieren. Er wollte weg von Anneliese Römer zu Romy.

Er wohnte im Grunewald in einer schönen Villa – und Romy zog in ein kleines Hotel ganz nah bei Harry.

Ich glaube, daß Romy in Harry Meyen das Gegenteil von Alain Delon geliebt hat. Er war blond, solide, kühl, bildungsmäßig überlegen ... Und 14 Jahre älter!

Ich merkte bald, daß Meyens »Intellektualität« ziemlich »pseudo« war, krampfhaft, und seine Überlegenheit war eigentlich pure Arroganz.

Romy gefiel das: Wie er die Leute durch seine randlose Brille immer schräg von oben herab ansah. Wie er ihnen schneidend und leise ins Wort fiel.

Meyen verbarg hinter seinem Snobismus wohl eine tiefe Unsicherheit – ausgelöst durch seine jüdische Herkunft, durch Verfolgungen während der Nazi-Zeit.

Romy lockte Meyen mit ihrer internationalen Erfahrung. »Wir mieten uns die schönste Villa in St. Tropez«, zwitscherte sie. Da war er natürlich Feuer und Flamme. Er sah seinen Einstieg in den Jet-set mit Wohlgefallen. Das stand ihm zu.

Wenn Romy liebte, liebte sie mit Kopf und Seele, Herz und Haut. Und sie gab ihr Geld mit vollen Händen aus – was Harry Meyen nur recht war.

Harry Meyen behandelte Romy vorsätzlich von oben herab. Er nannte sie »Filmfräulein« – Film war Billigware, keine Kunst.

Er aber, der Theatermann, verkörperte hohe Kultur. Er spielte den Gentleman aus dem Herren-Katalog: Englische Jacketts, antike englische Möbel – darauf hielt er. Leider sprach er schlecht Englisch. Dafür trank er um so mehr schottischen Whisky. Seine Champagner-Zeit begann erst mit Romy.

Meine Tochter schwamm im Glück. Sie übernahm Meyens Wertmaßstäbe. Daß sie unendlich viel besser Englisch, Französisch, Italienisch sprach als Meyen, zählte nicht – der »Gebildete« war er, weil er im »Spiegel«-Deutsch über Politik schwadronieren konnte.

Und Romys Welterfolge? Das waren Kleinigkeiten, gemessen an den Triumphen, die Meyen in der Berliner Komödie feierte! Kein Kritiker in Berlin – sie waren alle Meyen-Fans – wußte, daß Meyen mit seiner Bühnenbildnerin regelmäßig nach New York flog, sich dort Uraufführungen ansah und dann in Berlin abkupferte – da stimmten bisweilen sogar die Farben der Bühnenbilder überein.

Meyen sprach Romy jede Begabung für die Bühne ab: »Das kannst du dir abschminken.« Er verbreitete in Berlin, er habe ihr eine Abmagerungskur verordnet, damit sie nicht wie ein »Trampel« aussah.

Er hätte sie erst mal zu einem richtigen Friseur in Berlin schicken müssen – was kann schon ein Alexandre in Paris! Er habe sie in Kosmetik beraten lassen – damit sie »endlich mal anständig aussieht«.

Er überspielte souverän, daß Romy ja seit langem mit der großen Modeschöpferin Coco Chanel befreundet war. Die hatte ihr alle Tricks der Aufmachung einer modernen Frau beigebracht – sogar, daß man sich nicht die Finger-, dafür aber die Fußnägel lackiert.

Meyen hielt Romy von allen ihren Freunden fern. Er verbot ihr zum Beispiel, mit dem ihm verhaßten Fritz Kortner zu reden – und Romy verhandelte mit Kortner gerade über die Titelrolle in Strindbergs *Fräulein Julie*.

Romy gehorchte. Jahre später sah sie Kortner im Wiener Hotel Sacher wieder. Sie entschuldigte sich. Da sagte Kortner: »Ich versteh' ja alles. Aber Sie hätten's mir wenigstens sagen können.«

Romy war Meyen fast sklavisch ergeben. Sie tat alles für ihn, sie war's ja von Delon gewöhnt...

»Ach, Mami, es ist so furchtbar! Der Harry hat wieder seine entsetzliche Migräne! Da hilft nur eins: Grießbrei! Wie macht man Grießbrei?«

Ich höre noch Romys Stimme. Kochen konnte sie wirklich nicht. Aber sie liebte Harry Meyen so abgöttisch, daß sie bereit war, kochen zu lernen.

Ich habe dann den Grießbrei lieber selber gekocht – und die Kopfschmerzen von Harry Meyen verflogen im Nu. Er dankte Romy mit einem gnädigen Lächeln.

Romy mietete – natürlich von ihrem Geld – eine 200000-Mark-Villa in St. Tropez. Sie flog mit Harry in den sonnigen Süden.

Schon im Flugzeug fühlte sich Harry Meyen höchst unsicher. Die Reise ging in einen Bereich, in dem er nicht der große Meister war. In St. Tropez kannte sich Romy besser aus.

Also holte er ein Theaterstück des jungen österreichischen Dichters Thomas Bernhard hervor und las angestrengt darin. Er sollte das Stück bei den Salzburger Festspielen inszenieren – erste internationale Bewährungsprobe. Romy, die laut Meyen doch von Kultur und Theater keine Ahnung hate, war so nett gewesen, ihm diese Chance dank ihrer Beziehungen zu vermitteln.

Als die beiden dann in St. Tropez das Leben genießen wollten, hatte Meyen keinen Spaß daran. Er sprach schlecht Französisch und flüchtete sich wieder in das Imponiergehabe des großen Theatermannes. Er schickte Romy weg – weil er ja das Stück studieren mußte. Erst als Herbert von Karajan zu einer

Bootsfahrt einlud, warf er es schnell beiseite – das war die Art Prominenz, die er liebte.

Romy dagegen, das »kleine Filmfräulein«, kannte Karajan seit ihrer Jugend. Der große Dirigent hatte sie schon immer platonisch verehrt, war mehrmals zu uns nach Schönau gekommen. Als Zeichen seiner Verehrung hatte Karajan Romy gebeten, bei den Salzburger Festspielen die Rolle der Erzählerin in dem musikalischen Märchen *Peter und der Wolf* von Prokofiew zu übernehmen. Daraus wurde eine schöne Platte.

Es war wirklich eine große Ehre für Romy: denn in der englischen Platten-Version sprach Orson Welles den Text, in der französischen Jean Marais.

Wenn ich heute mal wieder ganz traurig an Romy denke, Sehnsucht nach ihr habe, lege ich diese Aufnahme auf. Dann höre ich Romys helle Mädchenstimme wie einst... Und ich weine.

Harry Meyens großer Auftritt bei den Salzburger Festspielen sollte zur Katastrophe werden. Angeblich machte ihn Romy nervös, die sich die Proben ansah, um von seiner Kunst zu lernen.

Ich habe oft genug gesagt, wie wenig sympathisch mir Harry Meyen wegen seiner geschraubten Art war. Aber ich muß gerechterweise auch sagen: Wenn es um eine Pointe ging, privat oder auf der Bühne, hatte er eine unnachahmliche Art, sie genau in der richtigen Zehntelsekunde fallen zu lassen. Witz, Humor, Sinn für »timing« hatte er schon – wenn er wollte. Da wirkte er sogar auf mich sehr gescheit.

In Salzburg aber schien sein Talent wie weggeschwemmt. Ich glaube allerdings eher, es waren die privaten Verhältnisse, die ihn durcheinanderbrachten, denn Romy war schwanger.

Wir wohnten im »Fondachhof« außerhalb Salzburgs, am Fuße des Gaisbergs. Das ist ein Hotel wie ein romantisches Schlößchen.

Hier im Fondachhof hatte ich einst mit der jungen Romy

gewohnt, als sie ihre *Sissi*-Filme drehte – drei Jahre lang. Es war eine schöne Erinnerung.

Die Romy der Meyen-Zeit hatte leider keine Ähnlichkeit mehr mit der Romy der *Sissi*-Zeit.

Eines Tages kam ich im Fondachhof in Romys Zimmer. Sie lag noch im Bett, war vollkommen verheult, das Haar hing ihr wirr ins Gesicht. »Was ist denn um Gotteswillen? Was hast du denn?« rief ich.

»Ach, Mamilein«, schluchzte sie, »es ist so furchtbar – die Anneliese Römer will sich nicht von Harry scheiden lassen! Wenn ich den Harry auch nicht kriege wie den Alain – dann bringe ich mich um!«

»Also komm, red nicht so'n Schmarr'n«, sagte ich. »So leicht bringt man sich nicht um – schon gar nicht wegen Herrn Meyen!«

Da bekam sie ihren bösen Blick. Sie war auch diesem Mann hörig.

Romy schenkte Harry Meyen zu seiner Premiere die flachste goldene Uhr, die es damals gab. Doch es nützte nichts. Meyen erlebte einen totalen Mißerfolg.

»Wenn ich darüber nachdenke – am glücklichsten in meinem Leben war ich doch in der ersten Zeit mit dem Harry. Damals, als ich schwanger war.« Das hat mir Romy hier in meinem Haus gesagt.

Sie war damals sehr verliebt. Sie ging in Harry Meyen völlig auf.

Der Film, der – in ihrem Zustand – noch möglich war, hieß *Spion zwischen zwei Fronten*, ein Thriller mit Yul Brynner und Gert Fröbe. Romy bat und bettelte, daß auch Harry Meyen eine Rolle bekam – er sei doch ein so guter Schauspieler.

Meyen bekam eine Nebenrolle – obwohl er schlecht Englisch sprach. Ich erwähne diese Bagatelle nur, weil sie psychologisch von großer Bedeutung ist. Im Grunde hat hier – vor der Hochzeit, vor der Geburt des Kindes – schon das Ende dieser

Verbindung begonnen. Romy war die Stärkere, sie hatte mehr Einfluß, ihr Ruhm war ungleich größer.

Sie hatte die Mittel, ihn irgendwo »unterzubringen« – und das war vernichtend für das Selbstgefühl von Harry Meyen.

Ich erinnere mich an eine deftige Würstchen- und Bier-Party in der neuen Wohnung von Harry und Romy im Grunewald.

Zwei Dutzend Leute waren eingeladen – natürlich alles Freunde von Harry.

Romy hatte schon einen ziemlich dicken Bauch. Sie lief eifrig herum, brachte frisches Bier, räumte schmutzige Gläser ab, holte Teller – das perfekte Servierfräulein.

Harry Meyen saß lässig in einem Sessel, parlierte mit den Gästen. Er dirigierte Romy auch noch: »Du, der Dingsbums hat kein Bier mehr...«, und Romy flitzte. Sie hatte schon geschwollene Füße.

In mir stieg langsam die Wut hoch. Dann platzte mir der Kragen. Ich bin aufgestanden, habe mir meine Romy geschnappt, habe sie in einen Sessel gedrückt. »Du bleibst jetzt sitzen«, habe ich gesagt – so laut, daß es jeder hören konnte. »Soweit kommt es noch, daß du hier die Kellnerin spielst! In deinem Zustand!«

Harry Meyen bekam einen roten Kopf und fing an, Gläser abzuräumen, Bier einzuschenken.

Ich hatte von der Hochzeit erst am Telefon erfahren. Romy rief mich am 15. Juli 1966 von der Côte d'Azur an: »Du, Mamilein, ich hab' gerade den Harry geheiratet, ich bin so wahnsinnig glücklich...«

Es war eine Blitzheirat: Die Zeremonie im Rathaus von St.-Jacques-Cap-Ferrat dauerte nur 15 Minuten. Romy war ganz in Weiß und hatte auch für die Trauzeugen gesorgt: mein Sohn Dr. Wolf Albach und ihre Sekretärin Sandra Jurman.

Nun war meine Tochter Frau Haubenstock, wie Harry Meyen mit bürgerlichem Namen hieß.

Romy besaß ein sehr spontanes Temperament. Ein typisches Beispiel: Sie hatte Krach mit ihrer Garderobiere – und schmiß, zack!, die Tür zu. Doch dann hat sie sich sofort umgedreht, hat die Garderobiere umarmt und gesagt: »Entschuldige, ich hab's nicht so gemeint.« Und hat ihr eine Stunde später für 50 Mark Blumen geschickt . . .

Ich sollte bald merken, daß bei Harry Meyen Gefühl, Spontaneität nicht verfingen. Ich erinnere mich an einen Besuch von ihm in meinem Haus in Schönau. Er sah sich kritisch prüfend die herrliche Bergkulisse von Jenner und Watzmann an, dann sagte er näselnd: »Wie kann man nur in solch einer Landschaft leben! Mich würde das einengen! Ich brauche meine Freiheit!« Man muß die Berge nicht unbedingt lieben – aber so konnte nur ein Schnösel reden. Ich kann diese künstliche, ungesunde Einstellung zum Leben einfach nicht leiden.

Ich werde die Nacht vom 2. auf den 3. Dezember 1966 nie vergessen. Ich wohnte damals im Hotel Schweizerhof in Berlin – weil ich wußte, daß Romy unmittelbar vor der Niederkunft stand. Sie war bereits im Krankenhaus. Sie hatte sich unter dem Namen »Frau Bossy« eintragen lassen, um Ruhe vor den Reportern zu haben. Ich hatte Harry Meyen gebeten, mich sofort anzurufen, wenn »es« losginge.

Das Telefon klingelte. Harry Meyen war am Apparat. Mit förmlicher Stimme sagte er zu mir: »Romy hat vor zwei Stunden einem gesunden Jungen das Leben geschenkt.«

Das klang wie eine Geburtsanzeige. Das waren Worte aus Papier. Ich habe mich wie der Blitz angezogen und bin mit dem Taxi ins Rudolf-Virchow-Krankenhaus gerast.

Ich war Großmutter! Da lag der Kleine, in seinem Körbchen – er sah aus wie Romy als Baby!

Sicher, ein bißchen rot und verschrumpelt war er noch – aber ganz die Romy. Er wog knapp acht Pfund und war 53 Zentimeter groß.

David Christopher sollte er heißen – David, weil das für Romy der schönste männliche Vorname überhaupt war; Christopher, weil Harry Meyen Englisches so schätzte.

Ich sehe die Szene auf Station 9a vor mir: Das Zimmer war voll roter Rosen. Mein Kind lag im Bett und lächelte stolz.

Harry Meyen und Paul Hubschmid hielten ein Glas Sekt in der Hand. Ich dachte: Mal still, irgend etwas wird schon geschehen.

Aber Meyen gab mir kein Glas. Für ihn war ich eine Un-Person.

Paul, dieser liebe Freund, hat dann den Arm um mich gelegt und mir ein Glas eingeschenkt. Mein Mann konnte an diesem Tag leider nicht kommen. Vielleicht wollte er sich auch nicht aufdrängen, weil er sich mit Romy nicht grün war. Aber er schickte eine Marzipantorte, 1,50 Meter hoch, einen Meter Durchmesser ...

Romy hatte in David eine neue Bezugsperon für ihre Gefühle. Meyen war sozusagen entmachtet. Alles drehte sich jetzt um David.

Das muß Meyen gespürt haben: Es paßte in diese Phase seines Lebens. Seine Karriere, die so glänzend begonnen hatte, neigte sich plötzlich. Da war vor allem der Krach hinter den Berliner Theaterkulissen.

Meyen war wegen allzu hoher Ansprüche mit seinen treuesten Förderern, den Theaterdirektoren Hans und Christian Wölffer, über Kreuz geraten.

Romy, die wegen David nicht filmen konnte, vermittelte Harry Meyen Synchronregie-Aufträge.

Wenn ein französischer Film Romys eingedeutscht werden mußte, bestand sie darauf, daß Harry Meyen Synchronregie führte. Dabei gab es eine Schlüsselszene.

Meyen wollte irgendeinen Satz, den Romy sprechen sollte, auf seine Weise ins Deutsche übertragen.

Plötzlich sagte Romy glashart: »Das ist doch falsch. Das muß
doch ganz anders heißen. Du kannst kein Französisch.«
Meyen erstarrte. Jetzt mußte er »Regie-Anweisungen« hinneh-
men von diesem »Filmfräulein«.
Ich glaube, das hat ihm den Knacks gegeben. Von da an ging's
bergab. Meyen wurde noch verkrampfter. Sein Freund Paul
Hubschmid sagte mir damals: »Magda, ich kenne den Harry
nicht mehr wieder. Er wird immer distanzierter.«

Romy und Harry waren in Paris. Ich wohnte in der Berliner
Wohnung der beiden, Winklerstraße, Grunewald. Ich hütete
also das Haus.
Es war klar – wenn die beiden zurückkämen, würde ich in ein
nahes Hotel ziehen. Ich hatte meine Koffer schon dorthin
bringen lassen. Ich schlief die letzte Nacht in Romys und
Harrys Doppelbett. Plötzlich stand Romy im Zimmer, völlig
verheult. Sie umarmte mich.
»Was ist passiert?«
»Wir sind früher aus Paris weggeflogen. Und jetzt steht Harry
mit David vor der Tür und will das Haus nicht betreten,
solange du hier bist.«
»Schatz«, sagte ich, »weine nicht, laß ihn ruhig auf mich
losgehen. Meine Koffer sind ja schon weg. Hauptsache, er ist
zu dir lieb.«
In jener Zeit konnte jeder, der feine Ohren hatte, hören, daß
sich zwischen beiden etwas grundsätzlich geändert hatte.
Romy fragte gern: »Warum ist das so, Harry?« Er war ja
allwissend. Wenn Romy ihr berühmtes »Warum« fragte, antwortete Meyen gewöhnlich: »Was fragst du immer warum? Du
kannst mir glauben, was ich sage!«
Nun aber fand Romy den Mut, sich nicht mehr wie ein
dummes Ding abspeisen zu lassen. Sie maulte: »Nicht mal
fragen darf man mehr!«, drehte sich um und ging. Harry
Meyen lief ihr hinterher, um sie zu besänftigen.

Romy hatte die Führung übernommen.

Trotzdem glaube ich, daß Romy in der ersten Zeit mit Harry Meyen glücklich war. Sie lebte nur für ihren Sohn David und für ihren Mann. Sie war blind vor Liebe. Darum sah sie auch nicht, was mir eher auffiel, wenn ich sie besuchte.

Harry Meyen befand sich durch Romy in einer schwierigen Situation.

Sie empfahl ihn ihren Freunden, mächtigen Freunden: zum Beispiel Rolf Liebermann, dem Intendanten der Hamburgischen Staatsoper. Romy zuliebe durfte Meyen in Hamburg Rossinis *Barbier von Sevilla* und Wagners *Tannhäuser* inszenieren.

Tannhäuser wurde ein Reinfall. Herbert von Karajans Sekretär André von Mattoni rief mich danach an und sagte nur ein Wort: »Schauder-bar!«

Auch Harry Meyen rief mich an. Das tat er meist nur dann, wenn er Mißerfolg hatte. Eigentlich konnte er mich nicht leiden – aber er wollte meinen Zuspruch. Das zeigt: Er war ein Zerrissener. Er verdiente Mitleid.

Romy zog mit ihm und David in eine wunderschöne Etagenwohnung in Hamburg, Agnesstraße, mit herrlichem Blick über die Außenalster.

In dieser Wohnung hatte sich Harry Meyen ein Arbeitszimmer eingerichtet.

Wände und Decke waren blau lackiert wie eine riesige chinesische Schachtel. Viel Stahl und Chrom. Alles schillerte frostig. Ein kalter Käfig in Blau – die Farbe der Sensiblen.

Er wollte seiner Frau zeigen, was er alles konnte – und dabei ging ihm alles schief. Selbst sein Professor Higgins in *My Fair Lady* – eine Rolle, die ihm auf den Leib geschrieben schien – mißlang.

Es ist nur menschlich, daß er unter diesen Umständen nicht mal gegenüber seiner Frau souverän sein konnte.

Romy las damals viel, zeichnete auch wieder, wie in ihrer Jugend.

Wenn Meyen sah, daß Romy in ein Buch vertieft war, meinte er: »Das verstehst du ja doch nicht.« Vielleicht meinte er das als Neckerei.

Sah er sie zeichnen, sagte er: »Deine blöden Kritzeleien.«

Ich glaube, er war einfach unsicher.

Sein letzter Trumpf war immer das Theater. Er hatte Romy den Himmel auf der Bühne versprochen. Nun aber konnte er sein Versprechen nicht halten, sie im Theater groß herauszubringen. Er kehrte seine Enttäuschung gegen Romy: »Du kannst ja nicht mal stehen! Du kannst ja nicht mal gehen! Vom Sprechen ganz zu schweigen ...«

Romy liebte ihn dennoch, verteidigte ihren Mann.

Besonders schwer war das, wenn sie mit Harry in Paris ausging. Da saßen sie im Maxim's, einem der schönsten Restaurants der Welt – Romy war auch mit mir oft da. Ich habe sogar noch die Speisekarten mit Romys herzlichen Widmungen aufgehoben.

An Romys Tisch waren ihre französischen Freunde: Yves Montand, Françoise Sagan, Romys Lieblingspartner Michel Piccoli, Juliette Greco, Jean-Paul Sartre. Sie redeten lebhaft, lachten viel – und Harry Meyen saß schweigend dabei. Er konnte nicht genug Französisch. Irgendwann machte er eine gequälte Bemerkung auf deutsch: Romy mußte übersetzen – obwohl die meisten am Tisch sehr wohl Deutsch verstanden.

Sie fanden seine Bemerkung dann nicht besonders intelligent und nannten ihn fortan »Monsieur Schneider«.

Es war peinlich – am peinlichsten sicher für Meyen.

Und dann traf Romy 1968 ihre große Liebe wieder: Alain Delon. Sie drehten zusammen *Swimmingpool*.

Delon war erwachsen geworden, Romy war sein »Puppele«, unantastbarer Schatz.

Harry Meyen muß Folterqualen ausgestanden haben. Er lief immer nur nebenher. Das war nicht seine Rolle.

Damals wechselte Harry Meyen von Whisky auf Rotwein über – den Romy so liebte. Aber er vertrug Rotwein nicht gut. Also tranken die beiden nur noch Champagner. Harry Meyen trank immer mehr. Dieser Mann war unzufrieden mit sich selbst.

Er liebte seinen Sohn David sehr. Aber er fand auch ihm gegenüber nicht den richtigen Ton.

Ich erinnere mich, wie mein Enkel David einmal bei mir in Bayern zu Besuch war. Harry Meyen rief an. David nahm den Hörer ab und sagte: »Du, Papi, wart einen Augenblick, ich will mich erst hinhocken.«

Ich hörte Harry Meyens Stimme über unsere Sprechanlage. »Wie redest du denn?« fragte er tadelnd. »Das heißt nicht hinhocken! So reden nur die Deppen. Das heißt: hinsetzen.«

David antwortete: »Nein, Papi, hier in Süddeutschland sagt man hinhocken. Also, ich hock mich hin.«

Ich mußte über den süßen Jungen lachen.

Aber eigentlich war auch das schon ein böses Zeichen an der Wand...

Vieles erinnerte mich bei dem kleinen David an meine eigenen Kinder, von denen ich so wenig gehabt hatte, denen ich aber versucht habe, meine ganze Liebe zu geben. Besonders glücklich war ich, wenn David hier in Mariengrund rumtobte und alles in Besitz nahm.

Im Februar 1967 war mein geschiedener Mann Wolf Albach-Retty gestorben; wenn wir in den letzten Jahren auch kaum Kontakt hatten, außer bei großen Familienfesten – er hatte die Schauspielerin Trude Marlen geheiratet –, so war er doch der Vater meiner Kinder gewesen und ich hatte neun Ehejahre mit ihm verbracht.

Ein Jahr später, am 1. Mai 1968, starb plötzlich mein zweiter Mann Hans Herbert Blatzheim. 1965 hatten wir noch im Kreise vieler Freunde seinen 60. Geburtstag gefeiert. Ich hatte nun einen Teil meines Lebens abgeschlossen, der aus turbulenten Berufsjahren bestanden hatte, den Zeiten der scheinbaren Ruhe, den Familienauseinandersetzungen und meiner immer wieder übergroßen Geduld, alles ins rechte Gleis zu bringen. Doch wem gelingt das schon?

1968–1982

Kraftquellen meines neuen Lebens

Er hat mich aus meiner Einsamkeit befreit – Meine Fernseharbeit –
Ich bekam Angst – Hinter der Fassade begann es zu kriseln –
Zeichen der Liebe - ein Rosenkranz – Davids Tod vernichtete
Romys Leben – Die Nacht, in der Romy starb – Immer wieder
fragte ich »Warum«?

Vier Frauen im Haus

Magda Schneider sucht nach dem Tod ihres Mannes Kraft-
quellen für ein neues Leben. Die Arbeit, die sie schon 1968
mit der Fernsehserie Drei Frauen im Haus *begonnen hatte,*
setzt sie 1969 mit Vier Frauen im Haus *weiter fort. Das*
Medium Fernsehen sichert ihr auch in diesem neuen Lebens-
abschnitt Popularität. Bei dieser Arbeit lernt sie den Kamera-
mann Horst Fehlhaber (geboren 10.9. 1919) kennen, er wird
ihr Freund, Kamerad und Lebenspartner, im Jahre 1982
heiraten sie. 1971 erleidet Magda Schneider einen Herzin-
farkt, der ihre berufliche Karriere beendet. Nur gelegentlich
tritt sie noch in einer Fernseh-Show, zum Beispiel bei Anne-
liese Rothenberger, auf. Ihr Alltag ist geprägt von der tägli-
chen Fürsorge füreinander, dem Leben in finanzieller Gebor-
genheit und der Zuwendung zu ihren beiden Kindern und
den Enkeln. Mehrere Krankenhausaufenthalte zeigen ihre
labile Gesundheit. Ereignissen in Romys Leben – ihrer Schei-
dung von Harry Meyen und ihrer neuen Heirat mit Daniel
Biasini 1975, der Geburt der Tochter Sarah Magdalena 1977
– gilt ihre Anteilnahme. Der Tod von David im Juli 1981 und

Romys Tod im Mai 1982 – also innerhalb von zehn Monaten Enkelkind und Tochter zu verlieren – bringt Verzweiflung und tiefe Trauer.

Noch vor wenigen Monaten war ich an der Seite meines Mannes Hans Herbert Blatzheim die umschwärmte Ehefrau in einem großen Restaurantreich. Ich war Mittelpunkt rauschender Ballnächte und lukullischer Gelage. Prominente buhlten um Freundschaft, rissen sich um Einladungen zu unseren Gesellschaften.

Nun war ich auf einmal eine alleinstehende Frau. In meinem Haus in Mariengrund, in der Einsamkeit der Berge, versuchte ich den schweren Schicksalsschlag zu überwinden. Ich begriff, daß ich nun Witwe geworden war. Ich trauerte meinem Mann nach, diesem Halt in meinem Dasein. Er war wohl einer der letzten Renaissance-Menschen. Er brauchte ein Leben in Luxus und Überfluß. Aber ich vermißte den Glanz früherer Tage nicht. Mir bedeuteten Feste mit hundert und mehr Personen nichts. Sie sind doch nur Tummelplätze der Eitelkeit. Oder die Menschen stürzen sich in dieses Getriebe, um ihre Einsamkeit zu vergessen, um ihre Unsicherheit zu verbergen.

Ich bin nicht in einem Rolls-Royce geboren. Ich war nie ein Luxusweibchen, sondern vielmehr das, was ich so oft auf der Leinwand gespielt habe: eine Frau aus dem Volke, die das Mundwerk und das Herz auf dem rechten Fleck hat.

Oft hat man mich gefragt, ob ich nicht wieder heiraten will. Aber das ist alles noch viel zu früh. Selbstverständlich könnte ich jeden Tag wieder heiraten, wenn ich wollte. Viel wichtiger als eine neue Ehe ist jedoch, daß man einen guten Freund zur Seite hat. Ich glaube, ich spreche für alle einsamen und alleinstehenden Frauen, wenn ich sage: Eine Frau ohne männlichen Schutz ist wie ein schöner Blumengarten ohne Zaun. Im Leben einer Frau kommt es ja nicht auf die Feste an. Auch nicht auf bedeutende kulturelle Ereignisse, die man miterlebt. Das sind kleine Glanzlichter. Wichtig aber bleibt, daß der Alltag in Ordnung ist. Denn gerade hier liegt die Kraftquelle für eine alleinstehende Frau.

Ich begann allmählich die Kraftquellen für mein neues Leben wieder zu finden. Die ersten Wochen waren schrecklich. Ich war wie taub und abgestorben am ganzen Körper. Ich glaube, wenn man mich mit einem Messer in den Arm geschnitten hätte, es wäre kein Tropfen Blut herausgekommen. Nicht einmal meine geliebten Hunde konnten mich trösten. Eines Tages wurde mir klar: Es muß etwas geschehen. Ich habe mich vor den Spiegel gestellt und habe zu meinem Spiegelbild gesagt: Magdalena, du stehst am Scheideweg. Du kannst jetzt Schluß machen oder dahinvegetieren. Willst du aber weiterleben, dann mußt du aus deinem Dasein etwas Positives machen. Ich entschloß mich fürs Weiterleben und begann, mich wieder über den Sonnenschein, über die Blumen und den Morgentau auf den Gräsern zu freuen.

Meinem Mann zuliebe trage ich auch keine Trauerkleidung mehr. Als wenn er etwas geahnt hätte, sagte er kurz vor seinem Tod zu mir: 15 Minuten Trauer und dann herunter mit den schwarzen Fetzen. Genieße das Leben, wie ich es genossen habe.

Manchmal habe ich schon gedacht, daß ich meinem Mann zuliebe meine Karriere geopfert habe. In den ersten Jahren meiner Ehe mit Hans Herbert Blatzheim habe ich noch gefilmt. Als Romy dann aber auf eigenen Füßen stand, sagte mein Mann: »Wir haben jetzt eine siebenjährige Besuchsehe geführt. Jetzt ist Schluß damit!« Durch unsere Arbeit waren wir oft getrennt. Ich gab ihm mein Wort und habe acht Jahre lang jedes Drehbuch zurückgeschickt, jedes Angebot abgelehnt. Das war in den Jahren 1959 bis 1967. Erst im vergangenen Jahr, also 1967, nachdem ich lange krank war, hat mein Mann mir mein Wort zurückgegeben. Er glaubte, die Arbeit sei die beste Medizin für mich.

Und tatsächlich: Durch meine Fernsehserie *Drei Frauen im Haus* bin ich ganz gesund geworden. Und welch ein Glück für mich, daß ich mich gleich nach dem schrecklichen Schlag wieder in die Arbeit stürzen konnte!

Am 1. Mai 1968 starb Hans Herbert Blatzheim. Am 1. Juni begannen die Dreharbeiten für meine neue TV-Serie *Vier Frauen im Haus*. Mein altes Leben, das ich immer geliebt und das ich vorübergehend aufgegeben habe, ist zu mir zurückgekehrt.

Was das Essen für den Magen, ist die Arbeit für die Seele. Ich habe schon wieder berufliche Pläne. Wie jede Schauspielerin bin ich abergläubisch und möchte nichts zerreden. Aber soviel steht fest: Mehr als zwei, drei Sachen im Jahr werde ich nicht machen. Schließlich ist man nicht mehr in der ersten Maienblüte und möchte sich nicht abstrampeln. Zum Glück habe ich es finanziell ja auch nicht nötig.

Mein Wohnsitz bleibt Lugano. Aber dieses Haus hier in Berchtesgaden, das ich mir 1937 von meinen ersten Filmgagen gebaut, in dem ich mit meinem ersten Mann Wolf Albach-Retty gelebt habe und in dem meine Kinder aufgewachsen sind, wird für mich immer eine Oase sein, in die ich mich zurückziehen kann. Die Leute hier kennen mich seit 30 Jahren und sind so rührend und hilfsbereit. Das ist wie ein wärmender Mantel, der einen umgibt.

Zu meinen Kindern habe ich ein gutes Verhältnis. Ich sehe

Romy und auch meinen Sohn, der Mediziner ist, nicht sehr oft. Die Kinder haben ihre eigenen Familien, führen ihr eigenes Leben mit seinen Sorgen und Problemen. Es geht mir nicht besser und nicht schlechter als jeder anderen Großmutter: Die Kinder freuen sich, wenn die Oma zu Besuch kommt. Aber sie sind auch genauso froh, wenn sie wieder abreist. Um so schöner wird dann das nächste Wiedersehen.

Er heißt Horst Fehlhaber und ist 1919 geboren. Als ich ihn kennenlernte, war er ein erfolgreicher TV-Kameramann.
Wir haben uns bei den Dreharbeiten zu der Fernsehserie *Drei Frauen im Haus* kennengelernt. Als wir damals Tag für Tag bis in die Nächte hinein im Atelier standen, fiel mir dieser Mann besonders auf. Er machte einen deprimierten Eindruck. Ich dachte, er muß magenkrank sein oder er hat einen heimlichen Kummer.
Als es mir wieder einmal besonders auffiel, habe ich ihn zum Essen eingeladen und in meiner direkten Art gefragt: »Fehlt Ihnen etwas?« Da hat er mir sein Herz ausgeschüttet.
Er hat mir nie vergessen, daß ich der einzige Mensch gewesen bin, der im Wirbel der Atelierarbeit überhaupt bemerkt hat, daß mit ihm etwas nicht in Ordnung war.
Zu diesem Zeitpunkt konnte niemand ahnen, daß ich selbst schon wenige Monate später den plötzlichen Tod meines Mannes würde beklagen müssen.
Da war Horst zur Stelle. Er ist nicht von meiner Seite gewichen, hat mich getröstet und mir geholfen, die Einsamkeit zu überwinden. Heute sind wir eine verschworene Schicksalsgemeinschaft. Wir sind unzertrennlich. Horst hat mir in allen Dingen beigestanden. Es gab beispielsweise auch finanziell viel zu regeln. Mein Mann hatte in seinem Testament natürlich nicht alle Dinge berücksichtigt, denn wer rechnet schon mit einem so plötzlichen Tod. Daß ich mit allen im guten auseinandergekommen bin, verdanke ich nicht zuletzt Horst.

Aber Horst hat in meinem Leben noch mehr erreicht. Ich, der ständig drei Autos mit Chauffeur, darunter ein Rolls-Royce, zur Verfügung standen, habe mir einen gebrauchten VW gekauft und wieder Autofahren gelernt.

Besonders wichtig aber für mich ist, daß Horst Fehlhaber mich auf seinen vielen beruflichen Reisen mitnimmt. Ich kann ihm bei der Arbeit zuschauen und verliere nie den Kontakt zu den Kollegen, auch wenn ich selbst nicht vor der Kamera stehe.

Die Fernseharbeit macht mich wieder jung. Mit 56 Jahren startete ich, wenn man es vielleicht so nennen kann, meine dritte Karriere mit der dreizehnteiligen Serie *Drei Frauen im Haus*. Meine erste Karriere hatte ich mit fünfzehn Jahren am Theater begonnen und dann im Film, und über fünfzig Filme sind der Beweis dafür, was ich geleistet habe. Die zweite Karriere habe ich gemeinsam mit meiner Tochter Romy begonnen im Jahre 1953, da war ich vierundvierzig Jahre alt, und die Höhepunkte vom Erfolg her waren wohl die drei *Sissi*-Filme. Danach war ich nur noch Hausfrau, Repräsentantin eines Gastronomiebereiches – und das machte mir wirklich nicht viel Spaß.

Nun hatte ich mit 56 Jahren einen neuen Anlauf beim Fernsehen genommen, geholt hat mich dazu mein langjähriger Freund, der Regisseur Hermann Leitner. Fernsehserien beginnen ja wie Pilze aus dem Boden zu schießen. Nur vor den Fernsehkameras kann man heute noch populär sein, das haben so großartige Schauspieler wie Inge Meysel und Gustav Knuth bewiesen. Mein Ehemann in der Serie ist Heinz Engelmann, die anderen beiden Frauen, die die Kunden meiner Autowerkstatt versorgen, sind Christine Thorn und Gudrun Schmidt-May. Ich bin die resolute Besitzerin einer Kraftfahrzeugwerkstatt.

Beim Publikum beliebt zu sein hat auch Schattenseiten, das erfuhr ich neulich auf der Landstraße bei Köln. Ich bremste meinen Wagen, als am Straßenrand eine Familie aufgeregt winkte. »Gott sei Dank, daß Sie es sind!« sagte das Familienoberhaupt. »Wir haben eine Panne.«

Beteuerungen, daß ich privat keine Ahnung von Motoren habe, halfen nichts. Beim Wegfahren hörte ich: »Dumme Ziege, die hat's auch nicht mehr nötig, bei einfachen Leuten Autos zu reparieren!«

So geht's einem in realistischen Filmen.

Der nächste Film heißt *Vier Frauen im Haus*. Horst Fehlhaber ist wieder der Kameramann.

Wir tranken im »Goldenen Hirsch« in der Salzburger Altstadt ein Glas Champagner. Romy war strahlender Laune – aber ich spürte: Sie war aggressiv. »Ich kann das nicht mehr aushalten«, sagte sie plötzlich, »schon früh könnte ich den Kerl an die Wand werfen. Ich glaube, es ist nicht mehr zu reparieren.«

Ich war platt. Das verflixte siebente Jahr dieser Ehe...

»Mami«, meinte Romy weiter, »ich muß mich wahnsinnig am Riemen reißen, daß ich ihm nicht dauernd widerspreche. Zwischen Harry und mir ist die Luft dünn geworden.«

Meyen kam an den Tisch. Sie sahen einander kaum an. »Ich fahre jetzt«, sagte er nervös.

Romy lachte so laut, daß das ganze Restaurant es hörte.

Ich wußte nicht, was ich sagen sollte.

»Jetzt fährt er nach München. Da hat er sich schon mit allen Kollegen am Residenztheater zerstritten. Genauso wie im Filmatelier, wenn ich arbeite. Da steht er immer rum und versucht, meinen Regisseuren gute Ratschläge zu geben. Und das mögen die nicht.«

Romy hatte neues Selbstbewußtsein entwickelt. Im Beruf lief es so gut wie nie zuvor. Der französische Regisseur Claude Sautet hatte in ihr seine Muse gefunden. Er drehte mit Romy einen der schönsten Filme: *Die Dinge des Lebens*. Da standen die Pariser vor den Kinos Schlange.

Dann folgte *Das Mädchen und der Kommissar* – Romy war plötzlich Frankreichs Filmstar Nummer 1.

»Paris Match« schrieb: »40 Jahre nach Greta Garbo und Marlene Dietrich, 15 Jahre nach Marilyn Monroe hat die Leinwand wieder einen großen Star.«

Harry Meyen konnte das Leben als Prinzgemahl nicht ertragen. Er selbst hatte kaum Erfolg am Theater.

Romy danach über ihn: »Er macht mich nur nervös. Es ist gar nicht wahr, daß er mir etwas beibringt.«

Romy lebte jetzt mit ihrem Sohn David immer länger in Paris. Weil sie so viel arbeiten mußte, hatte sie für ihn eine sehr gute, sehr teure Schweizer Kinderschwester engagiert.

Ich habe Romy in dieser Zeit oft getroffen, viel mit ihr telefoniert. Mein Lebensgefährte Horst Fehlhaber hat in seinem Tagebuch genau festgehalten, worüber wir bis tief in die Nacht sprachen. Hunderte von Briefen, Zetteln, Postkarten von Romy aus über zwei Jahrzehnten bis kurz vor ihrem Tod erzählen von unserem Verhältnis.

Einmal sagte Romy: »Ich will nicht ewig unter der Knute von Herrn Meyen leben.« Herr Meyen!

Eine sehr enge Freundin hat mir eine Geschichte aus dieser Zeit erzählt, die die Situation erhellt.

Harry Meyen wartete im Hamburger Flughafen auf sein Gepäck. Meine Freundin begrüßte ihn: »Die Romy kommt doch in zehn Minuten aus Paris! Wartest du nicht?«

Meyen wußte nicht einmal, daß Romy kam. Er war über seine Frau schlechter informiert als Außenstehende.

Eine Stunde später sah meine Freundin die beiden im Hamburger Nobelrestaurant Mühlenkamper Fährhaus. Meine Freundin bekam einen Tisch ziemlich nah bei Romy und Harry.

Die beiden flüsterten miteinander – besser zischten, das geschulte Zischen von Schauspielern. Man konnte jedes Wort verstehen. Es ging um Geld. Meine Freundin hörte immer wieder »Millionen«. Und sie hörte, wie Harry Meyen sagte: »Du kannst dich auf den Kopf stellen – wenn du nicht zahlst, sollst du mal sehen, wo David bleibt.«

Meine Freundin sah, wie Romys Hände sich um Messer und Gabel krampften, bis die Knöchel weiß wurden.

Harry Meyen erpreßte Romy mit David.

Ich sprach mit Romy darüber. Sie sagte: »Ja, wir lassen uns scheiden. Harry will mein ganzes Geld. Ich habe ja schon viel Geld für Männer ausgegeben. Aber daß einer alles will, ist neu.« Sie wirkte verzweifelt.

Woführ wollte Meyen Geld? Ich habe einen Brief von ihm, in dem er diese Frage beantwortet. Er hat ihn nach der Scheidung geschrieben.

»Sowohl unsere Trennung wie auch Vermögens-Auseinandersetzung sind auf Romys Wunsch erfolgt (wobei die Vermögens-Auseinandersetzung dem deutschen Ehegesetz entspricht. Romy hat mir also nichts geschenkt).

Das Geld, das sie ›sauer‹ vor der Kamera verdient hat, habe ich manchmal ›sauer‹ hinter der Kamera verdient. Wenn ich nicht gewesen wäre, wäre sie nicht da, wo sie heute ist!«

Ein erbärmlicher Brief. Harry Meyen als Erfinder von Romy …

Romy war noch nicht von Harry Meyen geschieden, aber schon aus der Hamburger Wohnung ausgezogen. Sie war oft in Paris, was mir große Sorgen machte.

Romy wirkte am Telefon manchmal ganz fremd. Sie sprach unnatürlich langsam. Ich hatte den Verdacht, daß sie Rauschgift nahm. Zusätzlich zum Alkohol …

Ich sprach sie darauf an: »Sag mal, nimmst du Hasch?«

»Ach, Mamilein, mach dir mal keine Sorgen. Wir nehmen das ja ganz wenig, höchstens ein-, zweimal im Monat! Und Hasch ist ja wirklich harmlos.«

Ich sagte ihr: »Aber Romy, Hasch ist doch eine Einstiegsdroge für schlimmere Sachen!«

Sie lachte. »Mami, du hast keine Ahnung.«

Wie gerne wäre ich in Paris gewesen, um sie von diesem Zeug abzubringen. Ich will nicht soweit gehen zu behaupten, daß Romy damals schon stärkere Mittel, zum Beispiel Kokain, genommen hat – wie das ja gerade in Filmkreisen in Frankreich chic war. Vielleicht hat sie es später getan ... ich weiß es nicht.

Auf jeden Fall war Romy durch Harry Meyens unverschämte Geldforderungen – und seine Drohungen gegen David – völlig aus ihrem inneren Gleichgewicht gebracht worden. Als sie mal wieder in Hamburg war, wurde das in herzzereißender Weise deutlich.

Romy hatte eine Angina, mußte für ein paar Tage in ein Krankenhaus. Eine ihrer besten Freundinnen, die Wiener Schauspielerin Gertraud Jesserer, besuchte sie.

Traudl hat ein unglaubliches Talent, etwas plastisch zu erzählen. Sie sagte mir, was sie mit Romy erlebt hatte.

Romy saß abwesend auf ihrem Bett. Sie hielt eine Dose in der Hand, pickte sich eine Pille nach der anderen heraus, steckte die Pillen in den Mund. Sie pickte und redete. Sie wirkte wie eine Schlafwandlerin.

Gertraud Jesserer entsetzt: »Was nimmst du da?«

»Beruhigungspillen.«

Da rief Gertraud Jesserer: »Du hörst jetzt auf!« Sie faßte Romy mit der Hand in den Mund und räumte ihn leer. Dann gab sie ihr ein Glas Wasser: »So, jetzt spülst du und spuckst das Zeug aus!«

Romy gehorchte willenlos.

Mich hat diese Erzählung tief erschüttert. Ich bekam furchtbare Angst um mein Mädchen. Aber bevor ich irgend etwas tun konnte, kam ein schrecklicher Anruf.

Romys Freundin Maria Augstein war am Apparat, die geschiedene Frau des »Spiegel«-Herausgebers.

Sie sagte am Telefon: »Frau Schneider, es ist etwas Furchtbares passiert. Die Romy hat einen Zusammenbruch. Können Sie nicht jemanden von Ihrer Familie hier nach Hamburg schikken? Wir wissen nicht mehr, was wir machen sollen. Die Romy weigert sich, in ein Krankenhaus zu gehen. Und wir wollen ja auch nicht, daß ganz Hamburg von der Sache erfährt.«

»Ich schicke Ihnen meinen Sohn«, antwortete ich, »der ist Arzt. Er kommt mit der nächsten Maschine.«

Ich hatte das Gefühl, daß ich sterben müßte.

Mein Sohn fuhr sofort hin. Als Arzt und Bruder war er die beste Hilfe für Romy. Sie liebte ihren Bruder sehr.

Als Wolfi nach ein paar Tagen zurückkam, war er deprimiert. »Gott sei Dank, daß du sie nicht gesehen hast.«

Zusammen mit einem berühmten Hamburger Psychiater hatte er Romy überredet, in dessen Privatklinik zu gehen. Romy hatte einen Nervenzusammenbruch. Sie ging freiwillig mit.

Kaum hatten sie Romy allein gelassen, drehte sie durch, schrie: »Die haben mich ja in ein Irrenhaus gebracht!«

Nach wenigen Tagen floh sie aus der Klinik. Sie ließ sich dann ambulant behandeln, flog nach Paris. Dort fand sie einen Arzt, der sie mit Medikamenten einigermaßen ruhigstellte.

Von Harry Meyen wollte sie nichts mehr wissen. Er bekam »sein« Geld: 1,4 Millionen Mark. Die Scheidung wurde im Juni 1975 vollzogen. Nach Romys Tod waren noch 1,3 Millionen Mark auf Harry Meyens Konto.

Für Romy war die Scheidung ein Wendepunkt. Ich kann das an all den Briefen danach verfolgen.

Ihre Schrift wurde größer, dramatischer – Ausdruck ihrer großen inneren Unruhe?

Natürlich spürte sie auch die Tragik ihres ehemaligen Mannes. Harry Meyen hatte – wie eine Freundin später enthüllte – seit Mitte der sechziger Jahre zusätzlich zum Alkohol Unmengen von Tabletten geschluckt: Beruhigungstabletten, Schlaftabletten, Schmerztabletten.

Harry Meyen erhängte sich am 15. April 1979 in Hamburg.

Romy erfuhr die Nachricht im Urlaub in Acapulco, flog sofort nach Hamburg.

Die verweinten Augen hinter einer großen Sonnenbrille versteckt, ordnete sie in Hamburg Harry Meyens Nachlaß, bereitete die Beerdigung des Mannes vor, mit dem sie neun Jahre verheiratet war.

»MEINE MAMA STOP MEHR ERFOLG KANN MAN KAUM HABEN WAS BERUF BETRIFFT STOP MEIN PRIVATLEBEN IST NULL STOP RUF DICH MORGEN SONNTAG AN STOP WIE IMMER DEINE ROSEMARIE ETWAS TRAURIG ETWAS ALLEIN STOP.«

Ein typisches Telegramm von Romy in der Zeit nach Harry Meyen. Sie hatte in Frankreich phantastischen Erfolg – ich denke zum Beispiel an *Trio Infernal* mit Michel Piccoli. Ja, sie setzte nun auch erotisch alles ein, was sie zu bieten hatte. Das verstanden nur in Deutschland manche Leute nicht. Die glaubten immer noch an die Sissi.

Romy lebte nur für ihre Arbeit und für ihren Sohn David. Es war rührend, wie sich die beiden in die Arme flogen, wenn Romy nach Hause kam. Sie überhäufte David mit ihrer Liebe. David war ein heller, reizender Junge voller Gefühle. Die Scheidung seiner Eltern schien ihm nicht geschadet zu haben. Das heißt nicht, daß er seinen Vater vergaß.

Wenn Bekannte über Harry Meyen sprachen, fragte er: »Mami, darf ich hierbleiben?«

Meinen Freund Hermann Leitner fragte er immer wieder: »Hast du den Papi gut gekannt? Was hat der Papi im Theater gespielt? Wie hat er sich angezogen?«

Ich habe ja selbst die Bitterkeit einer Scheidung durchmachen müssen. Ich mußte ihr damals immer wieder sagen: »Der Papa hat so viel zu tun, darum kann er nicht mehr so oft kommen.«

Ich sehe David, diesen lieben Jungen, vor mir, wie er hier auf unserer Wiese Indianer spielte … Ach, es bricht einem das Herz.

David ist tot, Romy ist tot …

Und ich muß damit leben.

Wenn ich damals mit Romy telefonierte, fiel regelmäßig der Name Daniel Biasini.

Ich dachte mir nichts dabei, wenn sie schwärmte: »Weißt du, wenn ich den Daniel nicht hätte! Er ist ja so rührend!«

Bei mir fiel der Groschen nicht. Früher hatte Romy immer Sekretärinnen – jetzt eben einen Sekretär. Natürlich mußte er auch mal bei Romy sein, in ihrem schönen Haus in der Rue Berlioz.

Daniel Biasini war neun Jahre jünger als Romy. Schon deswegen kam ich auf keine Hintergedanken. Und er arbeitete ja schon seit 1973 für sie.

Daniel Biasini war einer der vielen jungen Männer in Paris, die nichts Rechtes gelernt haben, schließlich »beim Film« unterkommen: Er kümmerte sich um Spesenabrechnungen von Schauspielern.

Romy lernte ihn bei Dreharbeiten kennen. Und da sie mit all ihren Belastungen allein stand, engagierte sie Biasini für 3000 Francs, damals etwa 1700 Mark.

Erst später erfuhr ich, daß Romy ihm noch viel mehr gab. Sie mietete ihm ein Appartement, richtete ihm ein Büro ein. Sie erlaubte ihm, ihr Geld auf sein Konto zu transferieren, schenkte ihm eine kostbare Armbanduhr.

Sie unterstützte besinnungslos seinen Autofimmel. Er konnte sich Cadillac und Porsche, Ferrari und Range Rover, ja sogar einen Rolls-Royce kaufen. Romy war bedenkenlos großzügig.

Am 16. Dezember 1975 rief mich Romy an, wirkte aufgekratzt: »Mami, Mami, ich heirate wieder … Schon übermorgen. Gell, du kommst doch zu meiner Hochzeit?«

Ich sagte mit Freuden zu: »Wo wohnen wir denn?« Ich meinte

damit auch meinen Lebensgefährten Horst Fehlhaber. »Wohnen wir bei dir?«

»Ach nein«, meinte Romy, »da ist ja leider nicht genug Platz. Da müßte ich ja sonst meinen süßen Daniel ausquartieren. Ihr müßt schon ins Hotel.«

Wir fuhren nach Paris, warteten am Abend des 18. Dezember in Jean-Claude Brialys Restaurant L'Orangerie auf die Brautleute.

Die Trauung fand in Berlin statt. Romy und Daniel waren vormittags schnell rübergeflogen und kamen mit der Spätmaschine zurück.

Ich dachte, daß die Trauung in Berlin einer von Romys typischen spontanen Gefühlsausbrüchen war. In Berlin hat sie David zur Welt gebracht.

Aber als ich meine strahlende Tochter umarmte, dämmerte mir etwas. Sie sah so anders aus, weicher als sonst. Eine Mutter sieht so etwas: Romy war schwanger im fünften Monat! In Paris hätten die Formalitäten für eine Ehe zwischen einer Deutschen und einem Franzosen drei Monate gedauert, Berlin war die schnelle Lösung. Fünfundreißig Gäste waren zum Dinner eingeladen.

So hatten wir zwei Schwangere bei dieser Hochzeitsfeier: Romy und Simone Bicheron, die ehemalige Frau von Curd Jürgens. Außerdem waren noch als Gäste anwesend: Helmut Berger, Claude Sautet, Produzenten, Agenten, Anwälte, Inneneinrichter und natürlich der Figaro Alexandre und viele andere.

Daniel Biasini war im November 1975 wegen Besitzes von Rauschgift zu 1500 Francs Geldstrafe verurteilt worden. Romy bezahlte. Sie zahlte immer – schon vor ihrer Ehe mit ihm. Er war nett, eifrig und sah gut aus.

Sie zahlte für das Büro nahe den Champs-Elysées, in dem Daniel großspurig herumsaß.

Wir sind alle auf Daniel Biasini hereingefallen – Romy als

erste. Er war so nett, so eifrig. Er sah so gut aus – mit seinen braunen Augen, dem welligen dunklen Haar.

Biasini war immer sehr gut angezogen. Seine Anzüge waren seriös, die Hemden hatten immer etwas Ausgefallenes. Ich erinnere mich an einen auffallenden Mantel aus rotbraunem, ganz dünnem, weichem Nappaleder, der ihm besonders gut stand.

Natürlich hatte er nicht die Ausstrahlung eines Alain Delon. Aber vielleicht war es gerade das, was Romy als Frau Ende Dreißig reizte. Daniel war ein moderner Märchenprinz, kein starker Mann, der versuchte, sie zu beherrschen ...

Romy war so allein – da kam ihr dieser Mann gerade recht. Sie war so liebebedürftig.

Die beiden waren genau einen Monat verheiratet, als es bei mir in Schönau klingelte. Romy – sie weinte. Sie schrie so herzzerreißend, daß ich heute noch in Tränen ausbreche, wenn ich daran denke.

»Mami! Mami!«

Sie gab den Hörer an irgend jemanden weiter, der mir in einem Kauderwelsch von Deutsch und Französisch etwas zu erklären versuchte. Ich verstand kein Wort. Dann wieder Romy. »Mami ... Jetzt bin ich wieder allein ... Ich hab' nichts mehr im Bauch ...«

Nie kann ich das vergessen. Es war der 18. Januar 1976 – ein Monat nach der Hochzeit. Biasini hatte einen Auffahrunfall gehabt. Romy hatte zu Hause schwere Blutungen bekommen. Biasini bestellte den Rettungswagen. Romy hatte Glück im Unglück. Gleich um die Ecke lag eine Frauenklinik. Von dort hatte sie mich dann angerufen.

Ich habe mich wieder gefragt: Was muß dieses Kind den Männern zuliebe alles erleiden?

Sie hatte sich so sehr ein zweites Kind gewünscht. Gerade von diesem Mann, mit dem sie ein neues Glück begonnen hatte.

Gerüchte machten die Runde: Daniel Biasini habe die Fehlge-

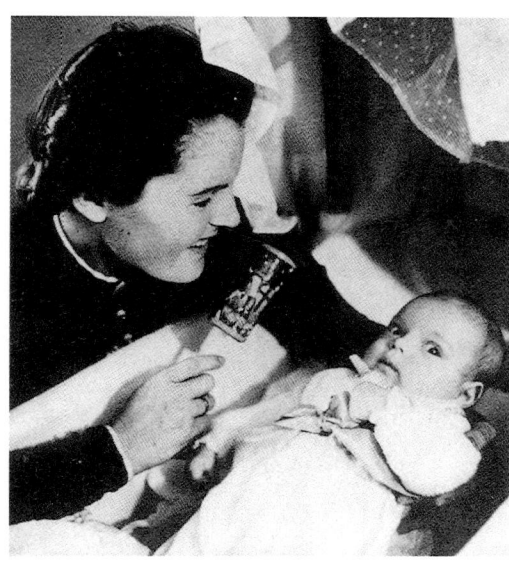

35 Am 23. September 1938 kommt Magda Schneiders Tochter Rosemarie Albach, genannt Romy, in Wien zur Welt

36/37 Links unten: Ferien im Haus »Mariengrund« in Schönau bedeuten familiäres Zusammensein, vor allem mit Töchterchen Romy, 1941/42

38 1941 wird der Sohn Wolfdieter Albach geboren. Zu dritt im Schnee im Winter 1944

39–41 Albert Matterstock stellt in dem Film
»Wer küßt Madeleine?«, 1939, als ihr Ehemann
diese Frage mit Nachdruck. – Eine Charakterrolle ist die Magd Vroni an der Seite des berühmten Paul Wegener in dem Film »Das Recht auf
Liebe«, 1939. – In dem Film »Mädchen im Vorzimmer«, 1940, ist Magda Schneider wieder eine
Sekretärin mit Charme – hier mit Heinz Engelmann

42–45 In dem Liebesfilm »Herzensfreud–Herzensleid«, 1942, flirtet Magda Schneider mit ihrem Partner Paul Klinger. – Ein Rechtsanwaltsehepaar stellen Magda Schneider und Wolf Albach-Retty in ihrem letzten gemeinsamen Film »Zwei glückliche Menschen«, 1943, dar. – Eine Malerin spielt sie in dem Film »Liebeskomödie«, 1943, an der Seite von Theo Lingen, der auch Regie führt. – Als Inhaberin eines Schreibmaschinenbüros »kriegt« sie in dem Verwechslungslustspiel »Die heimlichen Bräute« ihren Partner Rudolf Prack. Der Film entsteht 1944, gelangt bis Kriegsende aber nicht mehr zur Aufführung

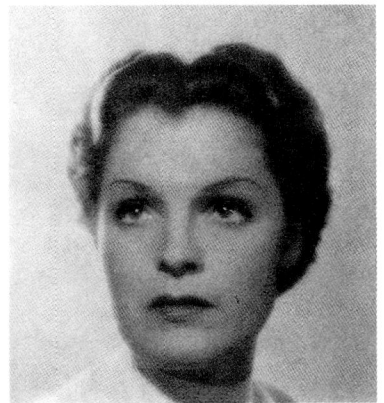

46–56 Rollenporträts aus den großen
Filmerfolgen

Linke Seite v. l. o. n. r. u.: »Sehnsucht 202«, 1932;
»Vergiß mein nicht«, 1935; eine Doppelrolle –
mal blond, mal braun – in »Die Katz' im Sack«,
1935; »Der Weg des Herzens«, 1936; »Die lustigen Weiber«, 1936

Rechte Seite v. l. o. n. r. u.: »Die Frau am Scheidewege«, 1938; »Das Recht auf Liebe«, 1939;
»Musik für Dich«, 1937; »Der Weg des Herzens«
1936; »Liebeskomödie«, 1943

57 Die Ehekomödie »Ein Mann gehört ins Haus« mit Carl Günther wird 1944 gedreht, kommt aber erst 1948 in die Kinos

58 In dem heiteren Musikfilm »Wenn der weiße Flieder wieder blüht«, 1953, mit Willy Fritsch

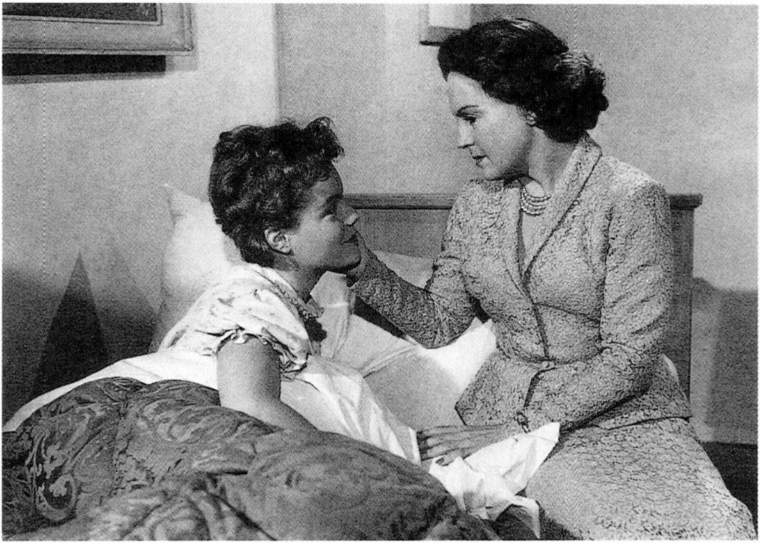

59 »Wenn der weiße Flieder wieder blüht«, 1953, ist auch der erste Film mit ihrer vierzehnjährigen Tochter Romy. Mit ihr dreht Magda Schneider bis 1959 noch acht weitere Filme

60 Magda Schneider mit Romy in der historischen Filmkomödie »Mädchenjahre einer Königin«, 1954

61 Tante und Nichte spielen
Mutter Magda und Tochter
Romy in dem Film »Die
Deutschmeister«, 1955

62 Das Herzogspaar in Bayern
gestalten Magda Schneider und
Gustav Knuth in dem österreichischen Film »Sissi«, 1955

63 Eine neue Ehe mit dem
Gastronomen Hans Herbert
Blatzheim geht Magda Schnei-
der 1953 ein

64 Als Herzogin Ludovika von
Bayern in »Sissi, die junge Kaiserin«, 1956

65 Magda Schneider mit Josef Meinrad und ihrer Tochter Romy in »Sissi, die junge Kaiserin«, 1956

Gegenüberliegende Seite ▷

67 Oben: Der österreichische Film »Das Dreimäderlhaus«, 1958, entsteht nach der gleichnamigen Operette um Franz Schubert. Szene mit Johanna Matz und Helga Neuner

68 Unten: In ihrem letzten gemeinsamen Film »Die Halbzarte«, 1959, spielen Magda Schneider und Romy Mutter und Tochter

66 »Robinson soll nicht sterben«, 1957, mit Romy und Erich Ponto

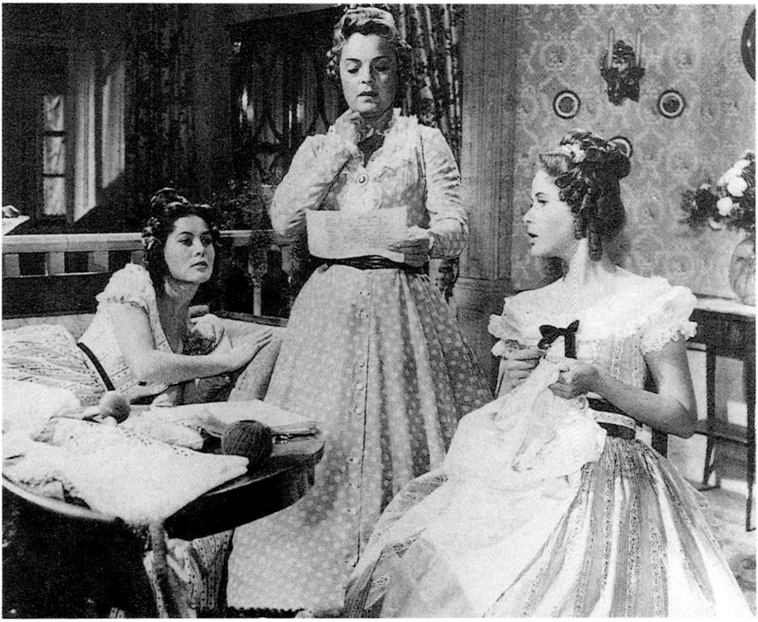

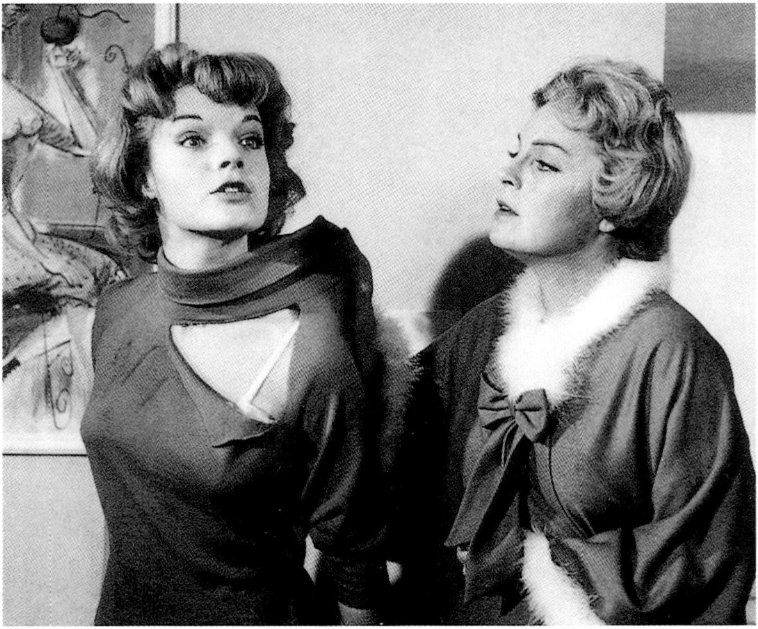

70 Familientreffen: Magda Schneider mit ihrem Mann Hans Herbert Blatzheim, Romy mit ihrem Vater Wolf Albach-Retty und seiner zweiten Frau, der Schauspielerin Trude Marlen, sowie Magda Schneiders Sohn Wolfdieter Albach

◁ 69 Gegenüberliegende Seite: Magda Schneider mit ihrer Tochter Romy privat im Jahre 1958

71 Der Film »Die Halbzarte« wird auf dem Festival in Cannes im Mai 1959 aufgeführt. Magda Schneider mit Jean Cocteau und Romy

72 »Drei Frauen im Haus«, 1968, ist eine dreizehnteilige Fernsehserie, in der Magda Schneider die Besitzerin einer Autoreparaturwerkstatt spielt

73 Die Serie »Vier Frauen im Haus« folgt im Jahre 1969

74 Auf der Hochzeit von
Romy und Daniel Biasini
am 18. Dezember 1975 in
Paris. Mit ihrem Enkel
David Christopher, der
1966 geboren ist

75 Der Kameramann
Horst Fehlhaber wird
1982 Magda Schneiders
Ehemann. Hier gemein-
sam in Paris im Mai 1981

76 Magda Schneider beginnt
1982 mit Aufzeichnungen aus
ihrem Leben

77 Der 80. Geburtstag im Jahre
1989

burt durch eine waghalsige Autofahrt provoziert. Was immer es war – es war eine Tragödie.

Als Romy sich einigermaßen erholt hatte, konsultierte sie den berühmten Frauenarzt Hubert de Watteville in Genf – den Mann, der auch Sophia Loren während ihrer Schwangerschaften beistand. Dr. Watteville warnte Romy vor einem weiteren Kind. Ärzte aus Paris bestätigten sein Urteil. Lebensgefahr für Mutter und Kind...

Wieder klingelte das Telefon, wieder war es meine Tochter, diesmal glücklich. Sie sprach leise, als wären wir beiden Frauen Komplizen: »Du, Mamilein, ich bin wieder schwanger...«

Ich war zu Tode erschrocken, ich kannte die Meinung der Ärzte.

»Mami, diesmal schaff' ich es«, sagte sie.

Ihr Selbstvertrauen dämpfte meine Angst. Ich begann langsam, mich mit Romy zu freuen.

Sobald die Jahreszeit es erlaubte, fuhr sie hinunter nach St. Tropez. Sie saß oft mit David im Café des Arts, an diesem schönen alten Platz mit den schattigen Platanen. Sie liebte es, nackt zu baden. Auch während der Schwangerschaft. Sie glaubte, das entspanne sie, verbinde sie mit der Natur.

Bei einem solchen Bad platzte wahrscheinlich die Fruchtblase. Romy wurde mit Blaulicht ins nächste Krankenhaus gefahren.

Es waren 40 Grad im Schatten. Bei dieser mörderischen Hitze lag Romy in einem kleinen, stickigen Zimmer des Krankenhauses St. Tropez.

»Lag« liest sich so einfach. In Wirklichkeit mußte sie wochenlang absolut ruhig liegen. Sie durfte nicht ein einziges Mal aufstehen! Die Beine waren ihr hochgebunden worden, eine unvorstellbare Qual. Dazu die Angst bei jeder Bewegung, die Ungewißheit jeden langen Tag, jede heiße Nacht: Was wird aus meinem Kind?

Die Ärzte glaubten, nur durch das Hochbinden der Beine eine erneute Fehlgeburt verhindern zu können. Romy litt an einer »Bänderschwäche«. Sie sollte wenigstens den siebten Schwangerschaftsmonat erreichen, dann wäre eine kontrollierte Frühgeburt möglich.

Romy schaffte es. Die Ärzte nahmen im siebten Monat einen Kaiserschnitt vor. Es war ein kleines Mädchen, ganz schwach, ganz leicht... Die Kleine sollte Sarah Magdalena heißen. Magdalena ist mein Vorname und Romys zweiter Vorname.

Sarah mußte sofort in den Brutkasten. Weil es so etwas in Saint Tropez nicht gab, wurden Mutter und Kind in einem dramatischen Transport über die verstopften Küstenstraßen nach Nizza gebracht.

Gott sei Dank hatte Nizza eine hochmoderne Geburtsklinik. Ganz langsam rappelte sich die kleine Sarah hoch.

Romy schickte mir ein großes Photo von Sarah im Brutkasten, das sie extra für mich angefertigt hatte. Ich muß noch heute weinen, wenn ich das kleine Menschenwesen in dem großen gläsernen Kasten sehe.

Als Romy aufstehen konnte, rief sie mich jeden Morgen an. Ich wohnte damals in ihrem Pariser Haus. Sie sagte dann: »Mamile, ich gehe jetzt wieder zu meiner Sarah und grüße sie schön von der Omi.«

Ich konnte nicht mal meine Enkeltochter besuchen, weil mir meine Ärzte jede Aufregung verboten hatten – wegen meines Herzinfarkts 1971.

Aber ich bekam Briefe von Romy. Einer erschüttert mich noch heute besonders. Sie hat ihn, wie ein Schulmädchen, auf kariertem Rechenpapier geschrieben, im Juli 1977.

»Meine liebe Mama – hier in Eile – weil ich eile aus dem Krankenhaus – die ersten Bilder von unserer süßen Sarah-Magdalena. Wir müssen noch viel Geduld haben – nicht ohne Schmerz –, um die kleine Mausi bei uns zu haben.

Sie werden sie uns geben die ersten Tage im September – das

heißt, wenn sie genau neun Monate alt ist. Dieses Warten ist nicht leicht, ich habe noch nie in meinem Leben ein so schweres, hartes Warten gekannt! Ich dachte doch nicht, daß ich's so bezahlen muß.

Wenn wir sie in unsere Arme nehmen können, wird das für mich die wirkliche Geburt sein, und wir werden alles andere vergessen! Ich habe schon viel abgenommen – neun bis zehn Kilo – und mache mich auf zur strengen Diät – ohne zu übertreiben, wegen der Narben und meinem Wackligsein. Spätestens fliegen wir am 10. 9. nach Paris. Auf bald am Telefon. Seid umarmt von Eurer Romy. Daniel, David, Sarah Magdalena . . . «

Auch ich habe ihr oft geschrieben. Romy hat alle meine Briefe seit ihrer Internatszeit in einem dicken Bündel mit rosa Band drumherum aufbewahrt. »Damit du weißt, daß ich nichts von dir wegwerfe. Die bleiben bei mir, bis ich nicht mehr bin«, sagte sie.

Romy sehnte sich schon seit Jahren danach, ein eigenes Haus auf dem Lande um St. Tropez zu besitzen. Lange fand sie kein Grundstück, und die Preise stiegen ins Astronomische.

Endlich hatte sie Glück. Am Hang des uralten, romantischen Weinstädtchens Ramatuelle kaufte sie eine ehemalige Hühnerfarm mit zwei Häusern. Ich sehe noch die herrlichen Korkeichen.

Es sah alles so glücklich aus. Sarah fuhr mit ihr zum Einkaufen nach St. Tropez, Romy busselte mit ihr, wo es nur ging, nannte sie »mein Puppele« – genauso, wie Alain Delon Romy genannt hatte. Romy kuschelte viel mit ihren beiden Kindern, trieb Unfug: schielte, schnitt Grimassen, zog sich die Ohren lang, sie nannte das »Gschpompernadeln«.

Nach all den Leiden schien Romy die Glückssträhne ihres Lebens erwischt zu haben.

Denn auch mit ihrem Mann Daniel Biasini lief alles, oberfläch-

lich gesehen, hervorragend: Er machte mit David Schularbeiten, war ein liebevoller Stiefvater, handelte für Romy Verträge aus. Er legte das viele Geld, das Romy verdiente –
zwischen 600 000 und 1,4 Millionen Francs im Jahr –, angeblich todsicher in der Schweiz an.

In wenigen Jahren kamen an die acht Millionen Francs zu-
sammen – und Romy glaubte, daß sie dafür in Frankreich
keine Steuern zahlen müßte. Biasini hatte nach ihrer Mei-
nung alles so geschickt eingefädelt: Wohnsitz in der
Schweiz, seriöse Geldverwalter, die auch die Gagen von
Curd Jürgens oder Lilli Palmer mehrten. Romy kaufte ihrem
Mann eine Traumjacht für umgerechnet eine halbe Million
DM. Die stolze »Danichar« lag oft im alten Hafen von
St. Tropez, neben all den Jachten der Reichen.

Romy kaufte eine standesgemäße Wohnung in Paris: Avenue
Bugeaud, zwischen der mondänen Avenue Foch und der
ebenso mondänen Avenue Victor Hugo, gleich am Arc de
Triomphe. Allein die Innenarchitektur kostete mehr als
600 000 Mark.

Aber hinter der Fassade begann es zu kriseln.

Biasini zog immer häufiger mit einem Rattenschwanz von
schönen Mannequins los. Wenn ich Romy nach Daniel
fragte, sagte sie oft: »Ach, der ist wieder bei seinen Mannequins.« Er betrog Romy oft. Das Leben in der Society, die er
erst durch Romy kennengelernt hatte, war ihm zu Kopf ge-
stiegen. Er wurde immer fauler, sie stritten sich wegen Kleinigkeiten.

Mehrmals ließ Daniel seine Hunde in St. Tropez einfach laufen – die armen Tiere verirrten sich in den dichten Wäldern.
Romy fand das unmöglich.

Sie hatte zudem manchmal Schwierigkeiten mit David. Der
Junge fühlte sich in St. Tropez nicht wohl, wollte zurück
nach Paris. Schulkameraden hänselten ihn. Nicht, weil sein
Französisch schlecht war – er sprach es perfekt, ohne Ak-

zent. Nein, die Halbwüchsigen sahen in David den Großstädter aus Paris, einen Außenseiter. Er litt darunter.

Romy ging das so nahe, daß sie schließlich das geliebte Haus in Ramatuelle für 2,5 Millionen Francs verkaufte.

Das Ende ihrer Ehe kündigte sich vor Millionen deutschen Fernsehzuschauern an.

Romy war in Köln, sollte mit Dietmar Schönherr eine Talk-Show machen. Am Abend davor rief sie mich an: »Mami, meine Kehle ist wie zugeschnürt, ich bringe da kein Wort heraus.« Ich machte ihr Mut. Sie brachte dann aber doch Worte heraus. Der Schriftsteller und Schauspieler Burkhard Driest hatte gerade seine unbürgerliche Weltanschauung verkündet, da sagte Romy: »Ich mag Sie, ich mag Sie sogar sehr...«

Ich sehe sie noch heute vor mir, mit ihrer strengen, schwarzen Kappe auf dem Kopf. So war meine Tochter: spontan, voller Gefühl, ohne Rücksicht auf Verluste.

Ganz Deutschland glaubte damals: Die Romy hat was mit dem Driest! Mir hat Romy nur erzählt, Driest und sie seien nach der Fernsehsendung zu verschiedenen Einladungen gegangen. Aber was soll's – ein großer Flirt war sie schon immer.

Der Anfang vom Ende kam mit einer Bootsfahrt im Juni 1980. Biasini wollte sein Spielzeug, die teure Motorjacht, mal richtig ausführen, eine zwei Wochen lange Kreuzfahrt durchs Mittelmeer. Romy war für solche Touren nicht geschaffen. Ihr wurde auf See schnell schlecht. Aber sie machte mit.

Die Tour wurde zur Katastrophe. Romy war meistens grün im Gesicht: Seekrankheit. Und es gab pausenlos Streit – bis Romy wenige Tage nach dem Start an Land floh. Biasini mußte seine Frau lange suchen...

»Die Rückkehr war ein Alptraum«, sagte sie mir.

Damals, 1980, wurde ich mit einer schweren Embolie ins

Krankenhaus eingeliefert. Romy kam sofort, schlief in meinem Bett in Schönau, kaufte mir in Salzburg eine wunderbare weiche Kaschmirdecke fürs Krankenhaus.

Ich habe einen Brief aufbewahrt, den sie mir aus dem Salzburger Hotel Goldener Hirsch ins Krankenhaus nach Hallein schickte. »Gott schütze Dich – das hast Du Deinen Kindern immer gesagt! Mein Liebes – geliebte Mama – ich hoffe, Du magst das, will aber nicht, daß Du ins Kloster gehst…«

In dem Brief lag ein wunderschöner Rosenkranz mit goldenem Kreuz, vielen Amethysten und Perlen. Ich war tief gerührt. Vielleicht hat dieser Rosenkranz mich gerettet – weil er ein Zeichen so großer Liebe war.

Als ich heimkam, fand ich im Nachttisch einen hellblauen Zettel von Romy.

»Mein Mamerle – all meine Liebe, all meine Gedanken! Hier auf Deinem Bett schreib' ich, hier in Deinem Bett wirst Du bald wieder glücklich schlafen und in Deinem schönen Zuhause sein. Das wünsche ich Dir und uns allen, die Dich liebhaben, von Herzen. God bless – Deine Romy-Rosemarie.«

Tausendmal bin ich nachts geweckt worden, weil Romy mit mir stundenlang telefonierte… Das war und ist eine große Liebe.

Romy konnte von keinem gerettet werden. Denn nun kam für sie ein unfaßbarer Schicksalsschlag nach dem anderen.

Am 26. Januar 1981 rief Romy bei mir an. Sie weinte hemmungslos. Ich konnte sie gar nicht beruhigen. Sie schluchzte: »Der Daniel ist weg. Er hat mich verlassen! Er ist nach Amerika…«

Das war schlimm. Romy hatte nie mit einem solchen Schritt gerechnet – trotz all der furchtbaren Streitereien. Sie war inzwischen völlig von ihrem Mann abhängig: Er führte alle Geschäfte, verwaltete das Geld – »Ich bin nur Schauspielerin«, sagte Romy immer.

Noch schlimmer traf es sie, daß ihr Sohn David unbedingt auch nach Amerika wollte – zu seinem Stiefvater. David, der sich in seinem 15. Lebensjahr befand, hatte zu Daniel Biasini einen engen Kontakt. Er hatte mit seinem Stiefvater die Schularbeiten gemacht. Biasini war immer für ihn da – während Romy arbeiten mußte, einen Film nach dem anderen drehte.

»Aber ich denke gar nicht daran, den David nach Amerika zu schicken«, rief Romy voller Empörung.

Wir haben lange geredet. Ich sagte Romy: »Jetzt denke mal nicht an dich zuerst. David ist wichtiger als deine verletzte Eitelkeit. Du darfst ihn jetzt nicht so verschrecken, daß er nicht mehr weiß, wo er hingehört, dich nicht mehr versteht, nie mehr mit dir spricht! Faß ihn lieber zu weich als zu hart an.«

Ich weiß heute nicht, ob das ein guter Rat war.

Nach einigen Tagen sagte mir Romy traurig: »David ist weg. Er sitzt schon im Flugzeug nach New York. Er fliegt zu Daniel.«

Als David nach Paris zurückgekommen war, rief mich Romy wieder an: »Ach Mami, ich glaube, wir haben doch einen großen Fehler gemacht. Wir hätten David nie rüberlassen dürfen.«

Sie erzählte mir, daß Daniel Biasini in New York viel mit Rauschgiftkreisen zu tun hatte – wie auch schon vorher in Paris. Und sie befürchtete, daß er auch David bereits verführt hatte. »Der Junge wirkte nach seiner Rückkehr so merkwürdig . . .«

Mehr sagte sie nicht.

Der nächste Schlag folgte sofort. Am 22. Mai 1981 rief bei mir ein Herr aus Paris an. Er nannte sich Laurent Petin, war überaus höflich: Romy sei im Krankenhaus – man habe ihr mittags gegen 13.30 Uhr die rechte Niere amputieren müssen! Wegen eines riesigen – aber angeblich »gutartigen« – Abszesses.

Ich bin sofort nach Paris geflogen – mit meinem Sohn Dr. Wolf Albach, der ja Arzt ist.

Laurent Petin erwartete uns am Flughafen. Er arbeitete als Produktionsleiter einer Filmgesellschaft.

Er fuhr uns zum Amerikanischen Hospital in Paris-Neuilly. Ich war erschüttert, als ich Romy sah. Sie war – zwei Tage nach der Operation – noch sehr schwach. Aber ich war auch gerührt. Mit den wachen Augen einer Mutter sah ich, wie dieser Laurent Petin Romy sehr liebevoll, unendlich behutsam half, aufzustehen.

Dann war ich schockiert. Romy zeigte mir die Operationsnarbe. Sie zog sich – wie mit einem Schwert gehauen – von der Brust bis auf den Rücken, um den halben Körper.

Ich bin überzeugt: Romy hat sich zuerst in die menschliche Wärme von Laurent Petin verliebt. Sie war ihm dankbar, daß sie ihm vertrauen durfte. Ihr Gefühl wuchs nur langsam. Sie mußte erst ihr Mißtrauen überwinden.

Dazu hatte sie genug Anlaß. Die französische Steuer forderte von ihr plötzlich sieben Millionen Francs.

All die von Biasini eingefädelten Tricks mit dem Schweizer Wohnsitz hatten nichts genützt. Romy stand finanziell vor dem Ruin. »Mami, der Daniel hat mich in einem Chaos zurückgelassen«, sagte sie mir.

Romy leitete die Scheidung ein. Dabei stellte sich heraus: Biasini hatte es nach der Trauung in Berlin versäumt, die französischen Behörden ordnungsgemäß zu informieren. Die Ehe war nichtig – aber Biasini hatte sich alle Rechte aus einer Ehe ohne Gütertrennung herausgenommen.

Gesundheitlich schwer angeschlagen, finanziell am Ende – das war meine Romy in diesem schrecklichen Sommer 1981. Doch der Sommer war noch nicht vorüber ...

In der Nacht zum 6. Juli 1981 hatte ich ziemlich schwere Herzrhythmusstörungen. Es war, als ob mein Herz die Katastrophe ahnte. Mein Mann mußte mir eine stärkere Dosis Beruhigungsmittel geben als üblich. Vielleicht hat mich das gerettet.

Um 7 Uhr früh – Montag morgen – klingelte das Telefon. Ich schlief noch. Horst ging an den Apparat. Mein Sohn warnte meinen Mann, damit mich der Schlag nicht unvorbereitet traf. Aber er konnte es nicht verhindern, denn um 8 Uhr klingelte wieder das Telefon, ich nahm den Hörer ab.

Da war nur ein Schrei – ein furchtbarer, langer Schrei.

»Mamiii ... Mamiii!«

Es war, als wenn man einen Baum mit den Wurzeln ausreißt.

»Um Himmels willen, was ist denn los?« rief ich.

Wieder dieser Schrei, den ich bis an mein Lebensende nicht vergessen werde. »Mamiii, mein Kind ... mein Kind ist tot!«

Welches Kind denn? David? Sarah? Was ist denn passiert? Sie antwortete nicht mehr. Sie hatte den Telefonhörer fallen lassen.

Am Abend vorher war David vom Spielen gekommen. Er wohnte damals bei den Eltern seines Stiefvaters Daniel Biasini, außerhalb von Paris. Wie schon hundertmal vorher, wollte er über den Zaun klettern – aus Übermut.

Der Zaun hatte imitierte Speerspitzen. An einer dieser Spitzen blieb David hängen, konnte sich nicht befreien. Die Spitzen drangen in seinen Körper, niemand hörte seine Schreie. Langsam, unendlich qualvoll, verblutete dieser liebe, intelligente, wache Junge.

Mein Sohn flog sofort nach Paris, ich telefonierte am Nachmittag des Unglückstages mit Romy. Sie wirkte etwas gefaßter, stand unter Beruhigungsmitteln. Aber sie weinte unaufhörlich.

Der tragische Tod Davids war der endgültige Bruch in Romys Leben. Dieser Schlag hat sie vernichtet. Innerlich ist Romy schon damals gestorben.

Ich habe mich damals immer wieder gefragt: Wie kann ein Mensch das alles ertragen?

In dieser schwersten Stunde zeigte sich, daß Romy noch echte Freunde hatte.

Jetzt war Alain Delon da, bot sein Landhaus als Zuflucht an. Jean-Claude Brialy wollte, daß sie in seinem Schloß bei Paris wohnte. Romy lehnte ab, denn der sanfte, aber energische Laurent Petin wußte einen Unterschlupf, der sicherer war – das Landhaus seines Vaters.

Alain Delon schirmte Davids Beerdigung mit zwei Dutzend »Gorillas« ab, schlagkräftigen Leibwächtern. Die waren nicht zimperlich, wenn Photographen über Hecken kletterten oder im Gebüsch lauerten.

Daß Romy heil von diesem Friedhof wegkam, hatte sie einer Inszenierung zu verdanken, die aus einem der Krimis von Delon stammen konnte. Delon, Michel Piccoli, Biasini fuhren in ihren großen schwarzen Limousinen davon. Die Meute der Photographen jagte hinterher.

Romy kauerte inzwischen auf dem Boden von Laurent Petins »Golf«. Er raste mit ihr zur Villa seines Vaters. Niemand folgte ihr.

Was für eine Situation für eine vom Schmerz zerrissene Mutter!

In einem abgedunkelten Zimmer weinte Romy drei Tage und drei Nächte lang um David.

Dann wurde auch dieser Zufluchtsort entdeckt. Jetzt nahm Romy das Angebot von Brialy an, zog in sein Schloß. Sie brauchte drei Monate – und viele Beruhigungsmittel –, um einigermaßen die Kontrolle über sich selbst wiederzugewinnen. Vieles hat ihr dabei geholfen. Die vielen Beileidsbriefe aus Deutschland und Frankreich zum Beispiel. Frankreichs Präsident Mitterrand hatte einen noblen, gefühlvollen Brief geschrieben.

Den besten Trost bot wohl Michel Piccoli, der mit ihr das Drehbuch zur *Spaziergängerin von Sans-Souci* gelesen hatte, einem Film, den Romy initiierte und den sie unbedingt auch drehen wollte. Er, der Romy liebte, wußte, daß sie sich nur durch Arbeit betäuben konnte.

Den gleichen Gedanken hatte Alain Delon. Er wollte mit Romy einen Film produzieren.

Was immer man über Alain Delon sagen kann – er bewies in der Zeit höchster Not, daß er ein ganzer Kerl ist. Ein Kerl mit Herz...

Um so schlimmer war die Enttäuschung über ihren Ehemann Biasini. Obwohl sie getrennt lebten, quartierte er sich nach Davids Beerdigung zwei Wochen lang in Romys Wohnung ein – »um zu trauern«, wie er erklärte.

Er trauerte nicht. Im Gegenteil.

Biasini nahm aus Romys Wohnung alles mit, was wertvoll war: Stereo-Anlage, Fernseh-Projektionsgerät... Schmuck! Ich habe erfahren, daß er Romys Kostbarkeiten beim berühmten Juwelier Van Cleef verkauft hat. Das war seine Art Trauer. Während Romy vom Schmerz um ihren toten Sohn in die tiefsten Abgründe gestoßen wurde, räumte ihr Mann noch die Konten ab. Es sollten nur 2300 Schweizer Franken übrig bleiben.

Es war für Romy niederschmetternd, daß sie plötzlich wie eine Bettlerin dastand. Die Pfändungssiegel des Gerichtsvollziehers klebten an allem, was Biasini in der Wohnung hatte stehenlassen. Romys Konten waren gesperrt. Sie bettelte Biasinis Mutter an, Geld zurückzuzahlen, das Romy einst verliehen hatte. Aber da war nichts zu holen.

Romy mußte wieder im Hotel wohnen – wie in ihren Zigeunerjahren. Sie, die soviel verdiente, hatte nicht einmal ein eigenes Bett!

Laurent Petin, ihr neuer Lebensgefährte, tat alles, um sie von ihrem Schmerz abzulenken. Er begann, in der Umgebung von Paris ein Landhaus für Romy, Sarah und sich selbst zu suchen. Romy, auf dem Land groß geworden, sehnte sich nach einem zurückgezogenen Leben auf dem Land, im Grunde nach einem Stück Heimat – wie sie es einmal in Mariengrund gehabt hatte. Laurent Petin bestärkte sie auch darin, wieder zu filmen. Es ging um *Die Spaziergängerin von Sans-Souci.* »Atze« Brauner produzierte diesen Film, der französische Regisseur Jacques Rouffio inszenierte, Michel Piccoli spielte die männliche Hauptrolle.

Romys letzter Film.

Die Dreharbeiten in Berlin wurden für Romy zu einer schweren Prüfung. Ich habe das in allen Einzelheiten mitverfolgt, denn ich telefonierte jeden Abend mit ihr.

Sie wohnte mit dem Film-Team im Steigenberger Hotel. Ihr großes Problem war ein Junge aus Frankreich – fast so alt wie David.

Diesen Jungen sollte sie im Film an Kindes Statt annehmen. Er hatte große Hemmungen – es war ja sein erster Film. Und Romy sah in ihm immer wieder ihren David. Das machte sie furchtbar befangen.

Die beiden fanden in den ersten Tagen keinen Kontakt. Abends am Telefon redete Romy immer nur über David. Der Schmerz war so frisch wie am ersten Tag. Ich ließ sie stundenlang reden – dachte: Das ist Medizin für ihre Seele.

Romy raffte sich jeden Tag unter inneren Qualen auf, um das Vertrauen des fremden Jungen, seine Zuneigung zu erringen. Es fiel ihr unendlich schwer.

Eines Abends sagte sie zu mir: »Jetzt wird er schon viel zutraulicher, viel wärmer zu mir. Er hat heute eine ganz gute Szene gespielt. Aber David hätte das viel besser gekonnt.« Ein paar Tage später: »Jetzt ist es mit dem Jungen ganz wunderbar.« Ich traf Romy in München. Sie wirkte so leicht, so hell – wie ich es mir gewünscht habe. Sie busselte mich ab. Da dachte ich: Sie hat es geschafft. Aber sie machte auch mir etwas vor. Sie war ja eine gute Schauspielerin.

Weihnachten 1981 mußte Romy in einem Pariser Hotel verbringen. Dann überredete Laurent Petin sie zu einem Urlaub auf den Seychellen. Sie sollte endlich vergessen.

Ich habe eine riesige bunte Postkarte aufbewahrt, die mir Romy von diesen Trauminseln im Indischen Ozean schickte.

Datum: 5. Februar 1982.

»Meine liebe Mama und Horst – ich könnte hier sechs Monate pro Jahr sein – da braucht mich keiner zu zwingen. Andere sechs Monate Reisen, wenig Arbeiten. Ein Paradies!!!!! Hier unser kleiner Bungalow, jeder hat denselben – ein gutes Restaurant, das herrlichste Meer, Palmen und Kokosnüsse, die man morgens und abends auf dem Weg mit einsammelt. Am Strand nackt, sonst barfuß in Jellabahs und Muschelkolliers – that's life! Auf bald – Bussi, Bussi! Eure Romy, Sarah, Laurent...!«

Wie habe ich mich gefreut! Sie hatte wieder Hoffnung!

Romy kehrte nach Paris zurück. Nur wenige Tage später sah ihr Leben ganz anders aus. Es war der 18. Februar 1982. Abends gegen 19 Uhr rief sie mich an. Romy war tief deprimiert. Traurig und bitter. »Du hast es gut. Du sitzt gemütlich am Kamin. Du hast noch deinen Sohn. Aber ich? Ich bin eine kaputte Frau. Und das mit 43 Jahren.«

Ich erschrak zu Tode. Romy sagte wohl die Wahrheit.

Romy trank viel Rotwein. Und sie nahm inzwischen auch starke Beruhigungs- und Schlafmittel.

Seit Davids Tod konnte sie kaum noch schlafen.

»Ich bin eine unglückliche Frau«, sagte Romy jetzt oft. »Ich sehne mich danach, weniger zu arbeiten und mehr zu leben...«

Im Frühjahr 1982 war Romy sehr depressiv, fiel öfter in Ohnmacht, mußte häufig erbrechen.

Sie versteckte sich regelrecht. Nur selten verließ sie das Hotel Royal Monceau am Pariser Triumphbogen, in dem sie für Laurent Petin, ihre Tochter Sarah und sich eine Suite gemietet hatte. Sie aß fast immer auf dem Zimmer – sie, die so gern in die besten Restaurants gegangen war, ins Maxim's, ins Lasserre. Ein Kindermädchen betreute Sarah, brachte sie zur Schule.

Laurent Petin ging regelmäßig ins Büro zur Filmgesellschaft. Er sagte immer wieder: »Ich will keinen Franc von ihr!«

Ein Lichtblick – nach den Erfahrungen mit Biasini.

Romy wollte nur noch ihre Ruhe haben. Nur widerstrebend ließ sie sich dazu bewegen, etwas Reklame für den Film *Die Spaziergängerin von Sans-Souci* zu machen. Bei der Pariser Premiere ließ sie sich wegen Übermüdung entschuldigen...

Laurent Petin erkannte die fast krankhafte Weltflucht Romys nur zu gut. Mit ganzer Energie versuchte er, Romy aus ihrer Hoffnungslosigkeit zu befreien. Er machte Schluß mit dem Hotelleben, mietete in der noblen Rue Barbet-de Jouy Nr. 11, zweiter Stock, eine Wohnung. Von hier aus waren es nur wenige Schritte zum Invalidendom, zum Seine-Ufer und Montparnasse. In dieser kleinen Straße wohnten Prominente: Frankreichs Ministerpräsident Mauroy, der Erzbischof von Paris, der Reeder Niarchos, die Parfumkönigin Hélène Rochas.

Romy lebte wieder ein bißchen auf. Sie ließ keinen Innenausstatter kommen, machte alles selbst, träumte wieder von einem besseren Leben: »In diese Wohnung muß viel Musik hinein. Und viele Bücher, viele Photos...«, sagte sie zu mir.

Laurent Petin fand schließlich auch das Landhaus, von dem Romy träumte – 50 Kilometer südwestlich von Paris, in dem Dorf Boissy-sans-avoir. Romy kaufte das Haus mit den alten Balken. Sie bestellte sofort die Handwerker.

Dann kam ihr letzter Anruf, wenige Wochen vor ihrem Tod. Da war sie wie verwandelt: fröhlich, glücklich, überschwenglich. »Mami«, rief sie am Telefon. »Wir haben ein Haus! Endlich! Ein wunderschönes Haus auf dem Land! Hier will ich endgültig leben«, sagte sie. »Hier will ich mich um meine Tochter kümmern, hier will ich Konfitüre einkochen, unter den Bäumen spazierengehen, endlich richtig leben. Und hier will ich alt werden.«

Ich habe mich unendlich gefreut. Denn Romy war ihr Leben lang eine Heimatlose, eine Zigeunerin gewesen. Sie hatte die Hotels und Wohnungen, die Häuser und Appartements gewechselt. Endlich sollte sie Ruhe finden ...

Wie ernst sie den endgültigen Umzug aufs Land nahm, zeigte auch, daß sie für David eine Grabstelle auf dem Friedhof von Boissy-sans-avoir kaufte.

Ahnte sie, daß es wenige Wochen später ihr eigenes Grab wird?

»Ich schaffe es nicht, ich schaffe es nicht ...«, sagte Romy in ihrem letzten Telefongespräch mit ihrem Bruder. Ihr Sohn David war damals fast ein Jahr tot. Aber der Schmerz verjährte nicht. Ihre schwere Nierenoperation lag auch schon ein Jahr zurück. Romy mußte immer noch starke Medikamente nehmen. Und sie nahm zusätzlich Tabletten, um nachts wenigstens einige Stunden schlafen zu können.

Heute weiß ich durch meinen Sohn, wie sich die letzten Stunden in Romys Leben abgespielt haben.

Es war der 28. Mai 1982, Freitag vor Pfingsten. Ich war in meinem Haus bei Berchtesgaden ziemlich spät ins Bett gekommen. Romy ist an jenem Abend mit Laurent Petin noch durch Paris gegangen. Sie trug ein weißes Mieder, eine weiße Hose.

Zuerst waren sie essen. Dann gingen sie in eine Bar, trafen andere Filmleute. Sie tranken Rotwein, den Romy so liebte.

Gegen 1.00 Uhr nachts kamen sie nach Hause in ihre neue Wohnung. Laurent war müde, ging schnell ins Bett.

Romy setzte sich im Salon in einen antiken Sessel und begann, einen Brief an eine Frauenzeitschrift zu schreiben.

Um 7.30 Uhr wachte Laurent auf, wunderte sich, daß Romy nicht neben ihm im Doppelbett lag, ging in den Salon. Dort saß sie im Sessel, den Kopf auf die Brust gestützt. Es sah aus, als schlafe sie.

Sie war tot.

Hat Romy Selbstmord begangen? Ich glaube es nicht.

Nach dem Tod von David hatte sie einmal zu mir gesagt: »Ich würde mich nie umbringen. Ich habe doch Sarah, die braucht mich ...«

Aber sie hat nicht so gelebt, wie sie hätte leben müssen. Sie hat wahnsinnig gerne den schweren Burgunder Rotwein getrunken. Und sie hat Schlaftabletten, Beruhigungsmittel genommen, denn seit Davids Tod konnte sie nicht mehr schlafen. Das war eine mörderische Mischung. Sie hat sich damit selbst umgebracht – ohne es zu wollen.

Ich habe an diesem Pfingstsonnabend, dem 29. Mai 1982, lange geschlafen. Ich hörte nicht, daß das Telefon mehrmals klingelte. Als ich endlich aufgestanden war, wunderte ich mich ein wenig: Horst gab mir mehr Tabletten als üblich. Horst bringt sie mir immer zum richtigen Zeitpunkt, in der richtigen Dosierung. Das ist so seit meinem Herzinfarkt im Jahre 1971.

Heute weiß ich, daß Horst fürchtete, ich würde die Nachricht aus Paris ohne Tabletten nicht überleben.

Zur gleichen Zeit spielten sich in Paris schreckliche Szenen ab. Feuerwehr, Unfallwagen, Polizei blockierten das Haus. Der Notarzt war um 7.50 Uhr eingetroffen. Seine Mund-zu-Mund-Beatmung und eine Herzmassage waren vergeblich.

Ich hörte die Nachricht im Fernsehen ...

Als ich um zwölf den Fernseher wegen der Mittagsnachrichten einschaltete, erschien plötzlich Romys Pariser Haus auf dem Bildschirm. Der Filmproduzent Paul Levi trat vor die Tür und erklärte: »Madame Schneider hat keinen Selbstmord begangen ... Das hat die gerichtsmedizinische Untersuchung ergeben.«

In diesem Augenblick hat Horst es mir gesagt: »Romy ist tot.«

Ich war wie zugeschnürt. Ich konnte nicht einmal weinen. Der Fernseher lief ohne Ton. Plötzlich erschien auch Romys

Bild. Wenige Minuten später stand mein Sohn Dr. Wolf Albach im schwarzen Anzug auf der Terrasse. Er war aus München gekommen, um mir beizustehen. Er wollte sofort nach Paris fliegen.

Wie soll man einen Schmerz beschreiben, der einen innerlich vernichtet? Ich kann es nicht. Ich kann nur so viel sagen: Am Nachmittag dieses furchtbaren Tages mußte ich ins Krankenhaus. Mag sich jeder denken, warum.

Als ich ins Krankenhaus kam, standen in Paris Romys beste Freunde an ihrem Totenbett: der erschütterte Michel Piccoli, Jean-Claude Brialy, der vier rote Rosen auf ihren Körper legte, für jedes Lebens-Jahrzehnt eine. Alain Delon, dessen Gesicht erstarrt war.

Alain Delon organisierte alles. Er war finster entschlossen, einen unwürdigen Rummel um Romys Tod zu verhindern. Auch eine Obduktion fand nicht statt.

Er schrieb einen bewegenden Abschiedsbrief an Romy:

»Ich sehe Dich schlafen. Ich bin bei Dir, an Deinem Totenbett. Du trägst eine lange Tunika, schwarz und rot, mit Stickereien auf dem Oberteil.

Ich sage Dir adieu, das längste aller Adieus, mein Puppele! So hatte ich Dich immer genannt... Wahrscheinlich warst Du nie so schön wie jetzt.«

Der Brief erschien in der großen Illustrierten »Paris Match«, Auszüge überall in Deutschland.

Ich wartete in der Klinik in Hallein bei Salzburg darauf, daß mein Sohn aus Paris zurückkam.

»Unser Mausele sah aus wie immer, so schön. Nur daß sie die Augen geschlossen hatte...«

Das sagte mein Sohn, der Romy in Paris ein letztes Mal gesehen hatte. Er weinte, als er es sagte. Ich weinte auch.

Romys Leben war so intensiv. Es waren vier, fünf Leben in einem. Sie hat Himmel und Hölle, Liebe und Verzweiflung,

Erfolg und Katastrophen erlebt – alles, was ein Mensch nur ertragen kann.

Letztlich war es ein erfülltes Leben. Sie erlebte in einer Woche so viel wie ein normaler Mensch vielleicht in zehn Jahren.

Darum blicke ich zwar mit großer Trauer zurück – aber nicht mit Bitterkeit. Und ich habe das Gefühl: vielleicht war es gut so. Vielleicht hätte Romy sonst noch viel Schrecklicheres erlebt als in den letzten Monaten...

Was hat ihr gefehlt zum dauerhaften Glück? Ich glaube: ein Mann, auf den sie sich hundertprozentig verlassen konnte – so wie ich mich auf meinen Mann Horst verlassen kann.

Sie war zu gutgläubig, was Männer betraf. Sie glaubte immer an die große Liebe – und erkannte zu spät, daß es brutale Egoisten oder sogar Räuber waren.

Ich glaube, ihr Schicksal war in ihrer Persönlichkeit vorgezeichnet. Sie konnte nur extrem leben. Davor konnte sie niemand bewahren. Auch ich nicht.

Dabei hatte ich alles getan, damit sie eine glückliche Kindheit und Jugend hatte. Romy hat nie – wie Millionen anderer Kinder – in den bitteren Jahren des Krieges und der Nachkriegszeit Hunger leiden müssen.

Ich habe für Nahrungsmittel getingelt, habe das Essen rucksackweise angeschleppt. Jede freie Minute habe ich mit Romy und ihrem Bruder verbracht.

Ich wollte sie vor dem mörderischen Beruf einer Schauspielerin bewahren.

Sie hat sich, vom *Weißen Flieder* bis zur international anerkannten Schauspielerin, ihren Weg allein gesucht. Nie habe ich sie angestachelt, Karriere beim Film zu machen, wie jetzt viele böswillige Lästerzungen behaupten.

Ich schwöre: Ich habe ihr alle Liebe gegeben, die ich nur geben konnte – als alleinstehende Frau, die sechs Menschen zu ernähren hatte. Ich habe es damals mit vielen schweren Nierenkoliken bezahlt. Ich bin bis an meine Grenzen gegangen. Ich bin ein gläubiger Mensch. Immer wieder habe ich Gott gefragt: Warum?

Warum habe ich innerhalb von zehn Monaten mein Enkelkind und meine geliebte Tochter verloren?

Ich glaube, daß ich heute die Antwort weiß: Du darfst nicht »Warum?« fragen. Es war wohl so am besten.

Was wäre aus Romys Sohn David geworden? Er stand ja auf zwei schwankenden Brettern. Er liebte seinen Stiefvater Daniel Biasini abgöttisch. Er liebte auch Romy – und haßte zugleich ihren neuen Lebensgefährten Laurent Petin. Was wäre aus David geworden? Ein innerlich zerrissener Mensch.

Sarah ist glücklicherweise zu jung, um in einen solchen Zwiespalt hineingerissen zu werden. Sie wird ihren Weg unbelastet gehen.

Ich träume oft von Romy. Ich rede jeden Tag mit ihr. Sie ist für mich nicht tot. Sie ist da. Ich warte manchmal sogar auf ihren nächsten Anruf. Da wir ja nicht zusammenlebten, hat sich für mich nichts geändert. Gleich wird sie anrufen... So, wie es immer war.

Wenn ich ihre Bilder hier in diesem Haus ihrer Kindheit sehe, muß ich oft hinauf in mein Schlafzimmer gehen, um zu weinen. Aber mich tröstet eine Gewißheit. Wir werden uns in einem anderen Leben wiedersehen. Ich bin im katholischen Glauben aufgewachsen, und das hilft mir heute sehr. Für mich lebt Romy weiter.

Um so entsetzlicher ist es für mich, wie sich nach Romys Tod manche Menschen aufgespielt haben. Wie sie versuchten, sich mit Lügen an Romy zu bereichern. Wie sie Romy auch jetzt noch mit Verleumdungen ausplündern.

Ich persönlich würde nie einen Pfennig aus einem solchen »Erbe« beanspruchen. Ich habe auch diese Bekenntnisse nur geschrieben, weil ich sah: Die Flut der Lügen steigt und steigt. Dem mußte ich entgegentreten. Dem mußte ich meine Wahrheit entgegensetzen.

Für mich ist Romy nicht tot. Ich sehe sie vor mir. Ich höre ihre Stimme. Ich schlafe in dem Bett, in dem sie so gerne gelegen hat. Wenn ich durch die Diele gehe, ist da das große Farbfoto von ihr, einen halben Meter breit, einen Dreiviertelmeter hoch – das letzte Bild von Romy. Ich streiche zärtlich über ihr Gesicht, und sie folgt mir mit ihren großen, ernsten Augen. Manchmal zünde ich die beiden Zinnleuchten neben diesem Bild an...

Romy. Ja – in meinem Herzen wirst du immer leben.

1982–1990

Jeder Tag ist ein Geschenk

Epilog

Magda Schneider fragt in diesen Jahren oft nach dem Sinn des Lebens – nach dem Sinn des Überlebens und Weiterlebens. Dennoch betrachtet sie jeden Tag als ein Geschenk. Ihr religiöses Empfinden erhält sie aufrecht und die Gemeinsamkeit mit ihrem Ehemann Horst Fehlhaber, der mit unendlicher Liebe, Geduld und mit Einfühlungsvermögen die täglichen Dinge regelt, die sie so sehr für eine harmonische Lebensatmosphäre braucht. Sie auch berechtigt abschirmt vor zudringlicher Außenwelt. Auf einem Friedhof in Berchtesgaden-Schönau hat sie neben der Ruhestätte ihrer Eltern ein kleines Grabkreuz für Romy und David errichtet. Einige Male kommt Sarah zu Besuch, schreibt ihr. An den Kindern ihres Sohnes hat sie Freude. Sie liebt die Einsamkeit der Berge, die Verwurzelung in ihrer Heimat. Als aus Anlaß des 5. Todestages 1987 und des 50. Geburtstages von Romy 1988 zwei Bücher erscheinen, macht sie ein längeres Interview in einer Sendung des Zweiten Deutschen Fernsehens.

Am 9. Mai 1989 begeht sie in der Familie ihren 80. Geburtstag, am 10. September 1989 kann Horst Fehlhaber seinen 70. Geburtstag feiern.

Ich schlafe lange, dann nehmen wir beide, mein Mann und ich, ein kleines Frühstück ein, abends fahren wir oft zum Essen. Der ruhige Verlauf der Tage ist mir ein Bedürfnis. Reisen nach Salzburg und Wien, familiäre Feste sind die Höhepunkte geworden. Ein kleiner Hund begleitet uns auf allen Reisen.

Mit meiner Gesundheit steht es schlecht. Ich darf mich nicht aufregen – ja, eigentlich darf ich mich nicht einmal besonders über etwas freuen. Die Blumen am Haus, der Wechsel der Jahreszeiten, der Blick auf die Berge geben mir Ruhe und inneren Frieden. Rings um mich, auf dem Kamin und der Fensterbank, stehen die Photos meiner Kinder und Enkel.

Mein Augenlicht hat sich verschlechtert. So freue ich mich, daß auch ich in den Genuß der modernen Technik komme. Hörbücher oder Audio-Cassetten, so heißen sie wohl, die der Bayerische Blindenverband kostenlos allen Sehschwachen oder Sehbehinderten zur Verfügung stellt, bereichern mein Leben. So habe ich die Novellen, Romane und Biographien von Stefan Zweig wieder lesen können. Jetzt waren es besonders das biographisch-romanhafte Buch »Marie Antoinette«, das er 1932 geschrieben hat, und die Verwirrung der Gefühle leidensstarker Menschen, die mir diese einfühlsame Literatur ganz nahe bringen. Aber nicht nur die Welt von gestern ist es, die sich durch diese Bücher für mich erschließt, sondern auch Tagebücher und Selbstzeugnisse zeitgenössischer Autoren geben mir Kraft und Lebensmut.

Und wenn ich auf mein Leben zurückschau, so kann ich sagen, daß jeder weitere Tag, den ich erleben darf – trotz allem – noch immer ein Geschenk ist.

Die Herausgeberin dankt

Frau Magda Schneider und Herrn Horst Fehlhaber für das Vertrauen, das sie ihr entgegenbrachten und für die hilfreiche Unterstützung ihrer Arbeit.

Die Bildzeitung gestattete dankenswerterweise die Verwendung der Artikelfolge von Magda Schneider, die in der Zeit vom 13. 10. 1982 bis 12. 11. 1982 erschien.

Anhang

Rollenverzeichnis Theater

(soweit feststellbar)

Zusammengestellt von Lothar Schirmer

Die Titel- und Gattungsbezeichnungen erfolgen nach der jeweiligen Ankündigung des Theaters (Theaterzettel, Programmheft); wenn dieses Material nicht vorgelegen hat, richten sich die Angaben nach den Buchveröffentlichungen. Genannt ist jeweils die Premierenbesetzung; Änderungen sind nur berücksichtigt, sofern sie Magda Schneider betreffen. Unterschiedliche Schreibweisen von Namen sind vereinheitlicht, offensichtliche Druckfehler korrigiert. Die Darsteller sind in alphabetischer Reihenfolge genannt.
Verwendete Abkürzungen: MS = Magda Schneider; R = Regisseur; B = Bühnenbildner; M = Komponist; ML = Musikalischer Leiter; Ch = Choreograph; Ü = Übersetzer; U = Uraufführung

<u>1929</u>

19. 2.
Stadttheater
Augsburg
(Premiere:
7. 10. 1928)

Die Afrikanerin
Große Oper von Giacomo Meyerbeer; Text von Eugène Scribe
R: Viktor Pruscha; B: Ludwig Ammann; ML: Zdenko Mihalovits; Ch: Elisabeth Müller-Brunn
MS (Eingeborenen-Mädchen – 2. Besetzung), Anny Konetzni, Margarethe Melamet, Elisabeth Müller-Brunn, Lois Odo Boeck, Gernot Burrow, Bruno Nicolini

10. 3. U
Stadttheater
Augsburg

Der Amerikaflieger
Operette von Hertha Gebhart und G. Günther-Pelegrin; M: Arthur Bauckner
R: Karl Lustig-Prean; B: Ludwig Ammann; ML: Paul Schmitz; Ch: Heinrich Kröller
MS (Eine Sechzehnjährige), Else Egner, Else de Fries, Hertha Glatt, Liesl Graß, Karla Moser, Annie Sieburg, Lotte Silbiger, Franzi Sitter, Friedl Ulrich, Therese Wald, Caspar Döbler, Ernst

Duschy, Edwin Englisch, Alfons Götz, Franz
Groß, Heinrich Jaeger, Franz Madl, Franz Mar-
ner, Alfons Mayr, Franz Mildenberger, Oskar
Mörwald, Rudolf Pollner, Edmund Samato, Fritz
Schönhoff, Rudolf Störmer, Hans Thaler

1. 4. Stadttheater Augsburg	**Die schöne Helena** Buffo-Oper von Henri Meilhac und Ludovic Halévy; M: Jacques Offenbach R: Viktor Pruscha; ML: Zdenko Mihalovits MS (Eine der Gespielinnen), Liesl Graß, Karla Moser, Trudl Rueff, Annie Sieburg, Franzi Sitter, Therese Wald, Ernst Duschy, Edwin Englisch, Franz Madl, Franz Marner, Oskar Mörwald, Ru- dolf Pollner, Viktor Pruscha, Edmund Samato
19. 5. Stadttheater Augsburg (Premiere: 27. 9. 1928)	**Die Fledermaus** Operette von Carl Haffner und Richard Genée nach Henri Meilhac und Ludovic Halévy; M: Johann Strauß R: Karl Lustig-Prean; ML: Georg Pipping MS (Adele, Kammermädchen der Rosalinde – 2. Besetzung), Ella Fleisch, Liesl Graß, Annie Sieburg, Lotte Silbiger, Edwin Englisch, Hein- rich Jaeger, Heinrich Krögler, Franz Marner, Oskar Mörwald, Rudolf Pollner, Alexander Sunko
9. 6. Stadttheater Augsburg	**Josephslegende** Symphonische Tanzdichtung von Harry Graf Kessler und Hugo von Hofmannsthal; M: Richard Strauss R: Max Semmler; ML: Zdenko Mihalovits; Ch: Max Semmler MS (Eine von vier Dienerinnen), Margarete Die- fert, Elly Fenzl, Else de Fries, Hertha Glatt, Liesl Graß, Magda Karder, Alice Katz, Karla Moser, Trudl Rueff, Margarethe Savicky, Ami Schwanin- ger, Franzi Sitter, Anna Störmer, Theodor Buch- wieser, Ernst Duschy, Iril Gadescow, Alfons Götz, Franz Groß, Franz Madl, Franz Marner, Alfons Mayr, Franz Mildenberger, Norbert Redl, Edmund Samato, Wilhelm Weidenbach

24. 6. Stadttheater Augsburg	**Die Puppenfee** Ballett von Josef Haßreiter und Franz Gaul; M: Joseph Bayer R: Viktor Pruscha; ML: Otto Miehler; Ch: Ery Bos MS (Die bewegliche Puppe), Berta Baethe, Else de Fries, Luli de Fries, Hertha Glatt, Liesel Hü- per, Berta Maier, Erika Nein, Berta Präg, Friedl Ulrich, Julie Wagenführ, Paula Wiedmann, Atz Himmer, Franz Mildenberger
12. 11. U Stadttheater Augsburg	**Die Tänzerin des Himmels** Märchen-Pantomime nach Motiven der »Tanzle- gende« Gottfried Kellers von Kurt Böhmer; M: Fritz Behrend R: Ery Bos; B: Axel Leskoschek; ML: Paul Franken- burger; Ch: Ery Bos MS (Erato, eine der neun Musen), Helly Acham, Ery Bos, Ellen de Fries, Luli de Fries, Hertha Glatt, Magda Karder, Grete Molenaar, Inge Pfei- fer, Friedl Ulrich, Joseph Passy-Cornet
12. 11. U Stadttheater Augsburg	**Ozeanflug** Tanz-Pantomime von Ery Bos; M: Antonio Mo- darelli R: Ery Bos; B: Axel Leskoschek; ML: Paul Franken- burger; Ch: Ery Bos MS (Motor/Nebel/Welle), Helly Acham, Berta Baethe, Ery Bos, Margarete Diefert, Elly Fenzl, Ellen de Fries, Luli de Fries, Hertha Glatt, Liesl Graß, Magda Karder, Alice Katz, Karla Moser, Inge Pfeifer, Trudl Rueff, Margarethe Savicky, Friedl Ulrich, Else Wachter, Hildegard Zink, Fritz Hafels, Charly Spetzger
24. 11. Stadttheater Augsburg	**Der Schatz der Attila** Ein Bergwerksmärchenspiel von Alfred Möller R: Viktor Pruscha; ML: Richard Engelbrecht; Ch: Ery Bos MS (Das kleine Bergmännchen), Helly Acham, Ery Bos, Else Egner, Elly Fenzl, Elisabeth Geyer, Liesl Graß, Grete Hartwig, Minna Höcker-Beh- rens, Magda Karder, Grete Molenaar, Karla Mo- ser, Trudl Rueff, Margarethe Savicky, Alfons

Götz, Heinrich Jaeger, Karl Theodor Langen, Franz Madl, Franz Marner, Alfons Mayr, Franz Mildenberger, Mac Milton, Oskar Mörwald, Benno Nora, Joseph Passy-Cornet, Rudolf Pollner, Curt Seder, Rudolf Störmer, Hans Thaler, Wilhelm Weidenbach

1. 12. Stadttheater Augsburg	**Der Zigeunerbaron** Operette von Ignatz Schnitzer nach einer Erzählung von Maurus Jokai; M: Johann Strauß R: Karl Lustig-Prean; ML: Georg Pipping MS (Arsena, Zsupáns Tochter), Helly Acham, Ery Bos, Luli de Fries, Hertha Glatt, Magda Karder, Annie Sieburg, Lotte Silbiger, Therese Wald, Geza Brand, Caspar Döbler, Edwin Englisch, Heinrich Jaeger, Franz Mildenberger, Oskar Mörwald, Rudolf Pollner, Viktor Pruscha, Norbert Redl, Rudolf Störmer, Hans Thaler, Wilhelm Weidenbach
15. 12. U Stadttheater Augsburg	**Steppenkinder** Operette von Hans Borutzky und Alfred Steinberg-Frank; M: Emil Berté R: Hans Abrell; ML: Georg Pipping; Ch: Magda Karder MS (Ellen, des Pastors Tochter), Margarete Diefert, Liesl Graß, Grete Hartwig, Grete Molenaar, Karla Moser, Trudl Rueff, Margarethe Savicky, Mizzi Scholz, Annie Sieburg, Franzi Sitter, Therese Wald, Caspar Döbler, Ernst Duschy, Edwin Englisch, Alfons Götz, Franz Groß, Fritz Hafels, Heinrich Jaeger, Rudolf Kaiser, Franz Marner, Franz Mildenberger, Mac Milton, Oskar Mörwald, Benno Nora, Robert Pleß, Rudolf Pollner, Norbert Redl, Adolf Rehbach, Hanns Rimbeck, Max Schnauer, Curt Seder, Rudolf Störmer, Wilhelm Weidenbach
25. 12. Stadttheater Augsburg	**Die Bergkönigin** Weihnachtsmärchen von Franziska Rodenstock; M: Joseph Haas R: Franz X. Bayerl; ML: Gertrud Hrdliczka; Ch: Ery Bos

MS (Rack, ein Zwerg), Helly Acham, Ery Bos, Ellen de Fries, Elisabeth Geyer, Hertha Glatt, Grete Hartwig, Minna Höcker-Behrens, Magda Karder, Grete Molenaar, Lotte Silbiger, Therese Wald, Eberhard Krumschmidt, Franz Marner, Mac Milton, Oskar Mörwald, Adolf Rehbach, Curt Seder, Adolf Wohlschläger

1930

19. 1. Stadttheater Augsburg	**Das Land des Lächelns** Romantische Operette nach Victor Léon von Ludwig Herzer und Fritz Löhner-Beda; M: Franz Lehár R: Ernst Duschy; ML: Georg Pipping MS (Lore, Nichte des Grafen Lichtenfels), Helly Acham, Margarete Diefert, Liesl Graß, Minna Höcker-Behrens, Magda Karder, Trudl Rueff, Annie Sieburg, Franzi Sitter, Ernst Duschy, Edwin Englisch, Fritz Hafels, Heinrich Jaeger, Franz Marner, Mac Milton, Benno Nora, Adolf Rehbach
16. 2. Stadttheater Augsburg	**Tänze – Sitzung** Ch: Ery Bos; am Flügel: Otto Miehler MS (Der Süße), Helly Acham, Ellen de Fries, Luli de Fries, Hertha Glatt, Inge Pfeifer, Friedl Ulrich, Hildegard Zink, Charly Spetzger
19. 2. Stadttheater Augsburg (Premiere: 3. 11. 1929)	**Dolly** Operette von Franz Arnold und Ernst Bach; M: Hugo Hirsch R: Karl Lustig-Prean; ML: Georg Pipping MS (Dolly – 2. Besetzung), Helly Acham, Margarete Diefert, Ellen de Fries, Hertha Glatt, Liesl Graß, Minna Höcker-Behrens, Magda Karder, Karla Moser, Trudl Rueff, Annie Sieburg, Edwin Englisch, Heinrich Jaeger, Franz Marner, Rudolf Pollner, Max Schnauer, Max Vogl
23. 2. Stadttheater Augsburg	**Neues vom Tage** Lustige Oper von Paul Hindemith; Text von Marcellus Schiffer R: Franz X. Bayerl; B: Axel Leskoschek; ML: Paul Frankenburger; Ch: Ery Bos

MS (Ein Zimmermädchen), Hela Quis, Lotte Silbiger, Wilhelm Bauer, Gernot Burrow, Rudolf Kaiser, Heinrich Krögler, Franz Madl, Franz Marner, Alfons Mayr, Oskar Mörwald, Edmund Samato, Albert Schwair, Rudolf Störmer

1.3. Stadttheater Augsburg	**Lumpazivagabundus** Zauberposse mit Gesang von Johann Nepomuk Nestroy; M: Adolph Müller R: Heinrich Jaeger; ML: Otto Miehler MS (Camilla Palpiti), Helly Acham, Ery Bos, Magda Karder, Grete Molenaar, Anny Rys, Grete Safar, Heinrich Jaeger, Curt von Lessen, Franz Marner, Adolf Rehbach, Curt Seder, Albert Seibert
16.3. U Stadttheater Augsburg	**Das Amulett der Pompadour** Operette von Fritz Lunzer und Emil von Meißner; M: Edmund Eysler R: Fritz Schönhoff; ML: Georg Pipping MS (Lou Crignon, ein Revuegirl), Annie Sieburg, Franzi Sitter, Therese Wald, Ernst Duschy, Edwin Englisch, Heinrich Jaeger, Franz Marner, Benno Nora, Fritz Schönhoff
30.3. Stadttheater Augsburg	**Die Puppenfee** Ballett von Josef Haßreiter und Franz Gaul; M: Joseph Bayer R: Ery Bos; ML: Otto Miehler; Ch: Ery Bos MS (Baby, eine der mechanischen Figuren), Helly Acham, Berta Baethe, Ery Bos, Margarete Diefert, Elly Fenzl, Ellen de Fries, Luli de Fries, Hertha Glatt, Liesl Graß, Senta Hilmer, Magda Karder, Erika Nein, Inge Pfeifer, Trudl Rueff, Margarethe Savicky, Friedl Ulrich, Therese Wald, Theodor Buchwieser, Caspar Döbler, Franz Groß, Fritz Hafels, Rudolf Kaiser, Franz Mildenberger, Mac Milton, Rudolf Pollner, Hanns Rimbeck, Max Schnauer, Hans Thaler, Wilhelm Weidenbach

6. 4. Stadttheater Augsburg	**Casanova** Operette von Rudolf Schanzer und Ernst We- lisch; M: Johann Strauß, arrangiert von Ralph Benatzky R: Karl Lustig-Prean; ML: Georg Pipping; Ch: Ery Bos MS (Laura), Helly Acham, Ery Bos, Grete Hart- wig, Minna Höcker-Behrens, Annemarie Kalten- brunner, Magda Karder, Vilma Lessik, Gret Leuen, Therese Wald, Gusti Weber, Ernst Du- schy, Edwin Englisch, Alfons Götz, Fritz Hafels, Heinrich Jaeger, Franz Madl, Franz Marner, Al- fons Mayr, Franz Mildenberger, Mac Milton, Os- kar Mörwald, Benno Nora, Rudolf Pollner, Ed- mund Samato, Max Schnauer, Curt Seder, Rudolf Störmer, Wilhelm Weidenbach
4. 5. Stadttheater Augsburg	**Frasquita** Operette von Alfred Maria Willner und Heinz Reichert; M: Franz Lehár R: Heinrich Jaeger; ML: Georg Pipping; Ch: Magda Karder MS (Ines, Sängerin des Vergnügungsetablisse- ments »Alhambra«), Elly Fenzl, Else de Fries, Liesl Graß, Magda Karder, Trudl Rueff, Annie Sieburg, Franzi Sitter, Caspar Döbler, Ernst Duschy, Edwin Englisch, Fritz Hafels, Rudolf Kaiser, Franz Mildenberger, Oskar Mörwald, Benno Nora, Robert Pleß, Rudolf Pollner, Hanns Rimbeck, Rudolf Störmer, Wilhelm Weidenbach
10. 5. Theater am Gärtnerplatz München	**Die leichte Isabell** Operette von Hans H. Zerlett; Gesangstexte von Robert Gilbert; M: Robert Gilbert R: Herbert Langhofer; B: Theo Thaller; ML: Eu- gen Neff; Ch: Steffie Höfle MS (Isabell), Edith Grüner, Helma Rückert, Bertl Weingart, Karl Erhart-Hardt, Paul Heidemann, Herbert Langhofer, Mathias Olschinski, Fritz Schröder

26. 5.
Theater am
Gärtnerplatz
München
(Premiere:
7. 5. 1930)

Die Fledermaus
Operette von Carl Haffner und Richard Genée
nach Henri Meilhac und Ludovic Halévy; M:
Johann Strauß
R: Julius Dewald; ML: Eugen Neff
MS (Adele, Kammermädchen bei Rosalinde –
2. Besetzung), Irene Jessner, Susi Vielweib, Martin Brucklachner, Oswald Czechowski, Ignaz
Czernitz, Karl Erhart-Hardt, Hans Forstner, Rudolf Kunig, Oskar Maurer, Mathias Olschinski,
Rudolf Seibold

31. 5.
Theater am
Gärtnerplatz
München

Die drei Musketiere
Spiel aus romantischer Zeit nach Alexandre Dumas von Rudolf Schanzer und Ernst Welisch; M:
Ralph Benatzky
R: Julius Dewald; B: Theo Thaller; ML: Eugen
Neff; Ch: Steffie Höfle
MS (Miotte), Lizzi Balla, Ingeborg Böheim, Sonja
Fischer, Steffie Höfle, Irene Jessner, Jenny Jürgens, Claire Kürschner, Renate Steiner, Inge
Walter, Theodor Auzinger, Franz Bauer, Hans
Carlé, Oswald Czechowski, Ignaz Czernitz, Louis
Kaliger, Oskar Maurer, Karl Merzenicht, Kurt
Mühlhardt, Erwin Reinald, Hans Schrader, Adolf
Schubert, Rudolf Seibold, Bruno Wächter

5. 7.
Theater am
Gärtnerplatz
München

Ein Bummel durch München in 40 Stunden
Die Geschichte einer Wette nach einer Idee von
Willy Schaeffers und Paul Nikolaus von Weiß
Ferdl und Edi Winterfeld
R: Weiß Ferdl; ML: Eugen Neff und Willy Rosen
MS (Knopfs Tochter), Claire Kürschner, Gretl
Martin, Helma Rückert, Hans Carlé, Karl Erhart-Hardt, Rudolf Kunig, Herbert Langhofer, Mathias
Olschinski, Fritz Schröder, Weiß Ferdl

1. 8.
Theater am
Gärtnerplatz
München

Das Land des Lächelns
Operette nach Victor Léon von Ludwig Herzer
und Fritz Löhner-Beda; M: Franz Lehár
R: Julius Dewald; B: Theo Thaller; ML: Franz
Lehár; Ch: Steffie Höfle

MS (Lore, Nichte des Grafen Lichtenfels; ab 3. 9.: Mi, des Prinzen Schwester), Malwine Gottinger, Claire Kürschner, Hella Kürty, Sonja Scheucher, Agi Schmitz, Olga Stangl, Dora Wirth, Martin Brucklachner, Karl Erhart-Hardt, Waldemar Erlbeck, Herbert Langhofer, Oskar Maurer, Mathias Olschinski, Fritz Schröder, Richard Tauber

13. 9.
Theater am
Gärtnerplatz
München

Mädel ade
Operette von Bruno Hardt-Warden; M: August Pepöck
R: Herbert Langhofer; B: Theo Thaller; ML: Eugen Neff; Ch: Steffie Höfle
MS (Suzette), Claire Gerhardt, Claire Kürschner, Herta Stary, Joseph Buresch, Oswald Czechowski, Karl Erhart-Hardt, Waldemar Erlbeck, Rudolf Kunig, Oskar Maurer, Karl Merzenicht, Mathias Olschinski, Fritz Schröder

4. 10.
Theater am
Gärtnerplatz
München

Casanova
Große Operette von Rudolf Schanzer und Ernst Welisch; M: Johann Strauß, arrangiert von Ralph Benatzky
R: Julius Dewald und Herbert Langhofer; B: Theo Thaller; ML: Otto Erich Steeger; Ch: Steffie Höfle
MS (Barberina), Ingeborg de Freitas, Malwine Gottinger, La Jana, Hilde Laß-Burfeindt, Gretl Martin, Helma Rückert, Michael Bohnen, Joseph Buresch, Hans Carlé, Karl Erhart-Hardt, Waldemar Erlbeck, Hermann Hauschmann, Leo Horowitz, Oskar Maurer, Karl Merzenicht, Fritz Schröder, Adolf Schubert

15. 11.
Theater am
Gärtnerplatz
München

Viktoria und ihr Husar
Operette aus dem Ungarischen des Emmerich Földes von Alfred Grünwald und Fritz Löhner-Beda; M: Paul Abraham
R: Julius Dewald; B: Theo Thaller; ML: Otto Erich Steeger; Ch: Steffie Höfle
MS (O Lia San), Anni Bach, Gretl Martin, Joseph Buresch, Hans Carlé, Oswald Czechowski, Julius Dewald, Karl Erhart-Hardt, Waldemar Erlbeck, Kurt Fuß, Oskar Maurer, Karl Merzenicht, Mathias Olschinski, Hans Schrader

17. 1.
Theater am
Gärtnerplatz
München

Viermal Ehe

Nach einem Szenarium von Laurenz Parker, bearbeitet von Kurt Breuer und Hugo Wiener; M: Egon Neumann

R: Julius Dewald; B: Theo Thaller; ML: Eugen Neff

MS (Bebe), Helma Rückert, Margarete Slezak, Joseph Buresch, Karl Erhart-Hardt, Leo Horowitz, Adolf Körner, Mathias Olschinski, Harry Payer

30. 1.
Theater am
Gärtnerplatz
München

Frühling im Wienerwald

Singspiel aus der Backhendlzeit von Fritz Löhner-Beda und Fritz Lunzer; M: Leo Ascher

R: Herbert Langhofer; B: Theo Thaller; ML: Eugen Neff; Ch: Steffie Höfle

MS (Hanni Tomasoni), Claire Kürschner, Gretl Martin, Helma Rückert, Susi Vielweib, Hans Carlé, Karl Erhart-Hardt, Waldemar Erlbeck, Alexander Haber, Leo Horowitz, Mathias Olschinski, Fritz Schröder

14. 2.
Theater am
Gärtnerplatz
München

Der lustige Krieg

Operette von Friedrich Zell und Richard Genée in der Bearbeitung von Wilhelm Sterk; M: Johann Strauß, neu arrangiert von Felix Günther

R: Herbert Langhofer; B: Theo Thaller; ML: Otto Erich Steeger; Ch: Steffie Höfle

MS (Nina, Schwester der Prinzessin von Massa-Malaspina), Panny Vajda, Joseph Buresch, Oswald Czechowski, Karl Erhart-Hardt, Leo Horowitz, Herbert Langhofer, Oskar Maurer, Fritz Schröder

18. 3.
Theater am
Gärtnerplatz
München

Das Mädel am Steuer

Spiel von Rudolf Schanzer und Ernst Welisch nach einer Skizze Dekobras; M: Jean Gilbert

R: Oswald Czechowski und Julius Dewald; B: Theo Thaller; ML: Jean Gilbert

MS (Greta), Josefine Faltermeier, Malwine Gottinger, Claire Kürschner, Agi Schmitz, Olga Stangl, Susi Vielweib, Franz Bauer, Hans Carlé, Karl Erhart-Hardt, Waldemar Erlbeck, Leo Horowitz, Oskar Maurer, Theo Meyer, Edgar Schrade, Fritz Schröder, Rudolf Seibold

23. 4. Theater am Gärtnerplatz München	**Der Graf von Luxemburg** Operette von Alfred Maria Willner und Robert Bodanzky; M: Franz Lehár R: Herbert Langhofer; ML: Eugen Neff; Ch: Steffie Höfle MS (Juliette Vermont), Sonja Fischer, Malwine Gottinger, Tina Hellina, Jenny Kiehl, Mathilde Kretschmann, Agi Schmitz, Susi Vielweib, Franz Bauer, Joseph Buresch, Hans Carlé, Oswald Czechowski, Karl Erhart-Hardt, Waldemar Erlbeck, Leo Horowitz, Erwin Kersen, Oskar Maurer, Karl Merzenicht, Fritz Schröder, Adolf Schubert
2. 5. Theater am Gärtnerplatz München	**Die Csárdásfürstin** Operette von Leo Stein und Bela Jenbach; M: Emmerich Kálmán R: Oswald Czechowski; B: Theo Thaller; ML: Eugen Neff; Ch: Steffie Höfle MS (Komtesse Stasi, Nichte des Fürsten von und zu Lippert-Weylersheim), Tina Hellina, Helma Rückert, Agi Schmitz, Joseph Buresch, Hans Carlé, Karl Erhart-Hardt, Alexander Haber, Leo Horowitz, Toni Hurka, Fritz Schröder, Adolf Schubert
<u>1937</u> 15. 4. Theater am Kurfürstendamm Berlin	**Die Primanerin** Lustspiel nach einer Idee von Alexander Turmayer von Sigmund Graff R: Fritz Holl; B: Gottfried zum Winkel MS (Kitty Krüger, Primanerin), Käthe Bierkowski, Elisabeth Dischinger, Ursula Friese, Berta Gast, Berta Monnard, Irmgard Nowack, Lotte Rausch, Carola Regehr, Aribert Grimmer, Max Kaufmann, Hans Korngiebel, Hans Kühlewein, Kurt Meisel, Otto Stoeckel, Walter Süßenguth, Hans Zesch-Ballot

<u>1946</u>

21. 3.
Landestheater
Salzburg

Kammerjungfer
Lustspiel von Jacques Deval; Ü: Johann Müller
R: Erwin Faber; B: Kurt Richter
MS (Françoise), Irma Brahma, Juliana Jordan,
Marta Marbo, Helga Roloff, Alfred Edthofer, Paul
Horn, André Mattoni, Hans Neuhauser, Walther
Orth

9. 7.
Tiroler Landestheater
Innsbruck –
Großes Haus

Kammerjungfer
Lustspiel von Jacques Deval; Ü: Johann Müller
R: Richard Rieß; B: Rosemarie Struger
MS (Françoise), Elfie Angele, Edith Boewer,
Berta Kopp, Traudl Neuner, André Mattoni,
Gustl Pretsch, Richard Rieß, Rudolf Schücker,
Siegfried Süßenguth

29. 7.
Volkstheater
Wien

Kammerjungfer
Lustspiel von Jacques Deval; Ü: Johann Müller
R: Alfred Solm; B: Otto Liewehr
MS (Françoise), Trude Havel, Ilde Overhoff, Susi
Peter, Senta Wengraf, Alfred Huttig, Hanns
Kurth, André Mattoni, Benno Smytt, Hanns
Waschatko

17. 12.
Landestheater
Salzburg

Marguerite durch drei
Lustspiel von Fritz Schwiefert
R: Max Schipper; B: Kurt Richter
MS (Die Dame), Kurt Heintel, Paul Horn, André
Mattoni, Max Schipper

<u>1947</u>

6. 3.
Landestheater
Salzburg

Mrs. Cheneys Ende
Lustspiel von Frederick Lonsdale
R: Erwin Faber; B: Kurt Richter
MS (Mrs. Cheney), Christl Bartsch, Irma Brahma,
Ilse Hanel, Hermine Heller, Hilde Jäger, Paul
Horn, Johannes Kittel, André Mattoni, Franz
Muxeneder, Anton Pointner, Arthur Reimann,
Herbert Stranger, Richard Tomaselli

Frühjahr
Landestheater
Salzburg

Bezauberndes Fräulein

Bilder mit Musik nach einem alten Lustspiel neu erzählt von Ralph Benatzky

R: Max Schipper; B: Kurt Richter; ML: Paul von Schilhawsky

MS (Das bezaubernde Fräulein), Ilse Hanel, Itha Hiehl, Grith Hohensinn, Alfred Edthofer, Kurt Heintel, Paul Horn, Helmut Janatsch, Josef Klingler, Franz Ringler, Max Schipper, Gerhard Wilhelm

<u>1948</u>
17. 12.
Die Schaubude
München

Das Ministerium ist beleidigt

Musikalisches Lustspiel von Fred Heller und Bruno Engler mit Gesangstexten von Hans Lengsfelder und Siegfried Tisch; M: Leonhard K. Märker

R: Rudolf Schündler; B: Wolfgang Znamenacek; ML: Kurt Radeke, Matthias Perl und Hannes Klagemann

MS (Suson Dumesnil), Uschi Auerbach, Gaby Gardner, Isabella Schieferdecker, Otto Berger, Walter Janssen, Paul Mahr, Sepp Nigg, Karl Schönböck, Leo Siedler

Filmographie

Kinofilme – soweit feststellbar

Zusammengestellt von Peter Spiegel

Die Jahreszahlen bezeichnen das Datum des jeweiligen Kinostarts. In Klammern sind, wenn es sich nicht um eine (ausschließlich) deutsche Produktion handelt, Herstellungsland sowie Originaltitel genannt. Auch Alternativtitel zum Originaltitel sind in Klammern gesetzt.

B = Buch, LT = Liedtexte, M = Musik, ML = musikalische Leitung, UA = Uraufführung, MS = Magda Schneider

1930
Boykott (Deutschland)
Regie: Robert Land
B: Alfred Schirokauer, Robert Land, Eugen Kürschner nach der Novelle »Boykott« von Arnold Ulitz
M: Franz Grothe, Alexander Laszlo; LT: Karl Wilczynski
MS (Zofe), Lil Dagover, Ernst Stahl-Nachbaur, Rolf von Goth, Theodor Loos, Wolfgang Zilzer, Karin Evans
UA: 15. 12. 1930

1932
Fräulein, falsch verbunden (Deutschland)
Regie: E. W. Emo
B: Ernst Wolff nach einer Story von Herbert Rosenfeld
M und LT: Otto Stransky
MS (Inge Becker, Telephonistin), Johannes Riemann, Trude Berliner, José Wedorn, Flockina von Platen, Alexa von Porembsky, Jakob Tiedtke
UA: 22. 1. 1932

Ein bißchen Liebe für Dich (Deutschland; Titel in Österreich: »Geschäft mit Amerika«)
Regie: Max Neufeld
B: Hans H. Zerlett, Max Neufeld nach dem Bühnenstück »Geschäft mit Amerika« von Ludwig Hirschfeld und Paul Frank

M: Paul Abraham, LT: Robert Gilbert, Armin Robinson
MS (Anny Weber, Sekretärin), Lee Parry, Hermann Thimig, Georg Alexander, Rosi Barsony, Olly Gebauer
UA: 29. 2. 1932

Zwei in einem Auto (Deutschland)
Regie: Joe May
B: Ernst Marischka, Bruno Granichstaedten, Hans Wilhelm nach einer Story von Ernst Marischka und Bruno Granichstaedten
M: Bruno Granichstaedten
MS (Lisa Krüger, Warenhausangestellte), Karl Ludwig Diehl, Richard Romanowsky, Ernst Verebes, Kurt Gerron
UA: 8. 3. 1932

Das Lied einer Nacht (Deutschland)
Regie: Anatole Litvak
B: Irma von Cube, Albrecht Joseph nach einer Story von Irma von Cube, Albrecht Joseph, Simon Koster
M: Mischa Spoliansky, LT: Marcellus Schiffer
MS (Mathilde Pategg, Tochter des Kurdirektors), Jan Kiepura, Fritz Schulz, Otto Wallburg, Ida Wüst, Margo Lion, Julius Falkenstein
UA: 27. 5. 1932

Sehnsucht 202 (Österreich/Deutschland)
Regie: Max Neufeld
B: Emmeric Pressburger, Karl Farkas
M: Richard Fall, ML: Willy Schmidt-Gentner, LT: Irma von Cube, Karl Farkas
MS ((Magda, Stenotypistin), Fritz Schulz, Paul Kemp, Luise Rainer, Rolf von Goth, Attila Hörbiger, Hans Thimig
UA: 2. 9. 1932

Das Testament des Cornelius Gulden (Deutschland; Titel in Österreich: »Nur Du bist schuld«)
Regie: E. W. Emo
B: Walter Wassermann, Walter Schlee nach dem Roman »Das Testament des Cornelius Gulden« von Ludwig von Wohl
M: Otto Stransky, LT: Friedrich Schwarz
MS (Flox Winter, Sekretärin), Georg Alexander, Theo Lingen, Ida Wüst, Jakob Tiedtke, Paul Henckels, Fritz Odemar, Julius Falkenstein
UA: 3. 11. 1932

1933
Marion, das gehört sich nicht (Deutschland; Titel in Österreich: »Susanna im Bade«)
Regie: E. W. Emo

B: Kurt Siodmak nach einer Story von Charlie Roellinghoff und Georg Jacoby
M: Otto Stransky, LT: Richard Rillo, Otto Stransky, Marius
MS (Marion Sartorius, Tochter des Seifenfabrikanten), Hermann Thimig, Otto Wallburg, Julius Falkenstein, Theo Lingen, Olly Gebauer
UA: 9. 12. 1932

Glück über Nacht (Deutschland)
Regie: Max Neufeld
B: Herbert Rosenfeld nach einer Story von Charlie Roellinghoff
M: Paul Abraham, LT: Robert Gilbert
MS (Edith Werner, Sekretärin), Hermann Thimig, Szöke Szakall, Annie Markart, Hans Junkermann, Julius Falkenstein, Paul Otto, Erich Fiedler
UA: 25. 12. 1932

Chanson d'une nuit* (Deutschland/Frankreich)
Regie: Anatole Litvak
B: Irma von Cube, Albrecht Joseph nach einer Story von Irma von Cube, Albrecht Joseph, Simon Koster, Dialoge: Henri-Georges Clouzot
M: Mischa Spoliansky, LT: Serge Véber
MS (Mathilde), Jan Kiepura, Pierre Brasseur, Lucien Baroux, Charlotte Lysés, Clara Tambour
* Der Film ist die französische Version des Streifens **Das Lied einer Nacht.**

Tell me tonight* (Deutschland/Großbritannien/Frankreich)
Regie: Anatole Litvak
B: Irma von Cube, Albrecht Joseph nach einer Story von Irma von Cube, Albrecht Joseph, Simon Koster, englische Bearbeitung: John Orton
M: Mischa Spoliansky
MS (Mathilde), Jan Kiepura, Sonnie Hale, Edmund Gwenn, Betty Chester, Athene Seyler
* Der Film ist die englische Version des deutschen Streifens **Das Lied einer Nacht.**

Liebelei (Deutschland)
Regie: Max Ophüls
B: Hans F. Wilhelm, Curt Alexander nach dem Bühnenstück »Liebelei« von Arthur Schnitzler
M: Theo Mackeben; Beethoven, Brahms, Mozart
MS (Christine Weyring), Luise Ullrich, Gustaf Gründgens, Willy Eichberger, Wolfgang Liebeneiner, Olga Tschechowa, Paul Otto, Paul Hörbiger, Lotte Spira, Walter Steinbeck, Werner Finck
UA: 24. 2. 1933

Kind, ich freu' mich auf Dein Kommen (Deutschland; Titel in Öster-
reich: »Amor an der Leine«)
Regie: Kurt Gerron, Erich von Neusser
B: Franz Arnold, Max Jungk, Heinz Gordon
M: Bronislaw Kaper, Walter Jurmann, Hans Mühlen
MS (Lili Schrader, Sekretärin), Wolf Albach-Retty (Herbert, Neffe des Chefs
der Firma), Otto Wallburg, Ida Wüst, Julius Falkenstein, Lissy Arna, Grethe
Weiser, Karl John
UA: 26. 6. 1933

Glückliche Reise (Deutschland)
Regie: Alfred Abel
B: Bobby E. Lüthge, Georg Zoch nach der Operette von Max Bertuch / Kurt
Schwabach
M: Eduard Künneke, ML: Kurt Schwabach
MS (Monika Brink, Stenotypistin), Carla Carlsen, Max Hansen, Ekkehard
Arendt, Paul Henckels, Adele Sandrock, Margarete Kupfer
UA: 27. 11. 1933

Liebelei (Frankreich)
Regie: Max Ophüls
B: Hans F. Wilhelm, Curt Alexander nach dem Bühnenstück »Liebelei« von
Arthur Schnitzler, französische Dialoge: André Doderet
M: Theo Mackeben; Beethoven, Brahms, Mozart
MS (Christine), Simone Héllard, Olga Tschechowa, Wolfgang Liebeneiner,
Abel Tarride, Gustaf Gründgens, Georges Rigaud, Paul Otto, Georges Mauloy

1934
Ich kenn' Dich nicht und liebe Dich (Deutschland; Titel in Österreich:
»Frühlingsnächte in Nizza«)
Regie: Geza von Bolvary
B: Walter Jerven, Hans Rameau
M: Franz Grothe
MS (Gloria Claassen), Willi Forst, Trude Haefelin, Max Gülstorff, Theo
Lingen, Fritz Odemar
UA: 1. 2. 1934

Ein Mädel wirbelt durch die Welt (Deutschland)
Regie: Georg Jacoby
B: Franz Rauch, Walter Wassermann nach dem Roman »Lenox wirbelt durch
die Welt« von Hans Holm
M: Theodor Knobel, Walter Kiesow
MS (Leonore Brehmer), Harald Paulsen, Hugo Schrader, Theo Lingen, Jakob
Tiedtke, Fita Benkhoff
UA: 2. 3. 1934

Going gay (Großbritannien; Titel in Deutschland und Österreich: »Ein Mädel aus Wien«)
Regie: Carmine Gallone
B: Selwyn Jepson, Jack Marks, K. R. G. Browne nach einer Story von Selwyn Jepson
M: Jacques Offenbach
MS (Grete Müller), Arthur Riscoe, Naunton Wayne, Grete Natzler, Joe Hayman
UA: 15. 6. 1934 (Deutschland)

G'schichten aus dem Wienerwald (Österreich)
Regie: Georg Jacoby
B: Maria Stefan
M: Willy Schmidt-Gentner; Johann Strauß
MS (Millie Sheffers, Journalistin), Wolf Albach-Retty (Graf Rudi Waldheim), Leo Slezak, Georg Alexander, Truus van Aalten, Oscar Sabo, Lotte Lang, Herbert Hübner
UA: 28. 9. 1934

Fräulein Liselott (Deutschland)
Regie: Johannes Guter
B: Bobby E. Lüthge, Walter Forster nach dem Bühnenstück »Glück im Haus« von Jean de Létraz
M: Franz Doelle
MS (Liselotte Fischer, Angestellte), Albert Lieven, Maria Sazarina, Günther Lüders, Willi Schur, Oskar Sima, Paul Westermeier
UA: 28. 9. 1934

1935
Die Katz' im Sack* (Frankreich)
Regie: Richard Eichberg
B: Johannes Fethke nach dem Bühnenstück »Die Katz' im Sack« von Ladislaus Szilagyi und Michael Eisemann
M: Hans Sommer
MS (Irene Ferenczy), Wolf Albach-Retty (Edmond Vernon, Rennfahrer), Theo Lingen, Julia Serda, Hubert von Meyerinck
* Der Film ist die deutsche Version des französischen Streifens **Quadrille d'amour** (Regie: Richard Eichberg, Germain Fried; 1934)
UA: 25. 1. 1935

Winternachtstraum (Deutschland)
Regie: Geza von Bolvary
B: Ernst Marischka
M: Franz Grothe, LT: Ernst Marischka

MS (Hilde Müller, Angestellte), Wolf Albach-Retty (Peter Kreuzberg, Skilehrer), Richard Romanowsky, Hans Moser, Theo Lingen, Gustav Waldau, Walter Steinbeck, Hubert von Meyerinck, Erik Ode, Hedda Björnson
UA: 13. 2. 1935

Eva (Österreich)
Regie: Johannes Riemann
B: Ernst Marischka nach der Operette »Eva« von A. W. Willner / Robert Bodanzky / Eugen Spero
M: Franz Lehár, ML: Willy Schmidt-Gentner
MS (Eva, Fabrikarbeiterin), Heinz Rühmann, Hans Söhnker, Adele Sandrock, Ferdinand Mayerhofer, Hans Moser, Mimi Shorp, Franz Schafheitlin, Paul von Hernried (später: Paul Henreid), Fritz Imhoff
UA: 25. 7. 1935

Vergiß mein nicht (Deutschland)
Regie: Augusto Genina
B: Ernst Marischka
M: Alois Melichar; Ernesto de Curtis, Franz Schubert
MS (Liselotte Heßfeld, Sekretärin), Benjamino Gigli, Kurt Vespermann, Siegfried Schürenberg, Erik Ode, Hedda Björnson, Peter Bosse
UA: 25. 10. 1935

1936
Die lustigen Weiber (Deutschland)
Regie: Carl Hoffmann
B: Georg Zoch nach Motiven des Bühnenstücks »The merry wives of Windsor« von William Shakespeare
M: Franz Grothe; Ernst Fischer
MS (Viola, Page), Leo Slezak, Ida Wüst, Maria Krahn, Otto Wernicke, Ellen Frank
UA: 24. 1. 1936

Rendezvous in Wien (Österreich)
Regie: Viktor Janson
B: H. W. Becker, Julius Horst
M: Willy Schmidt-Gentner, LT: Hans Adler
MS (Gusti Aigner, Fremdenführerin), Wolf Albach-Retty (Franz Lenhardt, Musiker), Adele Sandrock, Leo Slezak, Lizzi Holzschuh, Georg Alexander, Fritz Odemar, Rudolf Carl, Tibor von Halmay, Fritz Imhoff
UA: 28. 2. 1936

Die Puppenfee (Österreich)
Regie: E. W. Emo
B: Ralph Benatzky, Hanns Saßmann
M: Ralph Benatzky, Joseph Bayer, LT: Ralph Benatzky

MS (Felizitas, Komtesse), Wolf Albach-Retty (Alexander, Bruder des Frei-
herrn Kauzenbichl), Adele Sandrock, Paul Hörbiger, Dagny Servaes, Fritz
Imhoff, Lizzi Holzschuh, Rudolf Carl, Franz Schafheitlin, Olly Gebauer,
Hilde Krahl
UA: 19. 6. 1936 Deutschland

Prater (Österreich; Titel in Deutschland: »Der Weg des Herzens«)
Regie: Willy Schmidt-Gentner
B: Johann Berthold
M: Willy Schmidt-Gentner
MS (Tini, Assistentin eines Zauberers), Willy Eichberger, Hilde von Stolz,
Fred Hennings, Hans Olden, Annie Rosar, Mihail Xantho
UA: 11. 9. 1936

Geheimnis eines alten Hauses (Deutschland)
Regie: Rudolf van der Noss
B: S. S. von Varady
M: Werner Bochmann, LT: Hans Fritz Beckmann
MS (Mary Hofmeyer, Kostümzeichnerin), Wolf Albach-Retty (Teddy Eber-
lein, Architekt), Grethe Weiser, Kurt Vespermann, Käthe Haack, Paul Bildt,
Ernst Waldow
UA: 3. 12. 1936

1937
Frauenliebe – Frauenleid (Deutschland)
Regie: Augusto Genina
B: Augusto Genina
M: Peter Kreuder
MS (Marie Haßler, Garderobiere), Ivan Petrovich, Oskar Sima, Anton Point-
ner, Peter Bosse, Heinrich Schroth, Alexa von Porembsky, Margarete Kupfer
UA: 19. 2. 1937

1938
Musik für dich (Österreich)
Regie: E. W. Emo
B: Hans Gustl Kernmayr, Georg Zoch, Peter Gillmann, Max Wallner
M: Robert Stolz, LT: Rudolf Weys
MS (Hella Elbing), Hans Söhnker, Paul Kemp, Fritz Imhoff, Ferdinand
Mayerhofer, Karl Skraup, Karl Hellmer
UA: 10. 12. 1937

Ihr Leibhusar* (Ungarn; Titel in Österreich: »Oberleutnant Franzl«)
Regie: Hubert Marischka
B: Zsolt von Harsányi, deutsche Bearbeitung: Axel Eggebrecht nach dem
Roman »A Nosztay fiu esete Tóth Marival« von Kálmán Mikszáth
M: Szabolcs Fényes Szabolcs

MS (Marie Toldy), Pál Javor, Paul Kemp, Alice Brand, Lucie Englisch, Erika von Thellmann, Tibor von Halmay, Willi Schur, Ferdinand Mayerhofer, Annie Rosar, Anton Pointner
* Der Film ist die deutsche Version des ungarischen Streifens **A Noszty fiu esete Tóth Marival** (Regie: István Székely; 1937)
UA: 25. 2. 1938

Frühlingsluft (Deutschland)
Regie: Carl Lamac
B: Geza von Cziffra nach dem Bühnenstück »Frühlingsluft« von Roland Schacht
M: Josef Strauß, Paul Hühn, LT: Aldo von Pinelli
MS (Elli Nolte, Sekretärin), Wolf Albach-Retty (Erbprinz Rudolf), Hilde von Stolz, Rudolf Platte, Wilhelm Bendow, Fritz Odemar, Hubert von Meyerinck
UA: 16. 4. 1938

Die Frau am Scheidewege* (Ungarn)
Regie: Josef von Baky
B: Thea von Harbou nach dem Roman »Ich komme nicht zum Abendessen« von Alice Lyttkens
M: Viktor Vaszy
MS (Hanna Weigand, Ärztin), Ewald Balser, Karin Hardt, Hans Söhnker, Ilse Fürstenberg, Paul Westermeier, Georg Alexander, Willi Schur, Rudolf Schündler, Margarete Schön, Ernst Waldow
* Dieser ungarische Streifen (Titel in Ungarn: **Asszony à valaszuton**) wurde nur in einer deutschen Fassung hergestellt.
UA: 12. 10. 1938

1939
Wer küßt Madeleine? (Deutschland)
Regie: Viktor Janson
B: Edgar Kahn
M: Werner Bochmann
MS (Madeleine Paqual), Albert Matterstock, Herti Kirchner, Hermann Speelmans, Ernst Waldow, Albert Florath, Herbert Hübner, Paul Dahlke, Paul Bildt, Rudolf Platte, Julia Serda
UA: 24. 8. 1939

Das Recht auf Liebe (Deutschland)
Regie: Joe Stöckel
B: Erich Ebermayer, O. Ernst Hesse nach dem Bühnenstück »Vroni Mareiter« von F. K. Franchy
M: Fritz Wenneis
MS (Vroni Mareiter, Magd), Viktor Staal, Paul Wegener, Anneliese Uhlig, Rolf Wanka, Trude Haefelin, Josefine Dora, Claus Detlef Sierck, Friedrich Ulmer, Rolf Pinegger
UA: 24. 11. 1939

1940
Mädchen im Vorzimmer (Deutschland)
Regie: Gerhard Lamprecht
B: Walter von Hollander
M: Kurt Schröder
MS (Beate Willmerding, Sekretärin), Eleonore Ehn, Edith Oß, Carsta Löck,
Heinz Engelmann, Rudolf Platte, Hans Leibelt, Richard Häußler, Paul Bildt,
Willi Rose
UA: 31. 5. 1940

1941
Herzensfreud – Herzensleid (Deutschland)
Regie: Hubert Marischka
B: Hubert Marischka, Aldo von Pinelli nach dem Bühnenstück »Junger
Wein« von Raimund Martin
M: Ludwig Schmidseder, Franz Ferry Wunsch, Josef Hub
MS (Toni Radl), Paul Klinger, Carola Höhn, Paul Hörbiger, Hans Leibelt,
Hedwig Bleibtreu, Olly Holzmann, Lucie Englisch, Walter Müller, Erika von
Thellmann, Günther Lüders, Paul Bildt, Annie Rosar, Rosita Serrano
UA: 20. 12. 1940

Am Abend auf der Heide (Deutschland)
Regie: Jürgen von Alten
B: Thea von Harbou nach einer Story von F. B. Cortan
M: Edmund Nick, Eldo di Lazzaro
MS (Änne), Heinz Engelmann, Else von Möllendorff, Günther Lüders, Albert
Florath, Lotte Rausch, Siegfried Schürenberg, Walter Steinbeck
UA: 11. 2. 1941

1943
Zwei glückliche Menschen (Deutschland)
Regie: E. W. Emo
B: Kurt Wesse
M: Heinz Sandauer
MS (Dr. Käthe Strassen), Wolf Albach-Retty (Rechtsanwalt Dr. Werner Gott-
wald), Hans Olden, Oskar Sima, Charlott Daudert, Otto Treßler, Jane Tilden,
Hans Thimig, Fritz Imhoff
UA: 15. 1. 1943

Liebeskomödie (Deutschland)
Regie: Theo Lingen
B: Franz Gribitz nach seinem Bühnenstück »Liebeskomödie«
M: Werner Bochmann, LT: Bruno Balz
MS (Christel Schönbach, Malerin), Lizzi Waldmüller, Johannes Riemann,
Albert Matterstock, Theo Lingen, Hertha Mayen, Ursula Herking
UA: 15. 1. 1943

Ein Mann für meine Frau (Deutschland)
Regie: Hubert Marischka
B: Hubert Marischka, Albert Roth nach dem Bühnenstück »Ein Mann für
meine Frau« von Karl Lerbs und Georg Zoch
M: Werner Bochmann
MS (Dagmar Stollberg, Ehefrau), Johannes Riemann, Clementia Egles, Rolf
Weih, Hedwig Bleibtreu, Will Dohm, Günther Lüders, Hans Brausewetter
UA: 26. 11. 1943

1944
Die heimlichen Bräute* (Deutschland)
Regie: Johannes Meyer
B: Heinrich Richter, Wilhelm Depenau
M: Franz Doelle
MS (Inge Thiele, Inhaberin eines Schreibmaschinenbüros), Heinz Salfner,
Rudolf Prack, Karl Schönböck, Mady Rahl, Max Gülstorff, Elga Brink, Erika
von Thellmann, Gustl Stark-Gstettenbauer, Lucie Englisch, Franz Niklisch
* Der Film wurde 1943 hergestellt und November 1944 von der NS-Zensur
zur Vorführung nicht freigegeben. Ein Kinostart konnte bislang nicht festge-
stellt werden.

1945
Eines Tages (Deutschland)
Regie: Fritz Kirchhoff
B: Gustav Kampendonk, Stefanie von Below nach einer Story von Gustav
Kampendonk
M: Franz Grothe
MS (Bettina Pahlen, Erzieherin), Richard Häußler, Rolf Weih, Kirsten Hei-
berg, Ingrid Lutz
UA: 26. 2. 1945

1948
Ein Mann gehört ins Haus* (Deutschland/Österreich)
Regie: Hubert Marischka
B: Alexander Lix nach einer Story von Anton Maly
M: Anton Profes
MS (Loni Tannhofer, Gutsbesitzerin), Paul Richter, Maria Andergast, Carl
Günther, Rudolf Carl, Fritz Imhoff, Thea Weis, H. A. Schlettow
* Bei Kriegsende war der Film im Schnitt und wurde nach Kriegsende von
der österreichischen Wien-Film fertiggestellt.
UA: 21. 5. 1948

1950
Die Sterne lügen nicht (Deutschland)
Regie: Jürgen von Alten
B: Franz Seitz, Alexander Knuth, Jürgen von Alten nach einer Story von Peter Hausser
M: Fritz Wenneis
MS (Brigitte Krambach, Bürgermeisterin), Carl-Heinz Schroth, Fritz Kampers, Trude Haefelin, Hubert von Meyerinck, Mady Rahl, Erika von Thellmann, Liesl Karlstadt, Rudolf Schündler
UA: 27. 11. 1950

1953
Wenn der weiße Flieder wieder blüht (Deutschland)
Regie: Hans Deppe
B: Eberhard Keindorff, Johanna Sibelius nach einer Story von Fritz Rotter
M: Franz Doelle
MS (Therese Forster, Modesalonbesitzerin), Willy Fritsch, Romy Schneider-Albach (Evchen Forster), Hertha Feiler, Paul Klinger, Albert Florath, Götz George, Nina von Porembsky
UA: 24. 11. 1953

1954
Und ewig bleibt die Liebe (Deutschland; Titel in Österreich: »Johannisfeuer«)
Regie: Wolfgang Liebeneier
B: Eberhard Keindorf, Johanna Sibelius nach dem Bühnenstück »Johannisfeuer« von Hermann Sudermann
M: Alois Melichar
MS (Frau Vogelreuther, Gutsherrin), Ulla Jacobsson, Karlheinz Böhm, Paul Dahlke, Erich Ponto, Ingrid Andree, Günther Lüders, Lucie Englisch, Hans Quest, Hilde von Stolz, Jakob Tiedtke, Nina von Porembsky
UA: 12. 8. 1954

Mädchenjahre einer Königin (Österreich)
Regie: Ernst Marischka
Buch: Ernst Marischka nach dem Bühnenstück »Mädchenjahre einer Königin« von Sil Vara
M: Anton Profes
MS (Baronin Lehzen), Romy Schneider (Königin Victoria), Adrian Hoven, Karl Ludwig Diehl, Christl Mardayn, Paul Hörbiger, Rudolf Vogel, Fred Liewehr, Otto Treßler, Peter Weck, Rudolf Lenz, Hans Thimig, Hilde Wagener, Eduard Strauß
UA: 16. 12. 1954

1955

Die Deutschmeister (Österreich)
Regie: Ernst Marischka
B: Ernst Marischka, G. Holm
M: Robert Stolz
MS (Therese Hübner, Bäckermeisterin), Romy Schneider (Christine Hübner), Siegfried Breuer jr., Hans Moser, Gretl Schörg, Paul Hörbiger, Susi Nicoletti, Josef Meinrad, Gunther Philipp, Adrienne Gessner, Wolfgang Lukschy, Fritz Imhoff
UA: 11. 8. 1955

Sissi (Österreich)
Regie: Ernst Marischka
B: Ernst Marischka nach dem Buch »Sissi« von Marie Blank-Eismann
M: Anton Profes
MS (Herzogin Ludovika in Bayern), Romy Schneider (Sissi), Karlheinz Böhm, Gustav Knuth, Vilma Degischer, Erich Nikowitz, Peter Weck, Josef Meinrad, Otto Treßler, Hilde Wagener, Egon von Jordan
UA: 21. 12. 1955

1956

Sissi, die junge Kaiserin (Österreich)
Regie: Ernst Marischka
B: Ernst Marischka
M: Anton Profes
MS (Herzogin Ludovika in Bayern), Romy Schneider (Sissi, Kaiserin von Österreich), Karlheinz Böhm, Gustav Knuth, Vilma Degischer, Erich Nikowitz, Josef Meinrad, Walther Reyer, Ivan Petrovich, Senta Wengraf, Egon von Jordan
UA: 19. 12. 1956

1957

Robinson soll nicht sterben (Deutschland)
Regie: Josef von Baky
B: Johannes Mario Simmel, Emil Burri nach dem Bühnenstück »Robinson soll nicht sterben« von Friedrich Forster
M: Georg Haentzschel
MS (Mrs. Cantley), Romy Schneider (Maud Cantley), Horst Buchholz, Erich Ponto, Mathias Wieman, Gustav Knuth, Rudolf Vogel, Elisabeth Flickenschildt, Günther Lüders, Siegfried Lowitz, Heinrich Gretler
UA: 7. 2. 1957

Von allen geliebt (Deutschland)
Regie: Paul Verhoeven
B: Hannelore Holtz, Paul Verhoeven nach dem Roman »Von allen geliebt«
von Hannelore Holtz
M: Herbert Jarzyk
MS (Lotte Fürst, Inhaberin eines Modesalons), Hans Nielsen, Ann Smyrner,
Chariklia Baxevanos, Johannes Heesters, Tilla Durieux, Ivan Desny, Alice
Treff
UA: 22. 10. 1957

Sissi – Schicksalsjahre einer Kaiserin (Österreich)
Regie: Ernst Marischka
B: Ernst Marischka
M: Anton Profes
MS (Herzogin Ludovika in Bayern), Romy Schneider (Sissi, Kaiserin von
Österreich), Karlheinz Böhm, Gustav Knuth, Vilma Degischer, Senta Wen-
graf, Walther Reyer, Josef Meinrad, Erich Nikowitz, Albrecht Rueprecht,
Peter Neusser, Egon von Jordan
UA: 18. 12. 1957

1958
Das Dreimäderlhaus (Österreich)
Regie: Ernst Marischka
B: Ernst Marischka nach der Operette »Das Dreimäderlhaus« von A. M.
Willner/Heinz Reichert und Heinrich Berté nach Franz Schubert (Musik)
M: Anton Profes, Franz Schubert
MS (Frau Tschöll), Karlheinz Böhm, Gustav Knuth, Ewald Balser, Johanna
Matz, Richard Romanowsky, Rudolf Schock, Helmuth Lohner, Erich Kunz,
Albert Rueprecht, Eberhard Wächter, Lotte Lang
UA: 18. 12. 1958

1959
Die Halbzarte (Österreich)
Regie: Rolf Thiele
B: Hans Jacoby, Fritz Rotter nach eigener Story
M: Hans-Martin Majewski
MS (Frau Dassau), Romy Schneider (Nicole Dassau), Carlos Thompson, Josef
Meinrad, Rudolf Forster, Erni Mangold, Helmuth Lohner, Gertraud Jesserer,
Guido Wieland, Dorothea Neff
UA: 11. 2. 1959

1961
Morgen beginnt das Leben (Österreich; Titel in Deutschland: »Verdammt die jungen Sünder nicht«)
Regie: Hermann Leitner
B: Wolfgang Schnitzler, August Rieger, Hermann Leitner nach eigener Story
M: Herbert Trantow
MS (Vera Jüttner), Cordula Trantow, Corny Collins, Werner Hinz, Rainer Brandt, Michael Heltau, Gertraud Jesserer
UA: 24. 10. 1961

Zusammengestellt von Peter Spiegel

Drei Frauen im Haus

13teilige Familienserie von H. D. Schreeb und H. G. Thiemt
Regie: Hermann Leitner
Kamera: Horst Fehlhaber
Mit **Magda Schneider (Frau Else Lenz),** Heinz Engelmann (Herr Lenz),
Gudrun Schmidt-May (Karin), Christiane Thorn (Monika) – die beiden
Töchter sowie in anderen Rollen Volkert Kraeft, Werner Stock, Wolfgang
Lukschy, Manfred Seipold, Ursula Grabley, Wolfgang Borchert, Hans Putz,
Fritz Suppan, Margot Philipp u. a.

1. Folge:	»Ein Kunde mehr«	9. 4. 1968 ZDF
2. Folge:	»Der schnelle Schlitten«	16. 4. 1968 ZDF
3. Folge:	»Der Co-Pilot«	23. 4. 1968 ZDF
4. Folge:	»Die Party«	30. 4. 1968 ZDF
5. Folge:	»Die Spritztour«	7. 5. 1968 ZDF
6. Folge:	»Ein Blechschaden«	14. 5. 1968 ZDF
7. Folge:	»Der Haifisch«	21. 5. 1968 ZDF
8. Folge:	»Mechaniker gesucht«	28. 5. 1968 ZDF
9. Folge:	»Die Schulfreundin«	4. 6. 1968 ZDF
10. Folge:	»Erste Hilfe«	11. 6. 1968 ZDF
11. Folge:	»Der Einbruch«	18. 6. 1968 ZDF
12. Folge:	»Die letzte Runde«	25. 6. 1968 ZDF
13. Folge:	»Herzlichen Glückwunsch«	2. 7. 1968 ZDF

Vier Frauen im Haus

13teilige Familienserie von H. D. Schreeb und H. G. Thiemt
Regie: Hermann Leitner
Kamera: Horst Fehlhaber
Mit **Magda Schneider (Frau Else Lenz),** Heinz Engelmann (Walter Lenz,
ihr Ehemann), Christiane Thorn (Monika), Yvonne ten Hoff (Tessy), Petra
Mood (Renate), Werner Stock (Oehmchen), Richard Lauffen (Friedrich)
und in anderen Rollen Josef Schaper, Uwe Jens Bruhn, Ingrid Zimmermann,

Kurt Klopsch, Ernst Stankovski, Monika Berg, Hans Pössenbacher, Reiner Ilgut, Norbert Skalden, Thomas Piper, Horst Beck, Michael Korrontay, Willi Rose u. a.

1. Folge:	»Die Neuen«	12. 9. 1969 ZDF
2. Folge:	»Die Überraschung«	19. 9. 1969 ZDF
3. Folge:	»Der Beinbruch«	26. 9. 1969 ZDF
4. Folge:	»Heimliche Liebe«	3. 10. 1969 ZDF
5. Folge:	»Der Kredit«	10. 10. 1969 ZDF
6. Folge:	»Kavalier am Steuer«	17. 10. 1969 ZDF
7. Folge:	»Der Opa«	24. 10. 1969 ZDF
8. Folge:	»Ein netter Junge«	7. 11. 1969 ZDF
9. Folge:	»Betriebsklima«	14. 11. 1969 ZDF
10. Folge:	»Amateure«	21. 11. 1969 ZDF
11. Folge:	»Kundendienst«	28. 11. 1969 ZDF
12. Folge:	»Der Blinddarm«	5. 12. 1969 ZDF
13. Folge:	»Das Jubiläum«	12. 12. 1969 ZDF

Bildnachweis

Archiv Magda Schneider: 77; Archiv Renate Seydel: 2, 15, 36, 37, 38, 61, 63, 66, 70, 72, 74, 75; ADN Bilderdienst, Berlin (ehem.) DDR: 5, 23, 71; Deutsches Institut für Filmkunde, Frankfurt am Main: 59, 60, 68; Filmdokumentationszentrum, Wien: 11, 13, 18, 21, 25, 34, 41, 50, 51, 57; Staatliches Filmarchiv der (ehem.) DDR: 10, 22, 26, 39, 43, 44, 45, 46, 47, 58; Stadtarchiv Augsburg: 3; Süddeutscher Verlag Bilderdienst, München: 4, 16, 17, 19, 20, 24, 31, 35, 62, 67, 76; Ullstein Bilderdienst, Berlin: 1, 6, 7, 8, 9, 12, 14, 27, 28, 29, 30, 32, 33, 40, 42, 48, 49, 52, 53, 54, 55, 56, 64, 65, 69, 73

Textillustrationen

Staatstheater am Gärtnerplatz, München: S. 27, 30, 31; Volkstheater, Wien: 87

Namenregister

284

Ich, Romy

Tagebuch eines Lebens

Herausgegeben von
Renate Seydel

Ullstein Buch 22420

»In diesen authentischen
Texten entsteht ein anderes
Porträt als in den Klatsch-
spalten . . . Romy Schneiders
Aufzeichnungen erhellen ein
außergewöhnliches Künstler-
leben und bieten zugleich
ein faszinierendes Bild der
Kulturwelt unserer Zeit.«
Welt am Sonntag

ein Ullstein Buch

Komödiant
seiner Zeit

HEINRICH GEORGE
KOMÖDIANT SEINER ZEIT
AUFGEZEICHNET VON PETER LAREGH

Peter Laregh zeichnet Lebensweg und Karriere Heinrich Georges gewissenhaft nach. Sein Buch läßt erkennen, warum gerade dieser, in seiner Zeit überaus beliebte Schauspieler so unvergleichlich Glanz und Elend seiner Epoche verkörpert. Dieser aufwendig gestaltete Band erscheint in einer Zeit, die solche elementaren Gestalten nicht mehr hervorbringt.

Langen Müller